나를 지키는 결혼생활

나를 지키는 결혼생활

1판 1쇄 인쇄 2020. 10. 30.
1판 1쇄 발행 2020. 11. 10.

지은이 샌드라 립시츠 벰
옮긴이 김은령, 김호

발행인 고세규
편집 이혜민 디자인 지은혜 마케팅 이헌영 홍보 이한솔
발행처 김영사
등록 1979년 5월 17일 (제406-2003-036호)
주소 경기도 파주시 문발로 197(문발동) 우편번호 10881
전화 마케팅부 031)955-3100, 편집부 031)955-3200 | 팩스 031)955-3111

값은 뒤표지에 있습니다.
ISBN 978-89-349-8995-0 03330

홈페이지 www.gimmyoung.com 블로그 blog.naver.com/gybook
페이스북 facebook.com/gybooks 이메일 bestbook@gimmyoung.com

좋은 독자가 좋은 책을 만듭니다.
김영사는 독자 여러분의 의견에 항상 귀 기울이고 있습니다.

이 도서의 국립중앙도서관 출판예정도서목록(CIP)은 서지정보유통지원시스템 홈페이지
(http://seoji.nl.go.kr)와 국가자료공동목록시스템(http://www.nl.go.kr/kolisnet)에서
이용하실 수 있습니다.(CIP제어번호 : 2020044900)

나를 지키는 결혼생활

나를 지키는

세상이 만든 대본을 바꾼 특별한 가족 이야기

An Unconventional Family

샌드라 립시츠 벰

김은령 · 김호 옮김

김영사

많은 이들이 가족으로 인해 크고 작은 고통을 받으며 살아간다.
나처럼 평생 남을 흔적을 가진 이들도 흔하다. 우리를 괴롭히는
건, 가족이 아니라 가족을 둘러싼 온갖 이데올로기, 즉 제도화된
가족이다. 본디, 가족은 실제가 아니라 신화다.

신자유주의, 팬데믹 시대에 가족의 형태는 완전히 변했다. 드
러나지 않았을 뿐이다. 심리학과 젠더연구의 선구자 샌드라 립
시츠 벰은 공동체, 친밀감, 육아에 대해 진솔하게 기록하며, 제
도화된 가족, 자아, 타인으로 인해 인생이 흔들리는 모든 이에게
깊은 통찰과 위로를 준다. 우리의 고민에 이 책만 한 해결책이
없다. _징희진(여성학자, 《페미니즘의 도전》 저자)

실천과 고백 양면에 있어서 놀랍도록 용감하고 독특한 결혼 회고
록. 더욱 평등한 결혼과 비관습적인 양육을 기대하는 사람이라면

반드시 읽어야 할 책이다. 흥미진진하게 페이지를 넘기는 즐거움은 덤이다. _캐롤린 하일브런(《셰익스피어에게 누이가 있다면》 저자)

진지한 변혁이 필요한 젠더 구조의 힘에 대해 많은 것을 보여주는 놀라운 책. _바버라 리스먼(《젠더 버티고》 저자)

읽기 즐겁고 때로는 감동적이며, 독특하고 놀라울 정도로 솔직하며 영리한 회고록. 젠더와 결혼, 가족에 관한 수업에서 학술교재에 도발적인 보조교재가 될 수 있는 책. _〈계간 여성의 심리〉

페이지 넘기기가 즐거운, 매력적인 자서전.
_그랜트 주얼 리치(《섹슈얼리티》 저자)

나에게 유토피아란 성별 구분 없는 세상이다

차례

많은 페미니스트 학자들과 마찬가지로, 나 역시 개인적, 직업적, 정치적인 삶 사이에 큰 분리 없이 살아왔다. 따라서 나의 이론과 실천은 뗄 수 없을 정도로 서로 연관되어 있다.

나에게 가장 중요한 이론적인 작업물《젠더의 렌즈*The Lenses of Gender*》의 마지막 다섯 페이지에 이야기했지만, 남성 권력의 사회적 재생산을 막으려면 남성중심주의와 생물학적 본질주의 뿐 아니라 젠더 양극화와 강박적 이성애를 해체할 필요가 있다. 다른 말로 하면, 옷 입는 방식부터 사회적 역할은 물론 감정을 표현하고 성적 욕망을 경험하는 방식을 포함해, 인간 경험의 여러 측면과 성별 사이에서 우리 사회 곳곳에 문화적으로 구축된 모든 연결을 끊어낼 필요가 있다는 말이다. 기본적으로 남성-여성의 구분을 꽤 중요한 부분인 생식reproduction 과 관련된 측면으로 좁힐 필요가 있다.

젠더의 탈양극화가 완벽하게 이루어지면 생물학적 성별은 인간의 사회적 삶에 최소한의 존재감만을 지니게 될 것이다. 이 말은, 남성과 여성이 단순히 지금보다 훨씬 더 자유로이 남성적이거나 여성적이거나 중성적, 이성애적이거나 동성애적, 혹은 양성애적이 될 수 있다는 의미는 아니다. 남성과 여성의 구분이 문화적으로 구축된 지금의 차원을 넘어선다는 의미다. 남성성, 여성성, 양성성, 이성애, 동성애, 양성애라는 개념이, 지금처럼 '이성애자의 시선으로 채색된' 에로티시즘, '동성애자의 시선으로 채색된' 에로티시즘, '양성애자의 시선으로 채색된' 에로티시즘이라는 문화적 인식에서 자유로워지는 것을 말한다.

이런 주장과 함께, 나는 사회제도와 문화적 담론에서의 혁명은 물론 심리적인 혁명이 필요하다는 말로 《젠더의 렌즈》를 끝맺었다.

간단히 말해, 이런 심리적 혁명은 인간이라는 생물학적 사실을 인식하듯 남성 혹은 여성이라는 생물학적인 사실을 인식하도록 이끌어준다. 우리의 성별을 너무 중요하게 여겨 자신이 누구인지 설명하는 데 최대한 활용하거나 별로 보잘것없어서 보강할 필요가 있는 것, 혹은 너무 제한적이어서 다른 방식으로 바꿔야 하는 것으로 볼 필요가 없다. 대신 자연스럽게 주어졌고 자동적으로 그 영향력을 행사할 수 있으며 생물학적으로 중요한 영역에서만 영향을 미치는 제한적인 것으로 인식할 필요가 있다. 또 우리 마음 뒤편에 안전하게 치워두고, 있는 그대로 남겨두는 것으로 보아야 한다. 다른 말로 하자면, 생물학적인 성은 더 이상 개인의 정체성과 섹슈얼리티의 중심이 아니다.

《젠더의 렌즈》가 나의 이론을 소개하는 일종의 성명서라 한다면, 이 책《나를 지키는 결혼생활》은 그 실천을 보여주는 성명서라 할 수 있다. 조금 더 자세히 말해, 평등한 파트너이자 부모로 역할을 다하려 노력했고, 젠더로부터 자유롭고 동성애공포로부터 자유로우며, 긍정적 시각으로 섹스를 바라보는 페미니스트다운 이상에 따라 아이를 키우려고 노력한 여성과 남성의 자전적 설명이라 할 수 있다.

1965년 어느 밤, 대릴 벰과 내가 낭만적인 필요에 의해 나름의 방식으로 평등한 결혼 형태를 만들어낸 뒤, 다른 많은 페미니스트 커플들 또한 평등한 관계와 페미니스트적인 자녀 양육을 실험했다. 하지만 우리 문화에 스며들어 있는 섹스에 대한 부정적인 인식과 동성애공포 모두에 대항하는 예방주사라고 내가 생각해온 것들을 자녀 양육에 의식적으로 포함시킨 사례는 보기 힘들었다. 대릴과 내가 관습적인 이성애자 가족의 대안이 될 구체적 사례를 제시하기 위해 1960~1970년대에 대중 강연을 다니며 소개했던 것처럼 일상의 세세한 부분을 공유해주는 사람들은 더욱 드물었다. 어느 면에서 이 자전적인 이야기는 우리의 과거를 담은 개인사인 동시에 과거 페미니즘의 한순간을 보여주는 사회사기도 하다. 또한 페미니즘의 미래를 미리 보는 것이기도 하다. 스물네 살과 스물한 살이 된 우리의 자녀 에밀리와 제러미가 등장해 미래의 목소리를 (이 둘과 비슷한 다른 아이들의 목소리도) 들려주기 때문이다.

1972년 잡지 〈미즈Ms.〉는 공식적인 첫 호를 출간하여 '평등한 결혼'이라는 제목으로 대릴과 나의 인터뷰를 실었다. 그때 이야기했던 내용 대부분에 여전히 동의하지만, 한 가지는 내가 잘못 예측했다. 그 인터뷰에서 나는 "친한 친구 같은 관계가 훨씬 더 안정적"이라고 말했다. "18세 때 서로에 대해 열정의 불꽃이 튀었던 두 사람보다 훨씬 많은 것을 공유하기 때문이다. 우리 두 사람은 이혼하지 않을 것이다. 25년 후 사람들이 우리를 보고 내 말이 맞았다고 확인할 수 있기를 기대한다."

기술적으로는 맞는 말이다. 대릴과 내가 법적으로 이혼한 건 아니니까. 하지만 우리는 4년 전 헤어졌고 각각 동성의 상대와 사귀고 있다. 우리가 왜 헤어졌는지, 지금은 어떻게 살고 있는지 궁금해하는 사람이 있겠지만, 이 책이 그런 이야기를 하기 위한 것은 아니다. 하지만 두 가지 점에서는 관련이 있다. 우선, 대릴과 내가 더 이상 '가까운 커플'이 아니라고 해도, 우리의 삶은 여전히 깊이 연결되어 있고 결국 혼자인 이 우주에서 여전히 서로를 위해 중요한 정신적 지주 역할을 하고 있다. 우리는 조금 다른 방식으로 여전히 가족이다. 두 번째, 이전에도 그렇다고 말했지만 나는 여전히 동성에 끌리는 성적 지향을 갖고 있다고 생각한다. 다시 한 번《젠더의 렌즈》로 돌아가 서문을 살펴보겠다.

> 내가 사랑한 남자와 27년 이상 일부일처제의 결혼 생활을 해 왔지만 지금도 그렇고 과거에도 나는 '이성애주의자'는 아니었다. 하지만 '레즈비언'이나 '양성애자'이지도 않았다. 내가 기억할 수 있는 나라는 존재는 섹슈얼리티나 젠더에 있어 문화적 구분에 딱 맞물려 들어가지는 않았다. (이를 통해) 내게 파트너의 성별sex-of-partner이라는 차원은(…) 에로틱한 유혹과 성 경험에 있어서 크게 중요한 요소가 아닌 것처럼 보였다. 내가 매력을 느꼈던 사람 중 몇 명은(아주 적었지만)(…) 어떤 경우는 남성이고 또어떤 경우는 여성이었으며, 이 사람들이 지닌 공통점은 그들이나 나의 생물학적 성별과는 아무 관계가 없었다. 이런 점에서 볼때 나는 성별에 끌린 것이 아니었고 나의 성적 경험은 신체적 성별이 아닌 다른 차원으로 구성되었으리라고 결론 내렸다.

마조리 가버Marjorie Garber는 1995년《그 반대의 경우도 마찬가지Vice Versa》에서 현명한 논점을 제시한다. 대릴과 나처럼 이미 진지하고 의미 있는 이성애 관계에 있는 사람들에게 '늘 동성애자인 상태'라는 일차원적이고 배타적인 개념은 자칫 인생 초반이 가식에 지나지 않았다고 오해하게 만들 수 있는 반면, 훨씬 유연한 양성애라는 개념은 "그들 자신과 그들이 사랑했던 사람들에게 충만하고 복잡하고 때로는 모순적인 삶의 이야기를 되찾게 해준다"는 것이다. 가버는 양성애가 "그저 또 다른 성적 지향이 아닌(…) 성적 지향을 무효화시키는 하나의 분류로서의 섹슈얼리티로, 이성애자와 동성애자, 퀴어와 이성애자, 심지어는(…) 남성과 여성이라는 손쉬운 이분법을 위협하고 이에 도전하는 섹슈얼리티"라고 재정의한 바 있다. 이론적이면서 또 개인적인 이유로 나는 "범주화를 거부하고 무산시키려는 범주(…) 정체성이 아닌 정체성"이라는 가버의 양성애자 개념을 환영한다. 언젠가 나 자신을 이 분류에 적용할 수도 있다. 그렇지 않으면 나는 점점 더 나 자신을 레즈비언으로 정의하게 될지 모른다.

하나의 문화로서, 개인과 가정이 훨씬 더 다양한 형태로 존재하며, 그 각각이 무조건 환영할 만한 것임을 지금의 우리는 30년 전 사람들보다 훨씬 더 잘 알고 있다. 우리는 전통적이며 가부장적인 이성애 가족만을 유일한 진짜 가족으로 재정립하려 드는 조직적인 극우주의자들에게 훨씬 더 강력하게 맞서야 한다. 그러기 위해 전통적인 이성애 가족의 대안으로서 오랫동안 살아남은 형태(대릴과 내가 함께 만들어온 것과 같은)를 기록의 일부로 남기는 일이 더욱 시급해졌다. 캐롤린 하일브런Carolyn G. Heilbrun

이 《셰익스피어에게 누이가 있다면 *Writing a Woman's Life*》에서 말했듯 "인생은 모델로 존재하지 않는다, 이야기들이 모델로 존재할 뿐"이기 때문이다.

An
Unconventional
Family

1
___

함께 걸어가기

1

연애

1965년 2월, 나는 피츠버그의 카네기공과대학에서 심리학을 전공하고 있는 스물한 살의 대학교 4학년생이었다. 몇 달 동안 룸메이트인 헤다가 새로 부임한 젊은 심리학 교수 대릴 벰의 수업을 들으라고 채근하고 있었다. 벰 교수 밑에서 리서치 프로젝트를 진행 중이던 헤다는 그가 똑똑하고 잘생겼다고 생각했다. 선불리 그의 지성을 판단할 수는 없었지만, 한 번 그를 봤는데 머리를 앞쪽으로 내미는 습관 때문인지 비둘기가 생각났다.

운 나쁘게도 이 똑똑한 교수는 내가 대학에서 보내는 마지막 학기에는 학부 수업을 하지 않았다. 나는 용기 내어 그의 전공인 사회심리학 과정의 독립연구를 지도해줄 수 있느냐고 물었다. 또 다른 졸업반 학생이 같은 요청을 했기에 그는 세미나를 개설했고, 우리는 그의 박사 학위논문을 읽었다. 우리 세 사람은 매주 한 번씩 뱀 교수의 사무실에서 만났다.

초기 수업에 관해서는 기억나는 것이 별로 없다. 그해 2월에 대해 내가 기억하는 것이라고는, 나중에 대릴과 내가 첫 데이트의 계기였다고 말하던 사건이 전부다. 우리는 각자 서로에게 관해 낭만적인 관심을 갖게 되었다. 하지만 관심을 직접 드러내는 건 두려워하고 있었다. 나는 학생이고 그는 교수였기 때문이다. 그래서 우리는 서로에게 별로 필요하지 않은 이야기를 하며 말을 빙빙 돌리는 횟수를 세고 있었고, 일곱 번쯤 그렇게 하고 난 뒤 내가 그에게 "조금 친근하게 그냥 이름으로 불러도 괜찮을까요?" 하고 물었다. 대릴은 자신이 괜히 오해하고 있는 것은 아닌가 걱정할 필요가 없으며 데이트로 한 발 더 가까이 나가도 괜찮겠다고 생각했다.

2월 말 어느 날, 아파트 전화가 울렸고 헤다가 받았다. 대릴 뱀이었다. 3월 3일 수요일 저녁에 나와 헤다가 자신의 아파트로 와서 함께 식사하면 어떻겠냐는 초대였다. 그는 또 다른 4학년 심리학 전공생과 그 여학생의 약혼자였던 심리학 전공 대학원생도 초청했다. 나는 이 저녁 식사가 나에게 보내는 일종의 메시지라고 생각해 바로 초대를 수락했다. 헤다도 참석하겠다고 했는데 그가 왜 이런 초대를 했는지 헤다는 알지 못했다. (그 당시는 페미니스트들 사이에 '성희롱'이라는 표현은 말할 것도 없고 '성차별'이라는 용어가 등장하기조차 전이었다. 내가 데이트에 관해 분명하게 승낙 사인을 보내기 전까지 그는 기다렸을 뿐만 아니라 데이트를 시작한 후에는 내 과제를 채점하고 심사할 때마다 자신의 동료 교수 중 한 명에게 부탁했다는 점을 기억해주기 바란다.)

내가 저녁 초대에 응하자 대릴은 용기를 얻어 한 발 더 나아갔다. 저녁 식사를 하기로 한 날, 대릴의 연구실 앞을 지나가는데 그가 부르더니 이렇게 말했다. "샌디, 연극과에서 하는 내일 저녁 개막 공연 티켓이 두 장 있는데, 나는 개막 공연을 싫어하거든요. 보러 갈래요?" 나는 전율이 일었고 응했다.

하지만 연구실 문을 나가 복도를 따라 걷는 동안 "나는 개막 공연을 싫어하거든요. 보러 갈래요?"라는 말이 머릿속에 다시 울려 퍼지는 것 같았다. 아니, 잠깐만. 잠시 생각해보았다. '이건 내가 데이트 신청을 받은 건가? 아니면 별로 원치 않았던 연극 공연표 두 장을 그냥 주겠다는 걸까?' 알 수가 없었지만 바보같이 물어볼 수도 없었다.

약간의 실마리를 발견할 수 있기를 기대하며 헤다와 함께 대릴의 아파트에서 저녁 식사를 했다. 30년이 지나도록 남아 있는 그날 저녁 식사에 관한 기억은 대릴이 마늘을 곁들인 램 촙(양고기 요리의 일종—옮긴이)을 만들었고 연극에 대해서는 단 한마디도 꺼내지 않았다는 것이다. 달리 어찌할 줄 몰라서 나는 그다음 날 대릴의 연구실 주위를 맴돌았다. 해답이 마술처럼 등장하길 기다리며 말이다. 마침내 해답을 찾았다. 대릴의 대학원생 친구가 와서 연극을 보기 전에 나와 대릴, 자신과 자신의 여자친구 넷이 함께 저녁을 먹으면 어떻겠냐고 묻는 것이었다.

그다음 날, 나는 친구에게, 정말 이상하게 들릴지도 모르겠지만 대릴과 결혼하게 될 것 같다고 말했다. 우리 둘의 상호작용은 남자와 여자로 나뉘어 이루어지는 게임 혹은 역할 놀이와는 완전히 달랐다. 그와 함께 있는 것이 좋고 대릴 같은 남자가 존재할 수 있다는 사실을 믿을 수 없다고 친구에게 말했다. 새벽 2시 혹은 3시까지 대릴과 내가 무슨 이야기를 나누었는지는 더 이상 기억나지 않는다. 하지만 우리는 정말 솔직하게 터놓은 채, 빙빙 돌리지 않고 직설적으로 이야기를 나누었다. 이미 최고로 친한 친구가 된 것처럼 말이다. 그가 남성이고 내가 여성이라는 사실은 우리가 나눈 상호작용에서는 아무 상관없어 보였다. 나는 그 점이 좋았다.

하지만 내가 여자라는 사실이 작용한 순간이 한 번 있긴 했다. 내가 대릴에게 한 말을 나중에 철회해야 했기에 기억하고 있다. 연극이 시작하기를 기다리며 이런저런 사소한 이야기를 나누는 과정에서 대릴이 물었다. "샌디, 당신은 학업을 진지하게 여기고 있고 자기 일을 하려고 준비 중일 텐데, 일과 결혼의 조화에 대해 어떻게 생각해요?" 몇 년 후, 그러니까 1960년대 후반에 이런 질문을 받았더라면 나는 '이 사람, 페미니즘 의식을 좀 키울 필요가 있겠구나' 하고 생각했을 것이다. 따라서 내 대답은 아마도 다음과 같았을 것이다. "세상에, 대릴, 참 흥미로운 질문이군요. 나에게 그런 질문을 하는 대신 당신 스스로에게 물어보는 게 어떨까요? 당신은 커리어와 결혼의 조화를 어떻게 이뤄갈 생각인가요? 이 문제에 대해 여자들만 고민해야 한다고 생각하는 건가요?"

하지만 그때는 1965년이었고 페미니스트로서 나는 아직 채 각성이 다 되지 않은 상태였다. 정말 그랬다. 시몬 드 보부아르 Simone de Beauvoir는 이미 《제2의 성 *Le Deuxième Sexe*》을 발표했고 베티 프리단 Betty Friedan도 《여성성의 신화 *The Feminine Mystique*》를 출간했지만 나는 그 책들을 접하기 전이었고 무엇에 대한 것인지도 잘 알지 못했다. 그뿐 아니라 결혼할 마음은 아직 들지 않았고 최소 가까운 미래에는 생각이 없었다. 나에게 낭만적인 관심을 보이는 남자들이 그리 많지 않았고, 그 때문에 좀 심란했지만, 흔들의자에 고양이 한 마리와 함께 35세까지 어느 정도 만족하며 혼자 살다가 재미있고 나처럼 외로운 남자를 만나 당시 내가 종종 했던 표현처럼 "동반자로 시작해 천천히 사랑으로 자라나는 관계"로 진행되는 삶을 그리고 있었다.

하지만 우리가 첫 번째 데이트를 하는 시작부터 슬픈 이야기를 하고 싶지 않아서 이렇게 말했다. "물론 일하기를 늘 간절히 바라지만 남편의 커리어가 먼저고 그러다 내 경력이 조금 늦어진다고 해도 괜찮아요. 하지만 나는 항상 (정말 항상) 나만의 일을 갈망하고 있어요." 그 당시 젊은 여성이 할 만한 관습적인 답은 아니었지만 이 질문을 좀 더 심각하게 생각했다면 내놓았을 그런 답도 아니었다.

이 주제가 다시 등장한 것은 한 달쯤 지나, 여름이 시작될 무렵 대릴과 내가 막 결혼을 결심했을 때였다. 그 한 달 동안 무슨 일이 있었기에 고루하고 낭만적이지 않은 두 인물이 그렇게 충동적이고 낭만적으로 보이는 결정을 내리게 되었을까, 다시 떠올리기란 불가능하다. 하지만 우리는 말 그대로 깨어 있는 모든 순간과 잠드는 많은 순간을 함께했다. 우리는 이미 관습에 얽매이지 않는 근사한 결혼식을 계획 중이었다. 어느 순간부터 결혼에 대한 우리 대화의 전제는 '만일 결혼한다면'에서 '언제 할 것인지'로 그냥 바뀌었다.

이런 결정을 내리면서 나는 갑자기 연극을 보러 갔던 데이트 첫날 대릴에게 한 말을 기억해냈고, 그 말이 내 진심이 아니었음을 알았다. 또한 좋은 아내라면 남편을 위해 해야 한다고 여기던 일을 내가 기꺼이 할 리 없다는 것도 깨달았다. 말하자면, 마룻바닥을 닦고 구멍 난 양말을 깁고 식사 준비를 하고 아이들을 낳아 기르며 가장 중요하게는 남편이 학계에서 더 나은 자리를 얻으면 이 도시에서 저 도시로 끊임없이 이사 다니는 것 말이다. 당시 대릴을 사랑했지만, 그래도 결국 결혼은 할 수 없겠다고 그에게 말했다.

"정말 안된 일이군요. 나도 당신을 사랑하지만 뭐 어쩔 수 없는 일이네요. 그렇게 할 수밖에 없다면 그만 헤어져야겠네요" 하고 대릴이 말했다면, 그다음은 어떻게 되었을지 나는 알 수가 없다. 아마도 결국 그와 결혼했을 것이다(의문은 남지만 말이다). 하지만 대릴은 그렇게 말하지 않았다. 대신 잠시 말을 멈추고 나와 헤어진다는 생각에 얼마나 낙심했는지 이야기하며 (그가 늘 그랬듯이) 바로 문제 해결로 넘어갔다. 달리 말하면 내가 조금 더 편하게 받아들일 수 있도록 덜 관습적인 결혼 생활을 만들어가는 방법에 관해 질문을 던졌다.

대화의 주제는 바로 바뀌었고 우리의 기분도 바뀌었다. 관계를 끝내는 일에 대해 슬픈 이야기를 나누는 대신, 어떻게 하면 평등한 결혼 생활을 만들어갈 수 있는지 흥분해서 대화하기 시작했다. 관습적인 사고를 벗어나 생각하기 시작하니 일상의 사소한 부분은 그렇게 중요하지 않았다. 신발이 바닥에 들러붙을 정도로 지저분해지면 그때 같이 청소하면 되지 않을까. 두 사람이 각각 3주간 입을 속옷을 산다면 세탁기를 자주 돌리지 않아도 되고 빨래를 하더라도 함께할 참이었다. 누구도 양말을 꿰매신지는 않을 것이다. 그건 그저 수사학적인 사례일 뿐이었다. 매일 번갈아가며 저녁 식사를 준비하고 두 사람 다 장보기를 즐거워하니 함께하면 될 일이었다. 그 어디에서도 감정적인 갈등이 일어나지 않는데 왜 더 일찍 이런 방법을 생각하지 않았을까 이해할 수 없을 정도였다.

커리어 때문에 이사를 자주 해야 한다는 데에서 감정적 동요가 조금 생겼다. 대릴은 사회심리학 분야에서 막 떠오르는 젊은 스타 학자였고 캘리포니아에 자리 잡고 싶어 했다. 경력 때문이 아니라 날씨 때문이었다. 반대로 나는 아직 대학원에 가지도 않은 상태였지만 가을에 미시간대학에서 박사과정을 시작하길 기대하고 있던 중이었다. 그 당시 대부분의 사람들은 여자고 나이도 더 어린 내가 계획을 바꿔서 대릴과 함께 있기 위해 피츠버그 대학원에 가야 한다고 생각했겠지만 내 의견은 달랐다. 대릴은 이미 자기 경력을 위한 최상의 교육적 토대를 닦은 상태였고 나 역시 그런 토대를 닦을 자격이 충분했다.

나는 결혼한다고 해도 여전히 미시간대학에 가길 원했고 대릴이 이런 사실을 충분히 이해하길 원했다. 그가 나와 결혼한다면, 아무것도 얽매이지 않는 자유로운 사람처럼 마음에 드는 모든 일자리 제안에 응할 수는 없을 터였다. 물론 나도 마찬가지였다. 하지만 그것이 여자에게는 뭐 새로운 일이겠는가? 대릴은 캘리포니아로 이사 가려는 꿈이 사라지게 되자 완벽한 독립의 상실 때문에 잠시 주저했지만 금방 다시 회복했고, 우리는 기분 좋게 평등주의로 대화할 수 있었다.

우리 두 사람은 서로를 위해 기꺼이 경력에 있어서 희생을 감수할 수 있다고 말했다. 내가 희생을 감내하는 것이 아닌, 우리 두 사람의 희생 말이다. 둘 중 한 사람이 최고의 일자리를 얻는 것보다 우리 두 사람이 함께 있는 것이 더욱 중요했기 때문에 기꺼이 이런 희생을 하겠다고 했다. 다른 한편, 우리가 이렇게 함께 있는 것이 더 이상 좋다고 느껴지지 않는 경우에는 이혼할 계획이었다. 마지막으로 만일 우리에게 아이가 생긴다면(내가 아이를 원하는지 알 수 없었지만) 양육은 나의 책임인 만큼이나 대릴의 책임이기도 할 터였다. 따라서 나는 아이들과 함께 가정에 머무느라 내 경력을 포기하는 일은 절대로 없을 것이고 아이들을 보살피는 일에서는 두 사람이 동등하게 서로의 몫을 다할 것이었다. 이렇게 삶에서 가장 중요한 것이 우리의 경력이 아니라는 점을 매우 명확하게 해놓았다. 오히려 그 반대였다. 우리 사이의 모든 것이 동등한 선에서 이루어지고, 관계는 경력보다 더 중요할 터였다. 그렇지 않다면 결혼하지 않았을 것이다. 같은 이유로, 아이가 생긴다면 경력보다 더 중요하게 생각할 것이었다. 그렇지 않다면 아예 아이를 갖지 않는 편을 택했을 테니까.

이런 새로운 평등의 철학을 정리하고 나자 우리 두 사람은 결혼 계획을 편하게 밀고 나갈 수 있었고 주위 사람들에게도 이런 계획을 알릴 수 있었다. 하지만 우리 앞에는 일련의 놀라운 일들이 기다리고 있었다.

첫 번째로는 평등주의에 대한 우리의 계획에 다른 사람들이 얼마나 많은 관심을 보였는지, 때로는 한 발 더 나아가 얼마나 엄청난 적의를 보였는지 놀라울 정도였다. 가을에 미시간대학교 대학원에 입학하기 위해 대릴과 떨어져 지낼 예정이고, 내가 대학원에 다니는 동안 대릴이 카네기공대를 1년간 휴직하고 미시간대학교에서 임시 강사로 일할 계획이라고 말했다. 우리 이야기를 가장 잘 들어주는 친구와 지인 들조차도 너무 놀라서 우리가 하려는 일의 세세한 부분과 그 문화적 의미에 관해 몇 시간이고 말하고 싶어 했다. 돌아보면 이런 관심에 대해 놀랄 필요가 없었다. 그들 중 어느 누구도 페미니즘을 정치적으로 이해하지 못했고 당시 막 시작될 여성해방운동이나 성차별 개념에 대한 이해도 없었기 때문이다. 우리는 주위 사람들에게 이제 곧 이 나라를 뒤덮을 페미니즘 혁명의 조짐이었다.

두 번째로 유대계인 나의 가족, 조금 더 정확하게 말하자면 외가 쪽 가족들이 관습에서 벗어난 결혼 생활이 아니라 관습에서 벗어난 결혼식 계획에 반응한 방식에 놀랐다. 그해 초겨울 대릴은 퀘이커식 결혼식에 참석했다. 퀘이커 풍습에서는 신부와 신랑은 신자들 앞에서 '스스로' 결혼식을 올린다. 우리는 이것이 너무 좋았고 우리 결혼식도 모두 그렇게 계획했다. 운 나쁘게도 유대식이 아니었기에 나의 외가 가족들은 이런 결혼식을 도저히 받아들일 수 없어 했다. 만약 대릴이 유대인이 아니었다면 그들은 당연히 불만족스럽게 여겼겠지만, 대신 최소한 우리가 유대식이 아닌 결혼식을 진행하려는 이유를 이해했을 것이다. 하지만 그들은 이런 계획을 전혀 이해할 수 없었기에 어떻게든 우리 마음을 돌리려고 온갖 노력을 다했다. 외가 가족들에게는 도저히 승산 없는 싸움이었지만, 그들은 이 사실을 몰랐고 따라서 몇 주 동안 우리 모두 감정적인 광분 상태를 겪어야 했다.

울음소리와 고함이 난무하는 가운데 어머니는 만일 외할아버지가 살아 계셨더라면 이런 결혼식을 허락하느니 그 자리에서 쓰러지셨을 것이라고 했다. 아널드 외삼촌은 훨씬 더 창의적으로 공격했는데, 이 결혼식을 겪고 나면 우리의 아이들(만약 태어난다면)은 모두 가톨릭교도로 자랄 거라고 말했다. 하지만 가장 기억에 남는 방침을 제시한 사람은 외할머니였다(그분에게 축복이 있기를). "샌디, 그냥 네가 원하는 결혼을 하렴, 나는 괜찮단다. 하지만 나는 네가 유대식 결혼식도 하면 좋겠다. 이미 랍비에게 이야기해놓았고, 랍비는 너희들이 단 한마디 말할 필요도 없이 그저 조용히 자기 앞에 서서 대릴이 너에게 반지만 끼워주면 된다고 했다. 그것이 유대인의 법이 정한 전부란다." 하지만 이제 막 싹트기 시작한 나의 페미니스트적인 인식을 속일 수 없었다.

외가 가족 모두가(이모 둘과 삼촌, 그들의 배우자, 외할머니까지) 총동원되었지만 성과 없이 지쳐버렸고 어머니는 마지막으로 내가

7학년부터 가장 친했던 친구의 아버지인 랍비에게 의지했다. 그 랍비는 이모와 삼촌이 이미 했던 이야기를 되풀이할 뿐이었다. 우리 계획은 완전히 잘못되어 부도덕하며 신성모독이어서 우리는 물론 태어날 아이에게도 돌이킬 수 없는 영향을 미친다고 했다.

트라우마와 분노로 인해 언제쯤인가부터 어머니는 복통을 느끼기 시작했고 병원에서 검사를 받았다(결국 배 속에 찬 가스 때문인 것으로 밝혀졌다). 아마 병원에 있는 동안이었을 것이다. 어머니와 이모 들은 세 살부터 열한 살까지 힐렐아카데미(피츠버그에 위치한 유대인 학교—옮긴이)에 다니며 그들의 사랑을 받아온 우등생이 어떻게 이렇게 끔찍한 결정을 내릴 수 있는지 의견을 나누기에 이르렀다. 결국 그들은 대릴이 평생 마술에 관심을 가져왔다는 사실에 집중했다. 대릴은 어려서부터 카드 트릭과 다른 간단한 속임수를 연습하곤 했다. 사춘기에 들어서는 '심리마술mental magic'이라 불리는 분야에 관심을 가졌는데 스물여섯 살 때는 일종의 초감각 지각ESP: Extrasensory Perception 능력을 발휘해서 청중들을 몇 시간이고 매혹시키곤 했다. 지푸라기라도 잡는 심정으로, 우리 가족은 대릴이 마치 스벵갈리(19세기 작가 조지 뒤모리에의 작품에 나오는 인물로 최면술 등으로 남을 조종하는 사람을 가리킴—옮긴이)처럼 나에게 최면을 걸었다는 결론에 도달했다.

끝없이 계속되는 이 문제를 도무지 어떻게 끝내야 할지 모를 지경이었다. 나는 마침내 가족들에게 정말 마지막으로 내가 무엇을 어떻게 하려는지 설명하기 위해, 선망하는 훌륭한 교수처럼 타이프라이터를 꺼내놓고 편지를 쓰기 시작했다. 그 편지 내용 전체는 다음과 같다.

1965년 4월 21일, 수요일

소중한 가족들에게,

1965년 6월 6일, 대릴과 나는 결혼합니다. 좀 낯선 결혼식이 될 것이 확실합니다. 이 결혼의 가장 중요한 점은 이렇게 설명할 수 있을 것 같네요. 대릴 J. 벰과 샌드라 R. 립시츠는 결혼으로 하나가 되었습니다.

성인이 되고 나서 나의 행동을 나 아닌 다른 누구에게 정당화할 필요를 느끼지 못했고 지금도 그런 필요를 느끼지 못합니다. 지적이고 교육받은 젊은 여성으로서 나의 약점만큼이나 강점에 대해 잘 알고 있습니다. 특정 시간 특정 상황에서 가능한 여러 가지 선택 중 나에게 가장 적합한 것을 선택할 수 있는 능력에 큰 확신을 갖고 있습니다. 지금 내 결정과 관련하여, 어느 사소한 부분에서도 여러분과 상의해야 할 필요를 느끼지 못합니다. 상의하려고 이 편지를 쓰는 것은 아닙니다.

가족들은 나와 대릴, 우리의 결혼에 관해 나름대로 판단하고 있습니다. 이에 대해 내가 어떻게 느끼는지 관련한 근거와 함께 알리고 싶어서 이 편지를 씁니다. 이야기를 계속하기 전에 우선 우리의 결혼 계획과 관련해 여러분의 판단은 아무런 영향력을 발휘할 수 없음을 말씀드립니다. 우리에게 영향력을 행사하는 것이 여러분의 중요 관심사라면 더 이상 이 편지를 읽으실 필요가 없습니다. 하지만 만일 나에 대해 걱정하거나 호기심을 느낀다면 계속 읽기 바랍니다. 내가 생각하기에 우리 가족은 나를 잘 모르고 있는 듯하니 이제 내가 어떤 사람인지 알 수 있는 기회를 드리려고 합니다.

나는 카네기공대의 작은 예배당에서 결혼하려고 합니다. 주례인도 없고 종교와 관련한 어떤 언급도 없을 것입니다. 나는 불가지론자기 때문에, 다시 말하면, 신이 존재하는지, 존재하지 않는지 명확한 증거를 찾지 못했기 때문에, 유대식 관습에 따라 결혼하는 것이야말로 도덕적이지 못한 일이라고 생각합니다. 대릴과 나는 결혼하겠다는 결정을 스스로 내렸고 펜실베이니아주 법에 따르면 주례 없이 결혼하는 것은 법적으로 아무런 문제가 되지 않으니 주례의 존재는 필요 없다고 느꼈습니다.

이것이 여러분이 궁금해하는 내 결혼식의 두 가지 중요한 지점이라고 생각합니다. 대릴과 내가 이 결혼의 합법성에 대해 이미 충분히 검토했다는 사실을 알려드리고 싶습니다. 우리 자신이 아닌 다른 사람의 뜻에 의해 결혼해야 할 법적 근거는 없습니다.

내가 받아들일 수 있는 유일하게 의미 있는 문제는 합법성입니다. 때문에 나는 가족이나 다른 누군가 만들어놓은 전통적인 패턴에 따라 결혼해야 할 그 어떤 의무도 느끼지 않습니다. 이 나라 정부가 요구한 조건을 만족시키는 한, 즉 나의 결혼이 합법적인 한 내가 해야 하는 모든 것을 실행에 옮기려고 합니다.

이제 우리가 서로 완전히 동의하지 않는 부분에 도달한 것 같네요. 내 결혼의 형식과 관련해 가족들은 무언가 지시할 권리가 있다고 느끼는 것 같습니다. 좀 더 넓은 견지에서 보자면 여러분은 나와 내 미래 남편에게 자신의 가치를 강요하고, 가족들은 옳고 우리는 틀렸다고 주장하며, 내 인생의 경로를 지시할 권리가 있다고 느끼는 듯합니다. 가족들에게 그럴 권리가 있다는 주장을 나는 받아들이지 않습니다. 충분히 양보한다면, 우리의 가치와 가족들의 가치가 다를 수 있다고, 우리 둘의 가치가 평범하지 않다고, 우리가 조금 이상하다고, 우리의 가치를 따라서 살 수는 없다고 말할 수 있을지 모릅니다. 우리가 잘못되었다고 말할 수 있을지도 모릅니다. 대릴과 나는 자신의 행위에만 영향을 미치는 개인적인 가치를 놓고 옳다 그르다 판단하거나 다른 사람에게 우리의 가치를 강요하는 가식을 절대 보이지 않을 것입니다. 나의 행동에 대해 평가하고 판단을 내린다면, 그것은 가족의 특권이겠지만, 우리에게 가족들의 가치를 강요하지 말기 바랍니다. 가족이 나의 가치를 따라야 하는 것이 아니듯 나 역시 가족의 가치를 따라야 하는 것은 아닙니다.

여러분 모두에게 덜 격식을 갖추고 더 개인적인 이야기를 하려 합니다. 지금까지 우리가 계획한 결혼식에 관해 소개하려 합니다.

결혼식이라기보다는 반지 교환이라는 설명이 더 적절할 이 의식은, 조용한 가운데, 더 정확히 말하면 아무도 이야기하지 않는 가운데 열립니다. 결혼식 시작부터 끝까지 음악이 흐르는 가운데 대릴과 내가 통로를 따라 함께 입장할 것입니다. 보통 때와 다르게 더 순수하고 신부처럼 보이며 순결해 보이고 싶은 마음이 없기에 웨딩드레스를 입거나 면사포를 쓰지 않으려고 합니다. 내가 어떤 보호 상태에서 다른 보호 상태로 옮겨가는 것이 아니기 때문에 아버지가 저를 인도하지 않을 것입니다. 내 행동이 가져오는 결과를 완벽하게 이해하고 있기에 내가 직접 선택한 결혼 상대자의 옆에 서서 동등한 존재로 인생을 함께할 생각입니다.

의식은 이렇게 진행할 예정입니다.

1. 대릴과 내가 반지를 교환하고 키스한다.

2. 우리의 여동생들이 건네준 와인 한 잔씩을 대릴과 내가 마신 뒤, 대릴이 와인 잔을 깬다. 다른 어느 누구도 이 특

별한 음료를 나눠 마시지 않을 텐데, 이 와인이 상징하는 우리의 공동생활도 나누지 않는다는 의미에서다.

3. 결혼증명서에 서명한다.

4. 결혼식의 의미를 함께 나누는 뜻에서 모든 하객들이 우리가 만든 방명록에 서명한다. 결혼식에 함께한 친구들의 행복을 상징하는 의미로 이 방명록을 보관한다.

지금까지 계속 들으셨겠지만 대릴과 나는 가족들을 결혼식에 초대하지 않을 예정입니다. 정확하게 말씀드리자면 아직 최종 하객 리스트를 확정하지 않았습니다. 우리는 하객 리스트를 정할 때 사용할 기준을 확정했을 뿐입니다.

1. 우리 중 한 사람이나 두 사람 모두가 꼭 참석하기 바라는 사람.

2. 우리의 행복을 진심으로 바라는 사람.

3. 우리의 결혼 방식이 우리에게 완벽하게 잘 맞는다는 점을 받아들이고, 주저 없이 결혼의 증인으로 서명할 수 있는 사람.

내 입장에서는 가족들이 지금 내 모습에 기뻐한다는 말을 매우 듣고 싶습니다. 대릴과 나는 서로에게 완벽한 상대라고 믿고 있습니다. 좋아하는 것, 싫어하는 것, 가치관이 매우 비슷합니다. 결혼식은 우리 존재의 진정한 표현이 될 것입니다. 여러분이 이 결혼식을 용납하지 않는다고 해도, 우리 결혼 생활에 행운과 행복이 함께할 수 있도록 가족 모두로부터 축하받고 싶습니다. 가족들이 이 자리에 함께하거나 하지 못하거나 어떤 경우라도 충분히 기쁘겠지만, 완전히 자유롭게 선택하라면 역시 우리를 거절하는 가족보다는 우리를 받아들이는 가족이 좋습니다.

결혼식 피로연에 가족 모두를 부르고 싶습니다. 피로연은 스키보에 자리한 하일랜더룸(카네기공대 내 시설 이름—옮긴이)에서 열립니다. 결혼식에 참석하고 싶으면, 그렇다고 알려주시면 됩니다. 예배당에 자리가 있는 한 가족들의 참석은 환영합니다. 우리를 받아들이고 있는 그대로의 모습을 인정해준다면 결혼식 참석을 환영합니다. 몇 분이라도 결혼식에 참석하기로 결정하시길 기대합니다.

결혼식에는 참석하지 않고 피로연만 참석한다고 해서 대릴이나 내가 무시당했다고 생각하지는 않을 것입니다. 우리가 우리 신념을 중요하게 여기듯 가족들도 그럴 테고, 우리는 그러한 권리에 도전하거나 의문을 품을 그 어떤 의도도 없습니다. 나의 유일한 희망은 결혼식에 대한 부정이 나에 대한 부정으로 이어지지 않는 것입니다.

대릴과 나는 결혼에 관해 많이 생각해보았습니다. 우리 결혼의 형식은 논의의 대상이 아닙니다. 가족들이 결혼식에 관한 감정과 나와 내 남편에 대한 감정을 구분할 수 있기를 바랍니다. 하나를 부정한다고 해서 자동적으로 다른 하나도 부정할 필요는 없습니다. 사실 가족 중 몇 분은 이 결혼식을 보고 좋아할 거라 기대하고 있습니다. (…) 가족으로 편하게 전화 걸어 축하해주고 우리의 계획에 대해 궁금한 것이 있으면 어떤 질문이라도 해주세요. 다른 말로 하자면, 마음 편하게 우리를 사랑해주세요. 하지만 우리 두 사람과 우리가 세운 계획을 망치지는 말아주십시오. 그런 시도는 성공하지 못할 것이고 여러분과 우리를 불필요한 미움으로 이끌 뿐입니다.

한 가지만 더 말씀드리겠습니다. 외할머니, 내가 지금 하고 있는 일이 나에게 어울리는 것임을 이해해주세요. 나는 이제 다 자랐고 내 가치관에 근거해 결정을 내려야 합니다. 특히 외할머니가 결국에는 우리의 결혼을 받아들였으면 좋겠습니다. 할머니는 현명한 여성이고 결혼 그 자체가 결혼식보다 훨씬 더 중요하다는 사실을 알고 계실 겁니다. 결혼 생활을 잘 해낼 거라고 확신드릴 수 있어요.

여러분은 전에 보지 못한 내 모습을 보았을 것입니다. 내 계획은 변하지 않을 거고 더 이상 이 계획에 관해 그 어떤 논쟁도 더 벌이지 않을 생각입니다. 나를 받아들이거나 받아들이지 않을 수도 있습니다. 하지만 받아들이거나 거절하는 사람은 바로 여러분이라는 점을 이해하기 바랍니다.

피로연에서 가족들을 만날 수 있기를 기대합니다. 결혼식에 참여하고 싶다면 알려주세요. 참석하기로 결정했다면 예배당 안에서는 미소를 지으며 주저 말고 방명록에 서명해주세요. 결혼식에 오든 오지 않든 어떤 결정에도 상관없이 여러분이 다가오는 저의 결혼을 기뻐하고 저와 대릴에게 그 행복을 표현해주길 바랍니다.

여전히,

사랑을 담아,

샌디

다행히 이 편지로 나의 결혼 계획을 바꾸려는 가족들의 시도에 종지부를 찍을 수 있었다.

대릴과 내가 공식적으로 결혼 신고를 하는 날이 다가왔다. 스물한 살 생일이 되기 6주 전이었는데, 이는 얄궂게도 결혼 신고를 하는 데 부모 중 한 사람의 승낙이 필요하다는 의미였다. 결혼식에 대한 싸움에서 졌다는 사실을 인정했고 대릴이라는 사람 자체에 대해서 반대하지 않는 어머니는, 결혼 신고 서류에 서명하기 위해 우리와 공증인 사무실에 가는 데 동의했다. 하지만 어머니를 차로 모시러 갔더니 감정이 요동쳐서 서명할 수 없다는 것이 아닌가. 내가 스물한 살이 되는 6월 22일까지 결혼 신고를 마치지 않는다고 해도 확실하게 6월 6일에 식을 올리고 그날부터 공개적으로 동거할 거라고 말했지만 어머니는 꼼짝도 하려고 하지 않았다(혹은 할 수 없었을지도 모르겠다).

그 순간 전략을 바꿔야 한다는 사실을 알아차렸다. "어머니는 잊어버려요." 대릴에게 말했다. "가능한 한 빨리 우리 아버지를 찾아가야 해요. 어머니가 아버지에게 먼저 이야기한다면 아버지도 서명하지 않을 테니까." 우리는 아버지가 우편물 담당자로 일하던 시내 우체국으로 차를 몰고 가 마침 일을 끝내고 나오던 아버지를 만나 공증인 사무실로 모셔갔다. 지나가던 여성에게 급하게 부탁해서 아버지가 서명하는 일의 증인이 되도록 했고 그 덕에 어머니에게 서명을 강요하다가 실패할 경우 감내해야 할 2주간의 '동거'를 피할 수 있었다.

결혼식이 다가와 외가 친지 모두를 초대했지만 외할머니만 답장을 보냈다. 대릴과 나는 어쩌다 보니 유대교의 명절인 '샤부옷(이스라엘의 3대 절기 중 하나로 밀을 처음 수확한 날로부터 50일 지난 날―옮긴이)' 기념일을 결혼식 날로 잡았는데, 이날에는 결혼하지 않는 것이 유대 전통이다. 외할머니는 재빨리 이를 우리 결혼식에 참석하지 않는 합법적인 핑계로 삼았다. 달리 말하면 비유대적인 결혼식을 받아들일지 말지 폭발력이 큰 질문을 회피하기 위해 전통 준수에 어긋난다는 점을 이용한 셈이었다.

반면 어머니는 갈등 해결의 방법을 찾으려 들지 않으셨다. 결혼식에 참석하기 위해 집에서 출발해야 하는 시간이 되어서도 움직이지 않았다. 어머니가 결혼식에 참석하지 않으려고 한다는 사실을 몰랐던 이모들은 어머니를 감정적으로 달래기 위해 이미 참석해 남편들과 함께 식장에 자리 잡고 앉아 있었다. 어머니를 기다리던 제인 이모는 너무나 흥분해서 대릴과 내가 결혼식장 통로를 걸어 들어갈 때 거의 우리를 칠 뻔했다. 이모는 무턱대고 식장에서 달려 나가 몇 시간 동안이나 당황한 채로 거리를 헤매고 다녔다.

어머니와 늘 비슷한 태도를 취했던 아버지는 놀랍게도 어머니 없이 결혼식에 참석해 열네 살 된 여동생 베브와 함께 앞줄에 앉아 있었다. 삼촌과 숙모, 사촌 등 친가 쪽 가족들은 모두 참석했고 나와 함께 자란 잭을 비롯해 성인이 된 외가 쪽 사촌 몇 명도 참석했다. 나이 어린 외가 쪽 사촌들은 참석하지 않았다. 이 결혼식이 그들에게는 지나치게 도발적으로 보였을 것이다.

대릴의 가족들은 다른 반응을 보였다. 대릴의 어머니는 관습에서 벗어난 결혼의 여러 가지 특징에 관해 나중에는 걱정했음에도 불구하고(내 어머니는 전혀 신경 쓰지 않았지만), 우리 결혼식 계획을 듣고는 자신도 결혼할 때 말을 타고 식을 올리고 싶었지만 가족들의 압력으로 그럴 수 없었다는 옛 기억을 이야기해주었다. 하고 싶은 대로 올리는 결혼식이 꽤 멋지다고 생각했던 대릴의 어머니가 우리에게 부탁한 것은 단 하나였다. 6월 초 결혼식을 올릴 예정이라면 친구들이 여름휴가를 위해 피츠버그를 떠나기 전인 6월 6일 일요일이 좋겠다는 것이었다. 그다음 일요일에는 고향인 덴버에서 열리는 볼링 토너먼트에 참석해야 하기 때문이었다. 물론 우리는 그러겠다고 했고 결국 샤부옷 날에 식을 올리게 되었다.

결혼식에 참석한 대릴의 가족은 네 명이었는데, 모두들 우리 집에서 일어난 소동을 믿을 수 없어 했다. 대릴의 아버지와 어머니, 봄방학 때 혼자 대릴을 만나러 왔다가 내 여동생 베브와 바로 친구가 된 열네 살 여동생 로빈이 참석했다. 결혼식에 꼭 참석하고 싶어 했던 열여섯 살 사촌 여동생 말린도 왔는데, 그 자신도 그렇고 말린의 부모도 이 재미있고 혁신적인 결혼식을 말린이 직접 경험하길 바랐기 때문이었다. 당시 스물세 살이던 대릴의 남동생 배리는 콜롬비아에서 마지막 두 달간의 평화봉사단 활동을 해야 했기에 참석하지 못했다.

우리 가족이 벌인 소동에도 불구하고 결혼식은 근사했다. 60여 명의 가족과 친구가 참석해 라즈베리가 올라간 스펀지케이크를 먹고 샴페인을 마셨는데 이 모든 일을 치르는 데 필요한 것은 고민하느라 생긴 약간의 흰머리와 120달러가 전부였다.

연애와 결혼에 관련한 우리 이야기를 여기서 끝낼 수도 있겠지만, 결혼식 그다음 날인 나의 졸업식이 있던 6월 7일 월요일에 대해서도 잠깐 덧붙일까 한다.

결혼식 때문에 졸업식에 관해서는 크게 신경 쓰지 못했지만 외가 가족 모두가 졸업식에 참석해서 나는 깜짝 놀랐다. 화가 나서 가족들 가까이에 가지 않았다. "어떻게 내 결혼식을 그렇게 엉망으로 만들어놓고 바로 그다음 날 내 졸업식에 기쁜 마음으로 참석할 수 있지?" 혼잣말을 하며 대릴의 가족들 근처에 자리를 잡았다. 잠시 후 어머니와 외가 쪽 가족들이 자리를 떴다.

그리고 채 한 시간이 못 되어 죄의식을 느꼈다. 대릴과 나는 서둘러 외가 가족들이 모여 있을 것이 뻔한 외할머니댁으로 향했다. 어머니와 외할머니 말고 다른 사람 누가 더 있었는지 지금은 기억나지 않지만, 우리는 가족들에게 점심을 대접했고 화해의 과정을 시작했다. 시간이 흐르면서 양쪽의 분노는 사라지고 모든 관계는 나아졌다. 나와 아널드 삼촌 간의 관계를 제외한다면 그랬다. 나는 몇 번이고 삼촌에게 말을 걸었지만 그럴 때마다 삼촌은 아무 반응이 없었다. 삼촌이 나에게 결혼 선물을 보낸다면 되돌려 보낼 거라고 대릴과 나는 농담하곤 했다. 하지만 삼촌은 어떤 선물도 보내지 않았다.

2

왜 대릴이어야 했나?

나는 왜 다른 사람이 아닌 대릴과 결혼했을까? 당연히 많은 이유가 있었지만 가장 중요한 이유는 그때까지 내 삶 전체가 내적이든 외적이든 어떤 혼란 속에서 아슬아슬한 상황이었기 때문이다. 대릴은, 내가 기억하는 한 가장 오랫동안 싸워온 혼란으로부터 떨어져 나올 수 있도록 해주었고 궁극적으로 내 여동생과 부모까지도 혼란에서 구해냈다.

여기서 말하는 혼란에 대해서는 무어라 설명하기 어려운데, 가족이나 내 삶에서 특별히 잘못된 일은 없었다. 그렇다. 내가 여덟 살이 될 때까지 우리 가족은 정부 보조 주택에서 생활했지만 복도에서 마약 거래가 일어난다거나 길거리에서 총알이 날아다닌다거나 하는 일은 없었다. 가족이 실직으로 고생하거나 알코올중독을 겪거나 성적 혹은 신체적인 학대를 당하는 일도 없었다. 모두가 기본적으로 건강했고 먹을 것은 충분히 있었다. 하지만 그런 괜찮은 상황에도 불구하고 혼란은 어느 순간이건 일어날 수 있었고 내가 할 수 있는 최선은 안 좋은 일이 생기더라도 피해 입지 않도록 하는 것이었다.

기억1. 할아버지 댁을 방문하고 돌아오는 길. 아버지가 나를 차에 태운 채 운전 중이다. 조약돌이 깔린 가파른 언덕길을 절반쯤 지나려는 참이다. 집으로 돌아오는 길로 짐작건대 그 무렵 여덟 살이 안 되었을 거라고 기억한다. 여동생이 태어나기 전이니 채 여섯 살도 되지 않았을 게 거의 확실하다. "엄마한테 아이스크림 소다를 만들어주었는데 거품이 너무 많았어. 그래서 엄마가 화가 많이 나 이혼 이야기를 꺼냈어. 그러니 집에 가면 얌전히 굴어야 한다."

기억2. 침대에 누워 부모님이 그날 밤 어디서 잘지 협상하는 이야기 소리를 듣고 있다. 몇 살인지 정확하게 기억 나지 않는 이유는 아마도 이런 일이 너무 자주 일어났기 때문이다. 정부 보조 주택을 떠난 후 살았던 집이 떠오르는 것을 보면 여덟 살이나 아홉 살이나 열 살 무렵인 듯싶다. 어머니는 텔레비전을 보고 있고 아버지는 어머니가 침대로 가길 바란다. "여보, 릴, 소파에서 자지 말아요. 이제 침대로 가서 잡시다." 하지만 어머니는 꿈쩍도 하지 않는다. "날 내버려두라고요. 텔레비전 보고 있잖아요. 나중에 갈게요." 이 정도 되면 아버지는 그냥 침대로 가기도 했는데 가끔은 눈물 번진 얼굴로 나에게 와서 이렇게 말하곤 했다. "샌디, 엄마가 침대로 가지 않겠대. 나에게 이야기도 하지 않으려고 하고. 그러니 네가 좀 어떻게 해봐. 엄마한테 가서 말 좀 해봐. 엄마가 뭔가 할 수 있도록 만드는 사람은 너뿐이잖니. 뭐라도 좀 해봐." 그래서 내가 무얼 했는지는 잘 기억나지 않는다. 어머니가 침대로 가서 주무시도록 했는지 기억할 수도 없다. 그저 아버지가 괴로워하며 "뭐라도 해봐. 샌디, 뭐라도 할 수 있는 사람은 너밖에 없다" 하고 애처롭게 말하던 모습만 떠오를 뿐이다.

기억3. 어머니가 아버지에게 고함치고 있다. 아버지는 진땀을 흘리며 다른 쪽으로 시선을 돌리고 방에서 나간다. 아버지는 이 곤경으로부터 벗어나고 싶은 마음에 이마를 쓸어 올릴 뿐이다. "피트! 집에서 나갈 때에는 45달러를 가져갔는데 14달러만 남아 있다니 도대체 무슨 일이에요? 나머지 돈은 어디 있어요? 잃어버리기라도 했어요? 어디 있었던 거예요? 그동안 뭐 했어요? 우린 그 돈이 필요해요. 피트, 돈이 필요하다고요."

"릴, 쉿, 제발 그만해요. 나도 모르겠어. 정말 모르겠다고. 도대체 무슨 생각을 하는 거요? 그 돈으로 술을 마셔버렸거나 다른 데 썼을까 봐? 나도 그 돈이 어떻게 되었는지 모르겠어, 여보. 자동차 기름을 넣었고 우유 한 통을 샀고 신문을 샀지. 어떻게 썼는지는 모르겠지만 나쁜 일을 하지는 않았어. 그러니 고함 좀 그만 치구려. 잘못한 건 아니니까 제발 고함은 그만 치라고."

기억4. 어린 시절 몇 번이고 되풀이해서 꾸던 꿈이 있다. 우리 가족이 이혼 법정에 서 있는데 판사가 나에게 이렇게 말한다. "샌디, 부모님 이혼 후 어느 분과 살고 싶니? 어머니 아니면 아버지?" 그러면 나는 꼿꼿한 자세로 의자에 앉아서 "두 쪽 다 싫어요. 부모님이 함께 살 정도로 서로를 충분히 사랑하지 않는다면, 나를 많이 사랑하지도 못할 거예요. 난 차라리 고아원으로 가겠어요." 내 말을 들은 부모님이 죄의식을 느껴서 다시 결합하고 우리는 그 후 행복하게 살게 된다.

기억5. 어머니와 함께 집에 있다. 다른 사람이 집에 있었는지 아닌지는 모르겠다. 우리는 또 한 번 떠들썩하게 싸움을 하고 난 뒤였다. 열아홉 살 카네기공대 3학년 심리학과 수업 시간에 쓴 자서전에서 이 싸움을 건 사람은 나였다고 적었다. 아버지를 자꾸 괴롭히는 어머니에게 화가 났기 때문이었다. "어머니는 아버지와의 싸움에서 공격적인 사람이었다. 아버지는 모든 것을 수용하는 수동적인 입장이었고 나중에는 어머니에게 사과까지 하고 나에게 와서 울곤 했다. 나는 어머니와 쉬지 않고 싸웠다. 나는 고집불통에 모진 성격이 되었다. 혼자 있는 상황에서는 나에게 기대하는 모든 일, 아니 그 이상을 해냈지만 어머니가 내게 사소한 일이라도 시키면 고함을 치며 거절하곤 했다."

내 유년 시절의 기억이 잘못되지는 않았겠지만, 이 모든 분노가 어머니를 향한 것이었는지는 기억나지 않는다. 내가 기억하는 것은 다툼과 그 후폭풍이었다. 처음에는 서로에게 고함치는 정도지만 잠시 후 어머니가 이성을 잃고 컵이나 접시, 재떨이, 책, 음식, 칼 등 손에 들려 있는 것이라면 무엇이건 던지기 시작한다. 물론 나에게 직접 던지지는 않고 벽, 창문, 부엌 싱크대 위등 온갖 데로 물건을 던진다. 대학 시절 자서전에 썼다시피 "탈진한 어머니는 의자에 앉아 지쳐 눈물을 흘리며 죄의식으로 괴로워하고 부끄러워했다. 나는 어머니에게 다가가 그 앞 바닥에 주저앉아서 잘못했으니 용서해달라고, 아니면 무엇이라도 좋으니 벌을 주라고 빌었다. 어머니는 나를 보면서 나에게 화가 난 것이 아니라며 말했다. '네가 미안하다고 한들 달라지는 건 아무 것도 없단다. 이미 엉망이 되어버렸어.' 나를 용서한다는 건 말도 안 된다고 이야기했다. 완전히 탈진한 어머니는 쓰러져 잠이 들어버렸다. 기묘한 희극 속에서 그래도 가정이라는 모양을 갖추기 위해 나는 깨어진 유리조각을 줍기 시작했고 결국 울어버렸다. 그러고는 위층으로 올라가 울며 나 자신을 책망하고 스스로를 벌주려는 듯이 몇 번이고 벽에 머리를 박곤 했다."

기억6. 제인 이모의 집에서 외가 식구 모두와 추수감사절 저녁을 먹고 나서 집으로 돌아가려는 참이었다. 나는 열한 살 정도 되었고 분노조절장애를 지닌 동생 베브는 다섯 살 정도다. 동생은 아직 집에 가고 싶은 기분이 아니었나 보다. 어른들이 간신히 코트를 입혀놓았더니 베브가 지퍼를 올리거나 코트를 제대로 여미지 못하게 했다. 주먹으로 옷자락을 꼭 쥔 채 화가 나서 서 있었다. 보통 베브를 달래 협조하도록 만드는 사람은 난데, 이번에는 왜인지 나도 그저 다른 사람들처럼 무서워하며 서 있었다. 당황한 어머니와 제인 이모(누구였는지는 정확히 기억나지 않는다)가 하이힐 한 짝을 벗어들고 베브의 손을 계속 때리면서 코트 자락을 놓도록 만들어 옷을 제대로 입히려고 애쓰는 모습을 바라보고 있었다.

기억7. 8학년의 내가 어머니와 또 다투고 있다. 이번에 감정을 조절하지 못한 사람은 어머니가 아닌 나였다. 대학 시절 썼던 자서전에 설명했다시피, 다툼이 끝나자 위층으로 올라가 거울 속 나를 보았다. 나 자신과 가족과 우리 집과 우리가 만들어낸 이 모든 소동이 너무나도 싫었다. 헤어브러시를 들어 있는 힘껏 거울을 향해 던졌고 거울은 수백 개 조각으로 산산이 부서졌다. 나는 마루에 쓰러져서 울음을 터뜨렸다. 부모님이 달려 올라왔다. 충격을 받은 듯했지만 나에게 아무 대응도 하지 않았다. 왜 그랬냐고 내게 묻지조차 않았다. 나는 몸을 일으켜 방에서 걸어 나갔다. 얼굴과 손에 상처가 조금 났지만 내게 일어난 일들을 생각하고 울고 기억하면서 몇 시간이고 길거리를 헤맸다. 부모님도 미웠지만 이렇게 폭발해버린 나 자신이 더 미웠다. 스스로를 통제할 수 있다고 생각했는데 그날 무언가 변해버렸다. (…) 내 안에서 발현되는 모든 감정 반응을 억누르는 법을 배웠는데 거울에 한 분풀이처럼 나 스스로를 통제하지 못할까 두려웠다.

기억8. 10학년이 되었고 이제 아홉 살이 된 베브와 싸웠다. 위층으로 올라간 동생은 창문턱을 기어 올라갔다. 지금도 뛰어내린 건지 미끄러진 건지 모르겠지만(동생은 뛰어내렸다고 했다) 동생이 저 아래 보도로 떨어졌다. 동생이 식당 창문을 넘어가는 걸 본 사람은 나였다(놀랍게도 동생은 등뼈에 약간의 골절만 입었을 뿐이고 이후 이 사고로 몸에 영구적인 후유증을 앓는 일은 없었다).

기억9. 1964년 8월, 내가 막 스무 살이 되었을 때다. 베브는 그때 열세 살이었다. 외할아버지께서 돌아가셔서 나와 베브는 장례식장으로 함께 걸어가며 우리 가족이 함께 살아가는 공포에 관해 이야기했다. 나는 베브에게 이렇게 말했다(그 후 30년 동안 우리는 이 일을 꺼낸 적이 없는데 동생은 내가 말한 내용뿐 아니라 이 이야기를 할 때 어디에 서 있었는지도 모두 기억하고 있었다). "베브, 내가 이거 하나는 약속할게. 만일 내가 집을 영원히 떠나면 너도 꼭 데려갈 수 있는 방법을 찾아낼게."

사람은 모두 어린 시절과 십 대를 겪으며, 주위 환경을 다루기 위해 심리적 방어기제를 만들고 대인관계를 위한 기술을 익힌다. 불안을 가라앉히도록 세상과의 관계를 통해 나 자신을 바라보며 사회적 맥락에 적응하는 데 도움이 되는 방법을 익히는 것이다. 쉰 살쯤 되었을 때 치료 과정을 통해서 내가 치러야 했던 대가가 무엇인지, 성인이 된 상황에서 이런 삶의 방식을 계속 붙잡을 필요가 있을지 스스로 물으며 그동안의 자기방어와 전략으로부터 충분히 거리를 둘 수 있게 되었다. 하지만, 스무 살 때 내가 사용할 수 있는 방어와 전략이 무엇인지는 확실했다.

아주 단순하게, 나는 가족을 바라보는 방식과 완전히 반대로 나 자신을 인식하고 내 정체성을 규명했다. 가족들은 이성적이지 않고 무능하고 무책임하며 감정 조절을 못하지만, 나는 모든 면에 있어서 이성적이며 능력 있고 나와 다른 사람들에게 책임을 다하며, 늘 내 감정을 잘 조절한다고 생각했다. 가족들이 소극적이고 의존적이며 삶의 문제를 어른스럽게 다루지 못한다면, 나는 내 문제를 제대로 해결할 뿐만 아니라 주위 사람이 자신의 문제를 해결하도록 도와주면서 세상을 살아가는 사람이었다.

이런 태도는 대학 시절에 쓴 자서전에서 확실하게 살펴볼 수 있다.

나는 매우 잘 정돈되어 있고 이성적이다. (⋯) 나는 내가 진지하게 맡아야 하는 모든 일을 잘 수행해낸다. (⋯) 나는 성공을 거두어야 한다고 스스로에게 요구한다. (…) 내가 실패할 하등의 이유가 없다. (…) 나는 극히 책임감 강하고 전반적으로 의지할 만한 사람이고 나 자신이 그렇기를 기대한다. (…) 나약함을 쉽게 받아들일 수 없다. 극복할 수 있다고 생각하고 그러기 위해 언제나 노력한다. (…) 목표에 도달하는 모든 것은 다른 누군가가 아닌 나에게 달린 일이라고 믿는다. (…) 내가 정말 원하는 것을 하는 데 방해가 될지도 모르는 내 안의 충동을 조절해야만 한다. (…) 적절한 행동에 대한 참고 기준은 거의 모두 나 자신이다. (…) 나는 스스로에 대해 매우 비판적이다. 무언가 실패라도 하면 다른 사람이 아닌 나 자신을 책망한다.

지나칠 정도로 능력을 발휘하려 애쓰고, 연약함을 거부하는 성격은 어린 시절부터 대학 시절까지 여러 측면에서 도움이 되었다. 중요한 점은, 그 덕에 학교 공부를 아주 잘했고 학문의 길로 향하는 초석을 만들 수 있었다는 것이다. 사소한 일을 포함해 감정적으로 또 실지로도 가족들에게 필요한 일, 특히 동생에게 필요한 일은 대부분 내가 맡곤 했다. 가구를 내다 버린 어머니가 새로운 가구를 사러 갈 만큼 감정적으로 안정되지 않은 상태일 때 거실 가구를 고른다거나 하는 일도 내 몫이었다.

이런 태도 덕에 나는 요구받는 일들을 잘 해낼 수 있었지만 그 결과 불안함을 느끼기도 했다. 대학 시절 썼던 자서전의 내용을 들여다본다.

내가 발전할 수 있었던 가장 중요한 이유는 스스로 안전한 토대를 만들기 위해 모든 부담과 책임감을 떠안았기 때문이다. 그건 부모의 관계가 주는 극도의 불안감과 그 불안한 관계의 원인이 바로 나 자신이라는 죄의식의 결과였다. 이것이 내가 두려움을 대하는 방식이었다. (…) 하루하루 지나며, 나는 안정을 갈구하며 스스로에게 의지했다. 내 가족으로부터 얻을 수 없는 것이었다. (…) 나의 모든 성공은(…) 불안함이 실재한다는 사실을 부인하고 내면의 두려움과 불안함을 대처하려는 노력의 결과라고 생각한다. (…) 나는 모든 일에 있어서 어느 정도 성공해야만 했다. 실패한다면 나의 감정적인 지지대가 완전히 사라져버릴 것이기 때문이다.

어렸을 때, 내 안전의 또 다른 근원은 종교였다. 대학 시절 자서전에 이렇게 썼다. "나는 늘 신께 의지했다. 신은 절대로 감정적이지 않고 물건을 마구 던지지도 않을 테니까. (…) 신과의 관계는 극히 개인적이었다."

하지만 개인적 역량이나 신과의 관계도 나의 불안을 없애기에는 턱없이 부족했다. 어린아이였을 때 내 서랍을 주기적으로 깨끗하게 정리할 뿐만 아니라 다른 사람의 서랍도 정리하곤 했던 것은 그런 이유 때문이다. 십 대에 들어서서는 몇 시간이고 계속 걷곤 했다. 처음에는 보도를 어슬렁거리며 걸었는데 긴장이 풀어지기 시작하고 점차 느긋해지면서 발걸음이 가벼워지곤 했다.

특별히 더 걱정되거나 불안해질 때마다 이렇게 진지하게 걷는 것은 대학 시절 자서전에서 밝혔듯이 '감정적인 동요'를 피하기 위해 때때로 사용하던 방법이다. 감정적 동요가 일어날 때면 "이런 상황에 대해 무언가 하기에는 너무 공허하고 외롭고 불안해서 만족스러운 해결책을 생각할 수 없었다. 때로 밤을 새워 생각하고 생각하고 또 생각했다. 그 당시에는 문제를 해결할 수가 없었다. 하지만 그저 해결되지 않은 채로 지나가도록 내버려둘 수도 없었다. 해답을 찾기 위해 애쓰고 또 애써야 했다. 분석하고 부인하고 다시 분석했다. 머리를 질끈 묶고 스웨트셔츠에 리바이스 청바지를 입고 온통 깨물어서 지저분해진 손톱에 정신없이 먹어 치워 부풀어 오른 배를 하고는 다음 날 학교에 갔다. 그 당시의 나는 감정적으로 만신창이였고 나 자신이 정말 싫었다."

감정적으로 요동치던 나의 민감함에 관해서는 이렇게 썼다.

내 성격 중에서 가장 견딜 수 없는 면은 참을성이 없다는 것이었다. (…) 극복하려고 애써보았지만 완전하게 극복할 수 없어서 속이 상했고, 예전에 그랬던 것처럼 이런 일이 자주, 거의 매주 일어난다는 사실에 당황했고, 죄책감이 들었고 부끄러웠다. 지금도 때때로 이런 일이 일어나는데 완전히 극복했다고 볼 수 없다. 폭식하고 나서는 몸무게를 줄이기 위해 최소한의 음식만 먹으며 일주일 내내 버틴 적도 있었다. (…) 긴장을 풀기 위해 온갖 종류의 방법을 시도했다. 몇 시간이고 걸었고 지하실을 청소했고, 호스로 물을 뿌려 벽을 청소했으며 마룻바닥을 닦았고 파이프에 페인트 칠을 했다. 책상에 앉아 아직 두 달이나 기한이 남은 학교 과제를 했다. 도저히 중단 지점이라고는 없어 보이는 식욕을 억제해야만 했다. 적어도 속이 불편해지는 정도가 되기 전에 말이다. 통제하는 법을 배우는 데 정말 힘들었던 유일한 약점이 바로 식습관이었는데, 이 역시 서서히 극복하게 되었다.

분명 수많은 고통을 겪어야 했던 나이 어린 여성이었지만, 대학 시절 자서전의 마지막 문장에 적었듯이 "나는 문제를 대면할 능력을" 갖추었다. 그뿐만이 아니었다. 언젠가는 새로운 세상으로 도주할 계획이었다. 가능하다면 동생을 데리고 말이다.

기억하는 한 가장 멀리 가보면, 아주 짧게나마 가족으로부터 도망친 적이 이미 있었다. 세 살 무렵부터 주중이면 힐렐아카데미에서 꽤 긴 시간을 보냈고 주말이면 친가나 외가에서 하룻밤을 잠자며 보냈다. 부모님, 여동생과 함께한 그때의 기억은 별로 없는데, 있다고 해도 행복한 기억은 아니다. 하지만 조부모님과 함께한 시간만은 내 마음속에 선명하게 황금빛 기억으로 새겨져 있다.

친할머니, 친할아버지는 작은 식료품점을 운영하며 가게 위층에서 사셨다. 침실에는 커다란 침대가 자리하고 있었고 바퀴 달린 접이식 침대도 놓여 있었다. 내가 아는 한, 이 바퀴 달린 침대에서 자는 사람은 나뿐이었다. 그 침대는 내 것이었다. 밤이 되면 침대를 펴고 들어가 잤다. 아침이 되면 가게 문을 열기 위해 할아버지가 일찍 일어나시고 나는 두 분의 침대로 기어 들어가 할머니와 함께 조금 더 잤다. 할머니가 잠에서 깨어 침대에서 이디시어(중부 및 동부유럽 출신 유대인이 사용하는 언어—옮긴이)로 된 〈데일리 포워드Daily Forward〉 신문을 읽는 동안 옆에서 행복하게 게으름 피우곤 했다. 그러고는 아래층으로 내려가 라디오 연속극을 들으며 함께 아침을 먹었다. 내 기억에 남아 있는 작품은 〈원 맨스 패밀리One Man's Family〉와 〈스텔라 댈러스Stella Dallas〉인데 유독 추운 날에는(사실 중앙난방이 작동되지 않아서 자주 추웠다) 오븐을 약하게 틀어놓고 그 안에 발을 집어넣어 몸을 녹이곤 했다.

할머니와 일상적인 가사를 함께했다. 부엌에 놓인 2조식 구식 세탁기로 빨래를 하고 (손가락이 끼지 않도록 조심하며) 옷을 롤러 사이로 넣으면 롤러가 물기를 짜낸다. 할머니 머리를 감겨드리고 세팅을 말아드리기도 했다. 머리카락이 가늘고 숱이 적은 할머니는 내가 머리 말아주는 방식을 좋아했다. 어느 해에는 플레이도(아이들이 모형을 만들기 위해 사용하는 색깔이 있는 찰흙 장난감—옮긴이)처럼 진득거리는 분홍색 물질로 집 안의 모든 벽지를 문질러 닦아내기도 했다.

점심시간이 되면 할아버지를 위한 식사를 준비하고 부엌과 다이닝룸 사이에 있는 복도를 할 수 있는 한 세게 발로 쿵쿵 구르곤 했다. 점심 식사가 준비되었으니 위층으로 올라오라는 우리 사이의 신호였다. 그러면 할머니와 할아버지는 서로 번갈아 계단을 올라가고 내려가시곤 했다. 할아버지가 점심을 드시는 동안 할머니가 가게를 봐야 했기 때문이다.

할아버지와 함께 가게에서 시간을 보내는 일도 많았다. 할아버지는 말씀이 많은 편이 아니었고 내가 하고 싶어 하는 일을 모두 하도록 내버려두었다. 나는 사탕을 팔기도 했고(먹기도 했지만), 손님들에게 거스름돈을 건넸으며, 손잡이가 긴 집게를 이용해 높은 선반에 있는 물건 내리는 방법을 연습하기도 했고 가게 물건을 정리하며 몇 시간이고 보내곤 했다. 왜 그런지 모르지만 나는 작은 담뱃갑 정리를 좋아했고 또 특별히 만화책 정리도 좋아했다. 만화책의 경우는 책을 종류마다 90도로 돌려 각 권을 구분하기 쉽도록 큰 더미를 쌓아 올렸다. 가게 뒤쪽에는 커다란 냉장고가 자리잡고 있었는데 마음 내키면 그 안으로 들어가 ('점보'라고 불렸던) 두툼한 볼로냐 살라미 덩어리를 꺼내왔고 할아버지가 커다란 전동 절단기로 잘라준 살라미 몇 조각으로 직접 샌드위치를 만들었다. 자주는 아니지만 가게에 손님이 없을 때면 할아버지는 우유 박스에 걸터앉아 나와 공 던지기 놀이를 해주었다. 가게 선반에 올려져 있는 물건을 갖고 노는 것이 더 재미있긴 했다.

정확히 기억나지는 않지만, 내가 열한 살 때 할머니가 돌아가시고 가게와 집이 팔리기 전까지 아마도 한 달에 한 번, 할아버지 할머니 집에서 주말을 보내며 잠자곤 했다.

외가에 가는 것도 좋아했지만 외할아버지를 좋아하지 않았기에 친가에 갈 때와는 느낌이 좀 달랐다. 완고하고 유머라고는 찾아볼 수 없었던 독일인인 외할아버지는 어머니를 포함해 이모와 삼촌의 숭배를 받았는데 (지금도 그렇지만) 도저히 그 이유를 알 수 없었다. 내가 '보비'라고 불렀던 외할머니는 좀 달랐다. 우리는 정말이지 좋은 친구였다. 카드게임(특히 카나스타)을 함께했고 텔레비전 연속극도 보고 함께 웃었다. 어떤 내용이었는지는 더 이상 기억나지 않지만 말이다.

여름이면 특히 좋아했던 것 중 하나가 바로 저녁 늦게 아이스크림 콘을 사 먹기 위해 외출했던 일이다. 밤 11시 30분까지 기다렸다 여섯 블럭 떨어진 아이살리에 가곤 했는데 이곳은 자정에 문을 닫았다. 외할머니는 언제나 '백악관'이라고 부르는, 바닐라에 체리가 들어 있는 아이스크림을 시켰고 나는 언제나 구운 아몬드가 들어 있는 퍼지를 주문했다. 금요일 밤이면 외가 쪽의 나이 든 친척 아주머니나 아저씨를 만나러 가기도 했다. 외할머니는 병상에 누워 계신 아주머니의 기운을 북돋아드리고 싶어 했다.

외할머니 댁에서 자는 일은 친할머니 댁에서 잘 때보다 변수가 많았다. 외할머니는 방 두 개를 몇 블록 떨어진 장례학교 학생들에게 거의 매번 세놓곤 했다. 만일 방이 비어 있으면 거기서 잤고 (대부분의 경우 그랬지만) 방이 다 차면 외할아버지와 외할머니의 침대에 끼어들어 같이 자곤 했다. 어디서 자건 아침이면 외할머니와 인형과 함께 침대에 있었다. 가끔 인형 사이로 외할머니의 ('찌찌'라고 불렸던) 가슴을 훔쳐보았는데 거대한 가슴이 나이트가운을 비집고 나온 모습에 우리 두 사람은 함께 웃음을 터트리곤 했다. 친할아버지와 외할아버지 두 분이 모두 아침 일찍 일어나는 스타일이라서 다행이었다.

두 분 할머니와 함께 시간을 보내는 동안 두 분 중 누구도 우리 가족의 문젯거리에 관해 나를 응원하거나 관심을 표현한 적은 없는 것 같다. 나 역시 두 분께 그런 종류의 도움을 기대하지도 않았다. 사실 할머니들이 우리 가족에 관해 이야기할 때에는 도움이 된다기보다는 고통스러웠다. 대학 시절 자서전에는 이렇게 썼다. "외조부모는 아버지가 얼마나 어리석고 게으르고 유약한지 늘 이야기했고(…) 친조부모는 어째서 아버지가 어머니에게 충분치 않은 사람이라고 생각하는지 어머니와 외가 식구들에게 따지곤 했다(…)." 좀 더 넓은 시각으로 보자면 이런 비난은 사소했다. 나는 양쪽 할머니들과 함께 있는 것이 좋았다. 함께 있으면 즐겁기 때문이기도 했지만 우리 집에서 일시적으로 떨어져 나와 있을 수 있었기 때문이다.

좀 더 나이 들어서는 도망갈 수 있는 다른 세상을 찾아냈다. 내 기억 속에 아름답게 반짝이는 또 다른 장소는 친구 바버라 랜디의 집이었다. 고등학교를 졸업한 바로 그해 여름을 시작으로 대릴과 결혼하기 전까지 여름철이면 숙박 캠프로 가서 거기서 일하면서 살곤 했다. 이렇게 집을 떠나서 보내는 여름이 나에게는 구원이었다. 대학에 입학한 뒤로도 3년 동안 학기 중이면 여전히 가족들과 함께 살아야 했기에 그랬다.

입학한 다음 해, 즉 집을 떠나 여름을 보내는 것은 둘째 해에 받아들여졌지만 첫해 여름은 힘겨운 싸움을 벌여야 했다. 사촌 잭과 나는 막 고등학교를 졸업한 상태였는데 잭이 어쩌다가 수백 마일 떨어진 펜실베이니아 북동쪽의 캠프 브나이브리스에서 일하게 되었고 나는 별다른 일이 없어 놀고 있었다. 잭이 장거리 전화를 걸어 다음 날 캠프로 올 수 있겠냐고 묻자 온몸에 전율이 흐르는 것 같았다. 보조 상담사로 일할 수 있다고 했다. 만일 누가 차로 데려다줄 수 없다면 두세 번 버스를 갈아타고 마지막 정류장에 내려 있으면 캠프 직원 누군가가 데리러 나올 예정이었다. 걱정 마, 캠프로 갈게, 하고 대답했다.

어머니의 반응은 예상 외였다. "아니, 거기 갈 수 없다. 그곳이 어떤 캠프인지 우리는 아무것도 모르는 데다가 너 혼자 밤 버스를 타고 가야 하잖니. 어쨌든 너는 집에 있어야 한다." 어머니와 다툴 시간이 없었다. 나는 그레이하운드 버스에 전화를 걸어 운행 일정과 요금을 확인했고 버스 정류장까지 친구에게 데려다 달라고 부탁한 후 가방을 꾸렸다. 아마 그동안 어머니는 울며 고함을 쳤던 것 같다.

대학교 첫 학기에 만나 알게 된 친구가 보스턴에서 한 주 같이 보내자고 초대했을 때에도 비슷한 일이 벌어졌다. 눈이 내려 버스가 다니기에는 너무 위험하기 때문에 안 된다고 어머니는 허락하지 않았다. 나도 또다시 이런 문제로 다투지 않았다. 나와 친구는 우리를 버스 정류장까지 데려다줄 수 있는 사람을 찾았고, 그렇게 떠났다.

사소한 방법들을 찾아 가족에게서 도피하려는 나의 노력들은 대학교 3학년 때 찾아올 더 큰 갈등을, 그 1년 뒤 대릴과의 결혼으로 끝날 충돌을 예견했다. 카네기공대를 떠나 다른 학교로 전학 가려는 나의 시도와 함께 충돌은 시작했다. 애당초 카네기공대에 입학했던 것은 집을 떠나 살기에는 경제적 사정이 좋지 않았고 그곳에서 장학금을 받아 수업료를 충당할 수 있었기 때문이다. 불행하게도 카네기공대의 마거릿 모리슨 카네기여자대학에 입학한 순간부터 나는 지적으로 자극받지 못했다.

3학년이 끝나갈 무렵, 나는 전학을 시도해보기로 결심했다. 집을 떠나 학비와 생활비를 어떻게 충당할 계획이었는지 지금은 기억나지 않지만, 몇몇 학교에 전학신청서를 보냈고 인디애나대학교가 그해 9월부터 장학금과 심리학 전공과 일자리를 약속해주었다. 하지만 자유를 찾아 도망가려는 시도는 파국을 맞았다.

나는 집을 떠나 캠프에서 행복하게 일하며 여름을 보내고 있었다. 피츠버그에 있던 어머니는 갑자기 외할아버지가 심각하게 아프다는 사실을 알게 되었다. 어머니는 나에게 전화를 걸어 당장 집으로 돌아와 외할아버지의 상태와 관련해 함께 의사와 상의해야 한다고 했다. 8월 초 메이오 클리닉에 가서 진료 상담 한 번 한 것 말고는 (다행스럽게도) 가족의 의료적 결정에 내가 더 이상 개입할 필요는 없었다. 외할아버지는 그 후 얼마 지나지 않아 돌아가셨다.

어머니에게 이 타이밍은 더 이상 나쁠 수 없을 정도였다. 며칠 사이에 그토록 오래 숭배해오던 아버지를 잃었다. 또한 내가 인디애나로 떠나면서 많은 부분을 감정적으로 의지해온 장녀를 잃는 기분이었을 것이다.

나와 아버지가 피츠버그를 떠나 인디애나로 향하는 날이 되었을 때, 어머니는 아직 이 일로 인해 겪을 충격을 실감할 수 없는 상황이었다. 어머니와 외가 친척들이 외할머니 댁에 모여 유대교 장례 기간인 시바를 지키는 중이었기 때문이다. 몇 주 지나 집에 전화했더니 아버지가 울면서 이야기했다. 시바 기간이 끝나고 나니 어머니가 자신은 아버지를 잃었을 뿐 아니라 딸도 잃었다며 침대 밖으로 나오려 하지 않는다고 했다. 그러니 제발, 제발 카네기공대로 다시 학교를 옮기고 집으로 돌아와달라는 부탁이 이어졌다.

심리적으로, 그 당시 나에게는 다른 선택이 없었다. 어머니를 위해 그러겠다고, 집으로 돌아가겠다고 대답했다. 하지만 사실 (그때도 알고 있었지만) 어머니(아버지도 함께)를 만족시키기 위해서만 그런 게 아니었다. 힘든 시기에, 가족을 떠나 도망친 것만큼이나 간절하게 내 필요를 충족시키기 위해 집으로 돌아가겠다고 했다. 인디애나에서의 처음 몇 주는 너무나도 외로웠다. 여름철 잠깐을 제외하고 집에서 떨어져 생활해본 경험이 없었다. 심각할 정도로 수줍음을 타는 데다 혼자 방을 썼고, 주변에는 여자 대학생 클럽 소속 학생들이 살았는데 이들과 나는 공통점이라고는 하나도 없었다. 캠퍼스 생활을 어떻게 꾸려가야 할지 알 수 없었다. 그때 아버지가 전화를 걸어와 어머니가 제정신을 차릴 수 있도록 이 싸움을 끝내자고 이야기한 것이다. 피츠버그로 돌아가야 하는 압박이 너무나도 컸다. 집에서의 요청 때문에 이 도전을 그토록 쉽게 포기하지 않았다면, 집에서 멀리 떨어진 대학에서 결국 내가 적응할 수 있을지, 어떻게 적응이 가능했을지 알아낼 수 있었을지도 모른다.

아버지는 전화를 끊자마자 어머니와 함께 나를 데리러 차를 몰고 달려왔다. 그사이 나는 인디애나를 떠나 다시 카네기공대로 돌아가기 위해 필요한 행정절차를 밟았다. 다행히도 여전히 장학금을 받고 있었기에 카네기공대로 돌아가는 데에는 재정적으로 별다른 비용이 발생하지 않았다. 운 좋게도 바로 수업을 따라갈 수 있었기에 이 결정으로 인해 졸업을 늦춰야 하는 일은 일어나지 않았다.

하지만 집으로 돌아가는 길, 조용한 차 안에서 피츠버그로, 카네기공대로, 가족에게로 돌아가는 일로 인해 치를 엄청난 심리적 비용을 생각하기 시작했다. 이 문제에 관해 고민하면서 힘들지만 나에게 꼭 필요한 전환으로부터 너무나 쉽게 빠져나온 것 아닌가 하는 생각에 점점 더 고민스러워졌다. 고개를 돌려 부모님께 말했다. "이렇게 할 수는 없어요. 집으로 가는 것은 나에겐 옳지 않은 결정이에요. 카네기공대에서는 충분히 좋은 교육을 받을 수 없어요. 인디애나에서 노력해볼래요. 엄마, 나 없이 집을 꾸려나갈 방법을 찾아보세요. 아빠, 차를 돌려주세요. 아무래도 인디애나에 남아야겠어요. 그게 내가 해야 하는 일인 것 같아요. 엄마, 나 없이 문제 해결하는 법을 배워야 해요. 아빠, 지금 바로 차를 돌려주세요." 아버지는 마지못해 차를 돌렸다. 하지만 바로 그 순간 어머니가 비명 지르고 고함치면서 공포와 고통의 눈물을 흘리기 시작했다.

그때 일어난 일은 기억에 흐릿하게 남아 있다. 내면에서 느껴지는 상충되는 압박과 타협하기 위해 애쓰던 나의 부탁으로, 아버지는 몇 번인가 차를 돌렸다. 마지막으로 인디애나로 가는 길에 어머니는 여전히 악쓰고 있었고 나는 어떻게 해야 하는지 깨달았다. 내가 결정을 내려야 한다는 사실을 알았다. "길 옆에 차를 세우고 나와 자리를 바꿔주세요." 아버지에게 이렇게 말했다. "이제 마지막으로 차를 돌려 집으로 가요. 하지만 차를 돌리는 사람은 내가 되어야 해요." 어머니는 악쓰기를 멈추었고 나는 마침내 차를 돌려 집으로 운전해 갔다.

피츠버그로 돌아온 첫 6주간에 관련해 내가 유일하게 기억하는 것은 이전 학기 자서전 쓰는 수업을 맡았던 밥 모건 교수와의 대화뿐이다. 왜 돌아왔는지, 어떻게 돌아왔는지, 마침내 마지막 주사위를 던졌고 내가 운전대를 잡아야 했던 이유를 강조하며 모건 교수에게 말했다. 교수님은 (아마도 당시에는 거의 지나가는 말로) 혜다 블루스턴이라는 여학생이 불법적으로 아파트에서 살고 있다고 이야기했다. 그 당시 학부 여학생은 기숙사나 자기 집에서만 머물러야 했다.

하지만 그 6주간 내 안에서는 많은 일이 일어났던 건 틀림없다. 10월 중순 어느 저녁, 외할머니 보비가 우리 가족과 함께 식사를 할 때 논쟁이 일어났기 때문이다. 나와 관련된 일은 아니었지만 나는 위층으로 올라가 짐을 꾸렸다. 아버지가 할머니를 모셔 다드릴 때 나는 할머니와 함께 떠났고 다시는 부모님 집에서 자지 않았다. 어머니보다는 막 남편을 잃은 할머니가 나를 더 필요로 했기에 내가 집을 떠나는 것에 대해 아무도 뭐라 하지 않았다.

외할머니와는 추수감사절 전까지 5주간 함께 생활했다. 여전히 장례학교 학생들에게 방 두 개를 세놓았기에 나는 할머니와 같은 침대에서 잠잤다. 그 기간 동안 어느 정도 쓸쓸하고 어느 정도 슬펐지만 동시에 놀랍도록 차분했던 것으로 기억한다. 외할머니(보비)와 아침에 커피를 마신 후 카네기공대로 걸어서 등교했고 밤 늦게서야 돌아오곤 했다. 때로 외할머니는 우리 둘을 위한 저녁을 준비했는데 양파를 듬뿍 넣은 송아지 고기 요리가 특기였다.

어느 날 헤다 블루스턴과 점심을 먹었고 혹시 룸메이트가 필요하지 않은지 물어보았다. 나는 유대인 커뮤니티 센터에서 한 달에 75달러를 받으며 파트타임으로 일하고 있었고 열심히 절약한다면 집세와 식비를 댈 수 있을 정도였다. 헤다는 기뻐했다. 추수감사절 방학 무렵 나는 헤다의 원룸 아파트로 옮겨 갔는데 크리스마스 무렵에는 좀 더 큰 집을 찾아서 이사 갔고 대학 4학년의 나머지 시간을 그곳에서 보냈다. 2월에 대릴을 만났고 6월에는 결혼했다.

이제 다시 이 장의 중요한 질문으로 돌아가보자. 왜 나는 대릴과 결혼했을까? 왜 그는 나와 결혼했을까? 왜 우리는 서로에 게 그토록 잘 맞는 듯 보였을까? 이 질문에 답을 하려면 1965년 내가 어떤 상황이었는지 그리고 그가 어떤 상황이었는지 알아야 한다.

간단히 말해 대릴은 내 가족과 전혀 반대인 사람이었고 내가 되고 싶어 하는 그 모든 것을 지닌 사람이었다. 말하자면, 능력 있고 책임감 강하며 이성적이고 정서적으로 안정되어 있었다. 내가 결혼할 수 없다고 말했을 때조차도 그는 잠시 괴로워했지만 바로 문제 해결 모드로 돌아섰고 우리의 딜레마를 함께 풀어냈다. 이런 패턴은 우리의 연애 기간 동안 몇 번이고 되풀이되었다. 대릴의 행동에 신경 쓰이는 점이 있는 날이면, 나는 이 문제를 새벽 1시까지 고민하다 그에게 상의하기 위해 전화를 걸었다. 그는 한 시간 정도 안에 내 의견을 이해했고(나는 꽤 설득력 있는 사람이었다) 그 후 모든 것이 정리되었다. 아무도 고함치지 않았고 아무도 물건을 던지지 않았다. 큰 소란 없이 모든 것이 제대로 작동했다.

그가 내면 한가운데 갖추고 있는 바위처럼 굳건한 정서적 안정과 합리성은, 내가 나 자신에게서 구하던 것이었을 뿐만 아니라 그를 매혹적으로 보이게 한 요소였다. 더 중요한 사실은 내 가족들이 결코 주지 못했고 내가 그토록 간절하게 원했던 안전한 토대를 제공해주었다는 점이다. 대릴을 만나지 못하고 결혼

하지 않았다고 해도 내 가족들이 만들어낸 감정적인 심연으로
부터 빠져나와 만족스럽고 멋진 삶을, 대학교수로서의 삶을 살
기 위해 노력했을 것이다. 하지만 나는 스무 살이었고 대릴이라
는 존재는 나에게는 생명줄 같았으며 나는 그에게 빠져들었다.

대릴 역시 나를 꽉 붙들어버렸다. 하지만 그의 이유는 나와는
조금 달랐다. 당시 대릴이 나에게 내 인생에서 부족했던 합리성
과 견고함을 선사했다면, 나는 그에게 부족했던 감성과 격렬함
을 주었다.

대릴과 내가 만났을 때, 그는 진짜 사랑을 할 수 있을까 걱정
하던 스물여섯 살의 청년이었다. 리드컬리지 학부생이었을 때,
그는 매년 '오리건주 포틀랜드를 보여줄 수 있는' 새로운 여자친
구를 사귀는 '신경증적 패턴'을 따랐다고 한다. 다른 말로 하자면,
연애를 하다 연말쯤이면 사랑을 주는 데 불평등한 관계가 되어
지루해지는 패턴을 반복했다. 대학원에 다닐 때 그의 여자친구들
은 훨씬 강하고 또 안정된 사람들이었지만 그가 여자친구들을 사
랑하는 정도보다 여자친구들이 그를 더 많이 사랑했다고 한다.

나는 대릴에게 새로운 유형의 사람이었다. 속을 살펴보면 극
히 불안정했지만 무언가 나에게 옳지 않은 듯한 일에는 친근한
사람들을 밀어붙이기도 하고 고민하고 도전하기를 두려워하지
않았다. 대릴 같은 사람이 아니었고, 어머니와 달리 자제력을 쉽
게 잃지 않았지만, 적어도 사람들의 감정을 자극하는 일도 두려

위하지 않았다. 새벽 1시에 나와 전화 통화를 하던 대릴에게 어떤 일이 일어났다. 내가 그를 깨워 일으켰다. 단순한 잠으로부터가 아니라 스스로의 정서적 억제로부터 말이다.

우리 사이의 이런 역학은 내가 가을에 입학하기로 한 미시간대학 박사과정의 지도교수로부터 여름철 일자리를 제안받았을 때 명확해졌다. 대릴과 나는 아직 결혼을 결심한 상태가 아니었지만 나는 대릴에게 내가 떠나는 것에 대해 어떻게 느끼는지 물어봐야겠다고 생각했다. 그랬더니 대릴은 바로 자기 인생에서 가장 익숙하고 편안한 역할, 즉 중립적이고 이성적인 관찰자, 문제 해결사, 도움을 주는 사람의 역할로 들어갔다. 대릴은 나의 여러 가지 선택에 있어 무엇을 장점으로 혹은 단점으로 생각하는지 묻기 시작했다. 나는 믿을 수가 없어서 다시 물어보았다. "대릴, 결정을 어떻게 내려야 하는지는 나도 알고 있어요. 지금 그런 도움을 요청하는 게 아니잖아요. 내 일은 내가 완벽하게 결정한다고요. 지금 묻는 건, 내가 이번 여름 동안 미시간대학에 간다면 당신은 어떤 기분이 들 것 같냐는 거예요. 내가 여기 남아 있기를 바랄 만큼 당신에게 내가 충분히 중요한 존재인지, 우리 관계가 충분히 중요한지 묻는 거예요. 만일 내가 6월에 떠나면, 앞으로 우리 관계는 끝날 가능성이 높아요. 그러니 이 결정과 아무 상관없는 사람처럼 이야기하지 말고 내가 6월에 미시간대학으로 떠난다면 어떤 기분이 드는지 이야기해줘요. 내가 떠나거나 여기 계속 있거나 당신에게 아무런 차이가 없다면, 그럼 나는 미시간대로 떠날 거예요." 이렇게 격렬하게 나가지 않는다면, 이렇게 감정을 터뜨리며 이야기를 꺼내지 않는다면, 대릴이 가까이 오지 않을 것임을 알고 있었다. 합리성과 자기통제를 중시해온 나의 배경을 고려할 때, 자신의 감정을 인정해야 한다는 나의 고집스러운 주장에 그는 전에는 한 번도 경험한 적 없었던 내면의 무언가가 흔들린다고 느꼈으리라.

대릴에게 열의가 없어서 그랬던 것은 아니다. 그는 음악, 마술, 과학을 사랑했다. 리머릭(오행시의 일종―옮긴이) 만드는 것도, 농담하는 것도 좋아했다. 그는 활기 넘치고 질서 있는 가정 출신으로 사랑을 많이 받았음에도, 감정 표현을 분출하는 걸 극도로 자제했다. 형제 사이가 늘 그렇듯, 대릴과 배리가 싸웠을 때 부모가 어떻게 이 상황을 다루었는지에 대해 대릴 어머니가 자주 들려주던 일화가 있다. 대릴의 어머니와 아버지가 말다툼하는 척 연극을 했는데, 형제가 이전에 보지 못한 장면이었다. 그러고 나서 형제가 부모의 말다툼에 실망해 화를 냈을 때, 부모는 명확한 결론을 들려주었다고 한다. 이렇듯 말다툼이란 성가신 일이고, 우리가, 또 너희들이 해서는 안 되는 일이다. 멍청한 데다 완전히 불필요한 일이니까.

결혼 후 대릴과 배리, 나, 이렇게 세 사람이 뉴욕에서 주말을 함께 보내는 중에 〈서브젝트 워즈 로지즈The Subject Was Roses〉

라는 연극을 보았다. 고통을 겪는 가족을 그렸는데, 긴장감이 넘치고 고함 소리가 난무하며 분노로 점철된 이야기였다. 내 기억으로는 나름 재미있었지만 대단한 효과가 있다고 할 수는 없었다. 하지만 연극이 끝났을 때 대릴은 온몸을 떨었다. 내가 대릴을 몸서리치게 만든 것은 아니었다. 물론 우리 가족과 함께 주말을 보낸다면 몸서리치겠지만 말이다. 내가 그의 지적 능력과 합리성, 안정감, 유머 감각에 끌렸듯이 그 역시 자신의 감정과 대면할 수 있도록 이끌었던 나를 거부할 수 없었을 것이다.

물론 우리는 남성과 여성의 관습적인 역할에는 똑같이 불편함과 거부감을 느꼈다. 이처럼 우리가 젠더에 비동조적인 태도를 보인 데는 부분적으로 가족의 배경이 반영돼 있다. 대릴 가족과 우리 가족은 정서적으로는 더할 나위 없이 다른 분위기였지만 두 가족 모두 어머니가 주도적인 역할을 했고, 아버지들은 전혀 마초 기질이 없었다. 우리 두 사람의 마음 깊은 곳에서는 이성과의 관계에 있어 여성이 주도권을 갖고 남성이 잘 협조하는 것이 익숙하고 또 당연하게 느껴졌다.

주도적인 어머니와 협조적인 아버지 모델은 우리 집보다 대릴의 집에서 훨씬 더 긍정적이었다. 대릴의 아버지인 다윈은 조용하고 부드러운 사람으로 디즈니 영화에서나 나올 법한 스타일이었다. 그분은 1906년 자신의 아버지가 설립한 작은 제조업체를 이어 운영했는데, 트로피나 배지, 리본을 비롯해 농산물 경연대회 같은 데에서 경품으로 줄 법한 싸구려 장난감 등을 만들었다. 직원들이 사장을 속상하게 만들고 싶어 하지 않는 데다가 자신들의 어려움에 관해 사장에게 말하지 않을 테니 직원 사이의 갈등을 절대 다룰 수 없을 것이라고 아내와 자식들이 놀리곤 했지만, 친구와 가족들 눈에 비친 그는 능력 있고 마음 따뜻한 사람이었다.

대릴의 어머니 실비아는 사람들이 손쉽게 남편의 좋은 성품을 이용할 수 있다고 종종 불평했다. 하지만 좋은 성품과 온화함, 친절이야말로 실비아가 남편에게서 가장 사랑하는 덕목이라는 사실을 아이들을 포함해 모든 사람이 정확하게 알고 있었다. 다윈과 관련해서 가족들 모두가 반드시 기억하고 수용해야 할 사실은, 그가 잠자리에 들 때까지는 남의 험담을 하지 말아야 한다는 점이었다. 만일 가족들이 남의 흉보는 걸 다윈이 듣는다면, 다른 사람에 대해 좋은 말을 할 수 없다면 차라리 아무 말도 하지 말라고 일침을 놓을 테고 그렇다면 남 이야기하던 흥도 깨지기 때문이었다.

실비아는 이와 반대로, 있는 그대로, 자기 마음대로 하는 사람이었다. 처음 만났을 때부터 자신은 전업주부고 따라서 현대적 의미로 '해방되었다'고는 볼 수 없지만 저녁이 되어 아이들을 7시나 그 언저리에 잠재우고 나면 그 이후는 온전히 자신의 시간이며 아이들조차도 엄마를 방해하지 않도록 했다고 자랑하듯

이야기했다. 또 덧붙이기를, 아이들은 철저하게 교육받아서 가지고 놀던 장난감을 아무 데나 놔두는 일이 없었고, 따라서 오후 7시 이후에 집을 방문한 사람이라면 그에게 아이가 있다는 사실을 알아챌 수조차 없다고 자랑했다. 어떻게 이런 수준의 통제가 가능한지 나에게는 늘 미스터리였는데, 아이 키우기에 관한 두 가지 이야기가 특히 오랫동안 기억에 남아 있다.

배리가 한두 살인가, 세 살이었을 무렵, 자꾸 낮잠을 자려 들지 않았다고 한다. 실비아는 낮잠을 건너뛰도록 내버려두었다. 저녁 식사 시간이 다가와 배리가 피곤해하면 잠들도록 놓아두지 않고 정해진 취침 시간이 될 때까지 잠자리에 눕게 하지 않았다. 교훈을 얻은 배리가 두 번 다시 낮잠 안 자겠다며 떼쓰지 않았다고 실비아는 즐겁게 이야기하곤 했다.

대릴이 열 살인가 열한 살 때, 떠들썩한 생일 파티를 열어달라고 부탁하자 실비아는 이렇게 대응했다. "좋아, 생일 파티를 준비하자꾸나. 학교 같은 반 모든 아이를 초청하자. 그러면 아이들이 몰려와서 온 집을 뛰어다니며 네 장난감을 다 부서놓을 수도 있고 소동을 일으킬지도 몰라. 아니면 너와 제일 친한 사촌인 스테파니를 불러 함께 공원에 가서 보트를 타고 스파이스케이크나 네가 먹고 싶은 걸 엄마가 만들어줄게. 우리가 함께 즐거운 시간을 보낼 수 있도록 말이야. 어떤 쪽이 더 좋겠니?" 뱀 가족에게는 자주 있는 일이었는데, 대릴은 거의 언제나 엄마가 원하는 쪽을 '선택했다'고 한다. 그의 시각에서 보면 늘 선택의 자유가 있었고 엄마가 자신을 조종하고 있다고 생각하지 않았다. 이런 점에서 볼 때 대릴은 세 자녀 중에서 가장 순진한 편이었다. 배리와 로빈은 훨씬 더 어린 시절에 엄마가 뭔가 조종하고 있다고 생각해 엄마의 통제에 강하게 저항했다.

자신의 세상을 통제하는 실비아의 능력은 여러 가지 면에서 나타났다. 특히 볼링과 관련한 사례가 재미있게 느껴졌는데, 볼링은 50년 동안 실비아의 인생에서 가장 중요한 부분을 차지해 왔다. 매주 적어도 3일은 저녁에 볼링을 쳤는데, 아이들 학교에서 교사와 만나야 하거나 아이들의 발표회가 있다고 해도 볼링 약속에 단 한 번도 빠진 적이 없다고 했다. 볼링장이란 숙녀가 있기에 적절치 못한 장소라고 여기던 시대에 실비아는 덴버 지역에서 여성이 진지하게 볼링을 즐길 수 있도록 하는 데 중요한 역할을 했다.

이 모든 것이 내가 실비아를 알기 전 일어난 일이다. 그 후에도 실비아는 매주 다른 동네에서 볼링을 치는 이동 리그를 조직했는데 리그 어느 누구도 겨울에 눈이 쌓일 무렵에는 왜 실비아의 집 근처에서 볼링 경기가 열리는지 이유를 알지 못하는 것 같다고 말하며 키득거렸다. 세상을 뜨기 바로 전, 실비아는 볼링 명예의 전당에 헌액되었다. 볼링 실력이 아니라 여성 볼링에 있어 발휘한 리더십 때문이었다.

내가 실비아와 다윈을 알았던 20년 넘는 세월 동안, 두 사람이 심각하게 언쟁 벌이는 것을 본 적이 없다. 상당 부분은 다윈이 이런 언쟁에 끼어들려고 하지 않기 때문이었다. 사랑하고 존경하는 남편의 위신을 떨어뜨리지 않기 위해서였기도 했지만, 가장 기본적인 수준에서 실비아가 관계에 영향력을 주도한다는 사실을 다윈과 실비아 두 사람 모두 알고 있었다. 가능하다면 다윈은 아내가 하라는 대로 했고, 약속한 시간에 퇴근하지 않거나 콘서트에 가는 도중 급하게 상패를 배달해야 한다거나 미리 부탁했던 간단한 것들을 잊어버린다거나 하면 수줍게 웃으며 어깨를 한 번 으쓱한 후 하던 일로 돌아가곤 했다. 다윈의 혈압이 올라갔던 적이 과연 있었을지 짐작할 수도 없다.

다윈과 실비아의 눈에, 더 중요하게는 대릴의 눈에 이 부부는 완벽한 관계였고 완벽한 결혼 생활이었다. 다른 말로 하면 남편과 아내의 이상적인 관계를 이야기할 때 대릴은 지배적인 어머니와 그에 따르는 아버지의 이미지를 떠올리며 성장했다.

물론 나는 자기 부모의 관계를 이상적이라고 생각한 대릴처럼 내 부모의 관계를 이상적이라고 생각하지 않았다. 대학 시절에 쓴 자서전을 보면 아주 짧은 기간 동안 나의 '목표'에 대해 "내 나머지 인생에서 나의 주인이 되어줄 남편, 내가 섬길 수 있는 남편과 덩굴로 뒤덮인 작은 집에서 사는 것이다. 그런 방식으로 아버지를 옹호하고 싶다"고 적었다.

대학에 다니며 이런 역학에 따라 관계를 맺은 적이 한 번 있지만, 그런 경험을 좋아할 만큼 피학적이지 않았다. 더 중요한 것은 지배적인 어머니와 이에 순응하는 아버지라는 부모 관계를 싫어하면서도 이런 모델을 잠재적으로 내면에 각인하고 있었다는 사실이다. 아버지의 유약함과 이에 대한 어머니의 멸시를 싫어하면서도 어머니의 지배력을 나 스스로에게도 동일화하고 있었다.

물론 어머니에 대해 존경하는 부분도 많다. 이미 이야기했듯이 어머니는 자주 수동적이었고 무기력했으며 우울해하고 감정 조절에 실패했으며 아버지에 대해 실망하고 나에게 지나치게 의존했다. 하지만 또한 지적이었고(그 점에 자부심을 느꼈다) 교육에 헌신적이었는데, 대학에 가서 유엔의 통역사로 일하겠다는 어린 시절의 꿈을 이루지 못해 스스로 매우 실망했다. 어머니는 모든 여성이 스스로 생계를 책임질 수 있어야 한다고 믿었고 자신의 생각과 감정을 가족과 친척들에게 확실하게 말할 수 있어야 한다고 믿었다. 집안일에 전혀 관심이 없다는 점에 대해 전적으로 솔직했는데, 수동타자기로 1분에 90자를 칠 수 있는 전문 비서로 직장에서는 완벽주의자였다. 아름다운 소프라노 목소리를 지니기도 했다.

어머니와 함께 사는 게 견디기 힘들었고 어머니가 아버지를 대하는 방식이 마음에 들지 않았지만 나는 어머니와 많은 부분을 동일시했다. 아이스크림을 먹기 위해 외할머니인 보비와 함께 늦은 밤 산책을 나섰을 때, 커튼을 치지 않은 은행 비서의 사무실 창을 지나게 되었다. 어머니가 일하던 곳도 이와 비슷했을 텐데 그때 열 살 정도였던 나는 나중에 커서 저 창문 안으로 보이는 사무실처럼, 또 어머니의 사무실처럼 내 책상과 전화를 갖춘 곳에서 일하는 직업을 얻을 거라고 생각했다. 반면에 아버지처럼 소포를 분류하는 우체국 직원 같은 일은 어느 것도 하고 싶지 않았다. 책상이나 전화가 없을 뿐만 아니라 아버지가 하는 일은 제복을 입어야 했고 기술이나 지식은 거의 필요 없었으며 매일 지저분하게 땀투성이가 되어서 퇴근했기 때문이었다.

그때와 달리 지금은 아버지의 힘든 노동이 얼마나 가치 있는지를 알게 되었지만 어린아이일 때 나는 어머니의 지적이고 전문적인 기술을 동경했고 지금도 그렇다. 어머니는 전일제 직업에 대한 헌신을 중시했고 돈이 필요하기도 했지만 단지 돈 때문에 일하는 게 아니라고 했다. 어머니가 자신과 자신의 일을 진지하게 생각하는 방식이 가장 중요했다. 어머니는 남성과 그들의 업무와 비교하여 한 번도 스스로나 자신의 일을 평가절하하는 일이 없었다.

전통적인 젠더 역할에 있어 반전을 이룬 우리 두 사람의 부모 관계는 대릴과 나의 관계에서도 쉽게 발견할 수 있었다. 그 사례로 결혼반지와 관련한 일화가 있다. 결혼 한 달 정도 전에 반지한 쌍을 직접 디자인해 피츠버그 시내에 있는 보석상을 찾아갔다. **플로렌틴 세공**(귀금속의 표면을 두들겨 가가 다른 모양과 깊이로 파인 자국이 화려하게 빛을 반사하게 하는 세공 기법—옮긴이)에, 세 개의 작은 다이아몬드 조각을 몇 밀리미터 간격으로 박은 똑같은 모양의 금반지를 원한다고 이야기했고 결혼식 일주일 전에 반지를 찾으러 갔다.

하지만 보석상이 건네준 반지를 보고 우리는 놀라지 않을 수가 없었다. 부탁한 디자인과 전혀 달랐기 때문이다. 보석상 주인의 말에 따르면 우리가 고른 다이아몬드를 내 손에 맞는 작은 반지에 부착하려니 양끝 다이아몬드 조각 두 개가 너무 멀리 떨어져 거의 보이지 않더라는 것이다. 내 반지의 다이아몬드를 더 작은 것으로 대체할지 아니면 더 큰 다이아몬드끼리 조금 더 가까이 세팅해야 할지 모르는 상황에서 대부분의 사람들이 다이아몬드를 좋아하니 그는 반지 두 개에 모두 조금 큰 다이아몬드를 사용했다. 결과물이 마음에 안 들면 추가 금액 없이 다시 세공해주겠다고 했다. 물론 우리 결혼식 일정에 맞춰 수정할 수는 없으니 대신 사용할 반지를 두 개 빌려주겠다고 제안했다.

대릴과 나는 이 반지를 보는 순간부터 마음에 들지 않았고 원래 주문한 반지를 끼고 결혼할 수 없다는 생각에 기분이 좋지 않았다. 하지만 꾹 참고 보석상 주인이 준 대체 반지를 들고 그곳을 떠났다. 차 세운 곳으로 걸어가는데 점점 더 화가 끓어올랐다. "정말이지, 그 사람은 왜 우리에게 전화해서 작은 다이아몬드를 쓸지, 조금 큰 다이아몬드를 쓸지 물어보지 않은 거래요? 잘못된 결정을 내린 건 저 사람인데 왜 우리가 결혼식에 원하는 반지를 끼지 못하는 이 상황을 감수해야 하는 거지? 이런 빌어먹을 반지를 끼고 결혼할 수는 없어요. 내 반지라야 해요. 충분한 시간을 두고 주문했잖아. 아직 결혼이 일주일 남았으니 처음부터 다시 반지를 맞추면 얼마나 걸릴까요?"

대릴은 내 의견에 동의해주었고 보석상에 다시 간다면 따라가줄 터였다. 하지만 그는 보석상을 직접 대면하고 싶어 하지는 않았다. 나에게는 보석상을 대면하는 일이 문제되지 않았다. 대릴이 심적으로 지지해준다는 사실이 좋았고 내 권리를 위해 목소리를 냈다는 사실이 좋았다. 다시 보석상으로 씩씩하게 들어가서 내가 했어야 하는 말을 했고 보석상 주인은 기꺼이 결혼식까지 새로운 반지를 만들어주겠노라 동의했다.

대릴과 나에게 이런 상호작용은 이상적이어서 내가 원하는 바를 주장할 수 있었고 마땅히 얻어야 하는 것을 얻을 수 있었다. 하지만 그렇게 할 때 혼자서 설 필요가 없었다. 대릴 역시 그가 원하는 것을 얻었지만 다른 사람과 직접적인 갈등을 겪을 필요는 없었다.

대릴과 내가 일반적인 젠더 역할(성역할)과는 반대로 생활하는 부모가 있다는 사실만큼이나 우리가 공유하는 젠더 비순응

적 태도가 남편-아내에 대한 우리의 비전을 훨씬 넘어선다는 점
노 중요했니. 우리 두 사람에게 있어 젠더 비슷은 자라는 사실은
정체성의 중요한 핵심으로 자리 잡고 있었다. 그 때문에 우리가
힘들었다는 말이 아니다. 오히려 그 반대였다. 전통적인 성역할
대로 따라가지 않는다는 사실에 자부심을 느꼈고 이런 자부심
의 공유는 우리 두 사람을 묶어준 또 하나의 요소였다.

대릴이 다른 남자아이들과 달랐던 (구체적으로 말해, 다른 아이들
이 '계집애'라고 불렀을) 면은 유치원에 갈 무렵 분명하게 나타났는
데 학교에서 괴롭히던 아이들이 집까지 너무 자주 쫓아와서 온
가족이 다른 동네로 이사해야 했을 정도였다. 이사 후 대릴은 다
시는 괴롭힘당하지 않았지만 수학과 과학 같은 지적인 분야를
제외한다면 전형적인 남자들의 관심사로부터는 떨어져 있었다.
그는 지적인 남자의 전형에 가까웠다. 지력은 충만하지만 몸 쓰
는 것은 잘 못한다는 의미인데 그 어떤 종류의 운동에도 관심을
보이지 않았고, 관중으로 관람하는 스포츠 경기에도 아무 관심
이 없었으며 취미라고는 피아노 연주와 마술 같은 것을 포함해
앉아서 하는 게 전부였다. 아마도 이런 점 때문에 (혹은 아닐 수도
있겠지만) 그가 몸을 움직이는 방식은 지극히 남성스럽지 않았다.
대릴을 만나고 난 후 내 어머니는 내게 걱정스러운 목소리로 좀
여성스럽지 않냐고 물을 정도였다.

실은 우리가 만나 대화했던 초반에 대릴은 자신이 주로 '동성에

매력을 느낀다homoerotic'고 말했다. 이 말이 나에게 끌리지 않는다는 의미는 아니라고도 했다. 처음 봤을 때 내가 그의 눈길을 끌었을 것이다. 그는 언제나 작고 가벼운 것을 사랑했다. 145센티미터 정도의 내 작은 키와 몸집이 그의 눈길을 끌었을 것이다. 그가 '동성에 끌린다'고 말한 의미는 길을 지나가다 무작위적으로 먼저 눈에 들어오는 것이 여성의 몸이 아닌, 남성의 몸이라는 뜻이었다. 대릴의 이런 "동성애"적인 점에 크게 신경 쓰지 않았고 걱정하지도 않았다. 나는 그저 우리가 공유하는 특징인 성적 비순응성의 한 단면이라고 생각했고, 이를 존중했다.

나 자신의 젠더 비순응적인 측면 역시 유치원 무렵에 등장했는데 그 때문에 불편하지는 않았다. 적어도 다른 아이들과 문제를 일으키지는 않았다. 어쩌면 세 살부터 열한 살까지 우리 반에는 여자애가 (나를 포함해) 세 명밖에 없었고 남자애가 아홉 명이었기 때문 아닐까. 스스로 여자 대신 남자였으면 좋겠다고 바란 적이 있었는지는 기억조차 없다. 다만 힐렐아카데미에 다닌 어린 시절, 나는 늘 남자아이들 사이에 있었고 그들 그룹의 일원으로 받아들여졌다. 교칙을 지키지 않는다는 이유로 이런저런 문제가 되었지만 남자아이처럼, 나는 학교 갈 때 절대 드레스를 입지 않았다. (어떤 이유인지, 1학년부터 시작한 사진촬영 날에는 굴복하고 말았다. 유치원 때를 제외하면 모든 학교 사진은 드레스를 입고 찍었는데 다른 날은 절대 드레스를 입지 않았다.) 나는 운동장에서 축구와 야구,

특히 피구를 했다. 남자아이들보다 더 자주 우리 반에서 또래보다 성숙했던 여자아이에게 장난쳤는데 공책으로 그 애의 치맛자락을 들쳐 속옷이 드러나게 하기도 했다. "이런 나쁜 행실 때문에, 힐렐아카데미의 가장 우수한 학생이었음에도 나는 거의 정학을 받을 뻔했는데(…) 이를 오히려 자랑스럽게 생각했다"고 대학 시절 자서전에 적어놓았다.

내가 스스로를 젠더 비순응자로 처음 인식한 순간은 5학년 때의 일이었다. 같은 반 남자아이에게 빠져서 그 애 뒤에 서 있을 때면 머리 뒤통수에 키스하려 시도하곤 했다. 그러다 한번은 그 남자애가 고개를 돌리고 말했다. 지금 생각해보면 강요된 이성애가 어떻게 우리를 엄격한 성역할에 가둬놓는지 잘 보여주는 예시 같은 이야기였다. "샌디, 나는 너를 좋아할 수 있어. 하지만 남자처럼 구는 애를 좋아할 수는 없어."

힐렐아카데미에서 집 근처 공립중학교로 학교를 옮긴 열한 살 무렵, 나는 적응하기 위해 말괄량이 같은 행동을 대부분 그만두었지만 화장은 거의 하지 않았다. 50대에 이른 지금도 극히 여성스러운 옷을 입을 때면 나 자신이 마치 여장남자가 된 듯한 기분이 들곤 한다.

대릴과 나의 젠더 비순응성은 문화적 규범으로부터의 독립이나 무관심처럼 보였고, 이런 방식은 우리를 함께 엮어준 심리적인 기질의 또 하나의 측면이었다. 대릴의 경우, 사람들과 분명히 다른 점은 아마도 그의 어머니로 인해 어릴 때부터 생겨나지 않았을까. 대릴 어머니가 자주 들려주었던 이야기 중 하나에 따르면, 남자아이들이 타던 자전거에 종종 올라타 자전거 핸들과 안장 사이에 막대를 끼운 다음 쿠션을 놓고 위에 아기인 대릴을 앉히고 주위를 돌아다녀 사람들을 놀라게 하는 일을 즐겼다고 한다.

대릴은 사람들을 놀라게 만드는 일에 관해 별로 이야기하지 않았는데, 그는 항상 사람들로부터 떨어져 있으려 하면서도 어떤 면에서는 특별했다. 예를 들어 고등학교 때 파티에서 피아노를 치는 사람은 항상 그였고 AZA(미국 시오니스트 협회의 소년연맹—옮긴이)에 가입하라는 초청을 유일하게 거부한 온건한 유대계 남학생이었다. 대릴은 혼자 있거나 유일한 친구였던 탭댄서 딕 스미스와 함께 있는 편을 더 좋아했다.

고등학교에 다니던 언제쯤인가 그는 초능력쇼를 혼자 연습하기 시작했다. 사람들이 대릴에게 진짜로 초능력이 있다고 생각하든 아니면 정말 독특한 엔터테이너라고 생각하든 상관없이, 그는 스스로 범주를 만들어 거기에 속했다. 결국 그는 대학원의 사회심리학 공동체에 속하기를 거부했고, 커뮤니티의 일원이 되는 대신 학교에서 가장 젊고 자신 넘치는 교수이며, 그 당시 별로 인기 없던 B. F. 스키너Skinner의 급진적 행동주의를 열렬히 신봉하는 할란 레인Harlan Lane을 가까이했다. 급진적 행동주의를 받아들이면서 대릴은 이를 당시 사회심리학에 있어서 지배적인 신념이었던 레온 페스팅거Leon Festinger의 인지 부조화론에 대한 이론적 도전의 근거로 사용했고 그렇게 그 분야에서 자신의 이름을 알렸다.

대릴과 내가 만나 결혼한 1965년까지 당대 문화와 대중으로부터 거리를 두려고 했던 나의 특징은 아마도 그 전해 가입한 여학생 클럽에서 탈퇴하기로 결정한 대학교 2학년 때 가장 잘 나타났던 것 같다. 고등학교 때에는 대학의 여학생 클럽에 그토록 가입하고 싶었고 신입생 때 가입 초대를 받자 가슴이 떨렸다. 하지만 선배들이 새로운 여학생 후보자들을 해부하듯 파헤치는 입회 의식을 앉아서 지켜보며, 그들과 길어야 5분 정도 이야기했을 뿐인데 너무나도 구역질이 나서 여학생 클럽이라는 시스템 그 자체를 비판하는 공식 탈퇴 문서를 썼다(내가 보관해둔 다른 것들과 마찬가지로 이 문서를 지금까지 갖고 있었으면 좋았을 텐데).

다른 사람으로부터 독립적이려고 하는 대릴이나 나에 대해 긍정적으로만 설명한다면 솔직하지 못한 일 같다. 왜냐하면 다른 사람들이 쉽게 우리의 안전에 위협이 될 수 있다는 생각 때문에 우리 둘 다 일반적으로 사람들, 특히 동료에 대해 깊숙하고 복잡한 양가감정을 갖게 되면서 독립적 측면이 두드러지게 나타났기 때문이다.

유치원 다니던 대릴이 아이들로부터 쫓겨 괴롭힘당했다는 이야기를 이미 한 바 있다. 내가 친구들로부터 위협받았던 전형적인 사건은 우리 가족이 정부의 '보조 주택'에서 나와 우리 집으로 이사한 지 얼마 되지 않았을 때인 여덟 살 아니면 아홉 살, 열 살쯤 벌어졌다. 공립학교에 다니지 않는 유일한 아이였기에 나는 주위의 모든 그룹으로부터 거의 배제된 상태였고 늘 그렇듯 혼자 놀거나 할머니나 사촌 잭과 함께 놀며 시간을 보내곤 했다. 하지만 어느 놀라운 여름날, 난데없이 동네 아이들이 함께 숨바꼭질을 하자고 청했다. 이 요청을 받았을 때 내 기분이 어땠는지는 기억나지 않는다. 다만 이 요청이 외떨어진 곳에 나를 몰아넣고, 빙 둘러싼 아이들 모두가 볼 수 있도록 내 바지를 끌어내려 수치스럽게 만들려는 계획의 일부였음을 알게 되었을 때 어떤 기분이었는지는 생생하게 기억하고 있다.

대릴과 내가 성인이 되고, 아이들의 괴롭힘에 쫓겨 집으로 가거나 바지를 벗어야만 하는 일에 대해 더 이상 걱정하지 않아도 되었지만, 우리는 다른 사람들과는 다르기에 둘만의 작고 안락한 둥지를 만든다면 무언가 따뜻하고 안전할 것이라고 느꼈다. 힘을 모아 우리를 두 배로 강력하게 보호할 수 있었다. 함께라면, 우리는 그저 안전한 상태 정도에서 그치지 않았다. 우리가 얼마나 특별한 존재인지, 페미니즘이 이데올로기인 동시에 삶의 방식으로서 얼마나 특별한지를 세상에 보여줄 수 있는 위치에 있었다. 우리는 만나자마자 즉시 서로의 유대를 확인했고 완벽한 커플이라고 느꼈다.

An
Unconventional
Family

2

우리만의 대본 써나가기

3

가족이라는 공동체

지금 돌아보면 스무 살에 대릴을 만나 결혼했을 때, 나는 인생이라는 드라마의 2막에 발을 들여놓은 셈이었다. 그 2막은 꽤 길었고 거의 30년 동안 계속되었다. 여동생 베브를 구해내는 일부터 시작해서, 가족이라는 완전히 새로운 공동체를 천천히 만들었다. 관계라는 맥락에서 보면 전혀 예상치 못했고 때로는 마술처럼 느껴지는 경험을 할 수 있었기에 앞으로도 전혀 후회하지 않을 것이다.

내 인생과 마찬가지로, 베브의 인생도 내가 대릴과 결혼한 후 즉각적으로 변화하기 시작했다. 베브는 피츠버그를 떠나 베브만큼이나 더할 나위 없이 말괄량이었던 대릴의 여동생 로빈과 함께 덴버에서 3주간을 보냈다. 어느 여름밤 늦게, 나는 대릴과 함께 피츠버그의 쉔리공원을 걸어가면서 동생을 위한 구조 작전을 시작했다.

"대릴, 우리는 어쨌건 올해 꽤 긴 시간을 따로 떨어져 살아야 해요." 나는 대학원 때문에 앤아버Ann Arbor(미시간대학이 있는 도시―옮긴이)로 떠나야 하고 대릴은 직장 때문에 피츠버그에 남아야 했다. "그러니 내가 베브를 데리고 가면 어떨까?"

그날 밤 이런 이야기를 나누며, 베브가 앤아버에 나와 함께 가게 된다면 대릴과의 관계를 위태롭게 하진 않을까 당연히 걱정했다. 어떻게 걱정하지 않을 수 있겠는가? 그날 나눈 이야기를 모두 세세하게 기억하지는 않지만 우리 대화에 깃들인 근심 섞인 분위기는 기억하고 있다. 대화의 끝에 이르러서는 우리 둘 다 베브를 구해내야 한다는 사실에 크게 공감했기에 결정은 어렵지 않았다. 우리는 베브를 앤아버로 초청할 생각이고 물론 베브는 그 초청을 받아들일 것이었다.

베브를 데리고 가겠다고 부모님께 말씀드렸던 대화가 자세히 기억나면 좋겠지만 그에 관련한 기억은 남아 있지 않다. 어머니가 살아 계셔서 그날 우리가 이야기했었을 것을 말하고, 분명히 우리가 실행했을 때 어떤 기분이었는지 물어볼 수 있다면 좋았을 텐데. 어느 순간이었는지 (정확히는 기억나지 않지만) 베브에게 말하기 전 당신에게 먼저 말했다면 좋았을 것이라던 어머니의 이야기만 흐릿하게 기억에 남아 있다. 하지만 우리는 일부러 베브에게 먼저 이야기했다. 베브가 이런 사실을 이미 알고 나와 함께 가고 싶어 한다면, 부모님도 위험을 무릅쓰지 않고는 베브를 막을 방도가 없을 터기 때문이었다. 무슨 위험이었을까(…)? 만약 베브를 막는다면 짜증이란 짜증은 모두 끝낼 정도의 분노를 보게 되리라고 나는 생각했다.

베브와 나는 가을 학기가 시작될 무렵 앤아버 이스트 윌리엄스가에 있는 오래된 방 하나짜리 아파트로 이사했다. 베브는 매일 자전거를 타고 고등학교에 등교했고 나는 미시간대학교 심리학과에서 수업을 듣고 연구를 시작했다. 우리는 함께 살았고 일주일 중 5일은 더블베드에서 같이 잠잤으며 주말이 되면 대릴이 차를 몰고 나를 만나기 위해 앤아버로 오거나(그럴 때면 베브는 거실 소파에서 잠을 잤다) 내가 그와 함께 시간을 보내기 위해 차를 몰고 피츠버그로 가곤 했다.

베브는 여전히 말썽쟁이였고 소란을 일으키는 십 대였지만 1월 말까지는 모든 일이 순조로웠다. 대릴이 수업 일정을 조정해 화요일 밤부터 일요일 저녁까지 매주 5일간 앤아버에 머물 수 있게 되었는데 그때부터 잘 돌아가던 일상이 갑자기 멈춰버렸다.

베브의 짜증은 화요일 저녁에 시작해 학교 등교부터 문제가 생겼다. 일단 알람시계가 울리는데 도무지 침대에서 일어날 생각을 안 하니 수업에 지각하거나 결석했다. 이렇게 시작해 다음 날도 또 그다음 날도 계속 수업에 빠져서 아예 내내 등교하지 않는 상황이 되었다. 이 문제를 어떻게 해결해야 할지 알 수 없었다.

세부적인 상황은 잘 기억나지 않는다. 언니인 나를 대릴과 나눠야 하는 베브의 분노에 관해 몇 시간이고 이야기했고 좀 도움이 되었다. 이때의 일에 관해 부모님께 이야기했는지는 잘 모르겠다. 아마 안 그랬을 것이다. 베브 학교의 상담교사와 상의했는지도 잘 기억나지 않는다.

기억나는 것이라고는, 베브가 마침내 학교로 되돌아간 그날이다. 대릴과 내가 베브와 함께 학교에 가서 상담교사와 만났는데 담당 교사는 상황을 잘 이해해주었고 베브도 용기를 냈다. 상담실을 나와 바로 수업을 받으러 갔고 삶은 새롭게 시작되었다. 물론 후유증은 있었다. 대릴과 내 눈에는 당연하게 보이는, 알람이 울리면 자연스럽게 일어나 준비하고 학교에 가는 일이 베브에게 당연하지 않은 듯 보였다. 매일 아침이면 위산이 분비되어 속이 쓰릴 정도였다. 하지만 베브는 아침에 일어나 등교했고 나는 베브가 자랑스러웠다.

물론 여전히 문제는 남아 있었다. 대릴과 나만 함께 보낼 수 있는 시간이 거의 없었고 잠시 시간이 나면 베브를 어떻게 할 것인지 상의하느라 정신이 없었다. 우리가 느끼기에 베브 자신도 우리와 함께 살고 싶은 것은 물론이고 함께 살면 도움이 된다고 생각하는 것 같았다.

목욕하거나 데오도란트를 바르고 칫솔질하는 등의 행위가 다른 아이들에게는 당연하게 느껴지는 일상이겠지만, 그동안 피해왔던 일들을 베브가 하기 시작했다. 베브가 이런 행위를 피한 이유는 깊은 불안 때문이었음을 이제는 깨닫는다. 그때는 이런 정서적인 측면을 충분히 고려하지 못했다. 나는 그저 베브가 해야 할 일을 하도록 스키너 심리학의 원칙에 따라 내 나름의 교육 기법을 만들었다. 예를 들면, 아이에게 신발끈 묶는 법을 가르칠 때 거의 모든 과정을 다 해주고 마지막 단계만 아이가 하도록 한 후 그다음부터는 점점 덜 해주면 결국 아이가 대부분의 과정을 혼자 다 할 수 있게 된다. 수도꼭지 잠그는 일만 베브에게 시키고 나머지를 내가 하면서 목욕하는 법을 가르치기 시작했다. 그다음에는 수도꼭지를 잠그고 마개 막는 것만 제외하고 나머지를 내가 했고, 결국 베브가 혼자 목욕할 수 있게 될 때까지 조금씩 늘려가면서 가르쳤다.

몇 년이 지나, 나는 심리상담사에게 대릴과 나를 포함해 그 누구도 베브를 전문가에게 데려갈 생각을 왜 하지 못했는지 모르겠다고 말했다. 그는 당시에는 전문상담이 그렇게 일반적이지 않았다고 했지만, 나는 내 오만 때문이었다고 생각한다. 내가 기억하는 한 부모님은 베브를 제대로 다루지 못했다. 동생이 짜증 내는 상황을 피하는 데 급급해 원하는 걸 무엇이든 해주었고 따라서 베브는 자신이 원하는 것을 얻기 위해 짜증 내는 성향이 강해졌다. 베브에게 양치질처럼 기본적인 일상의 위생 관리를 억지로 시켰다가 혹시 분노가 폭발될까 봐 아무런 제재를 하지 못했고, 그 결과 베브에게 그 어떤 기본적인 규범 혹은 자제력을 가르쳐주지 못했다. 부모들이 잘못 가르친 것을 내가 가르칠 수 있다고 생각했고 할 수 있는 한 그러려고 했다. 문제가 되는 행동의 기저에 자리한 정서를 다룰 수 있는 전문 상담사의 도움을 받았어야 했는데, 당시에는 그런 생각조차 하지 못했다.

어쨌거나 4월 혹은 5월이 될 때까지 베브는 일상에서 필요한 기본을 유지했다. 규칙적으로 학교에 나갔고 어느 정도 행복해 보였다. 하지만 그렇게 원하고 필요로 했던 친구는 여전히 사귀지 못했다. 그다음 해에 매사추세츠에 있는 기숙학교에 다니면서 마침내 친구를 사귈 수 있었다.

몇 년 동안이나 베브의 인생은 내 인생보다 훨씬 더 굴곡이 심했다. 이제 40대 후반이 된 베브는 오리건주 포틀랜드에 살고 있다. 그곳에서 대학을 다녔고 석사학위를 받았으며 자신이 원하던 일을 하게 되었고 집을 샀고 로즈라는 여성과 20년이 넘는 세월 동안 깊고 만족스러운 연인 관계를 이어가고 있다. 베브는 내가 그랬듯이 오랜 시간 동안 힘들게 인생을 구축하고 재구축했다. 대릴과 나는 베브가 열네 살일 때 그 경로를 살짝 틀어준 셈이다. 우리 관계에서 만들어진 유일한 마술이었다고 해도 유대교 명절인 유월절에 읽는 하가다(교훈적인 이야기를 담은 전례서—옮긴이)에 나오는 다예누(유월절에 부르는 노래—옮긴이)에 적혀 있는 것처럼 "그것으로 충분했다."

마음 가다듬고 무언가 다시 시작하기 위한 장소로 우리 집에 머문 사람은 베브만이 아니었다. 1970년대 초반, 우리가 캘리포니아에서 살 때 대릴의 형제인 배리가 해외 근무를 그만두고 한 달 동안 와서 함께 지냈다. 그해 연말에는 나의 사촌인 잭이 사업 실패 후의 여파를 견디기 위해 우리 집에서 한 달 정도 보냈으며 또 얼마 지나지 않아 대릴의 여동생인 로빈이 첫 번째 남편과 헤어진 후 우리와 함께 몇 달간 지내기도 했다.

가족들이 우리 집과 우리의 환대를 활용한 것은 위기나 전환의 시기에만 국한되지 않았다. 특히 남편 가족들은 1970년 우리가 캘리포니아로 이사 가고 난 후 적어도 1년에 한 번은 우리 집에서 모두 모이곤 했다. 이런 가족 모임의 초창기에는 나의 여동생도 함께 참석했다. 일반적으로 12월에는 대릴의 부모님인 실비아와 다원이 우리와 함께 2주를 보냈고, 로빈은 그보다 조금 더 짧게 지내다 갔으며 배리는 그중 가장 짧게 방문해서 머물기도 했다.

12월이 되어서 유대 명절인 하누카가 다가오면 언제나, 배리가 도착한 후 첫 번째 저녁에 하누카 선물 교환식을 열곤 했다. 종종 배리가 크리스마스 후에나 도착했기에 아이들은 선물을 한정없이 기다려야 했다. 하지만 이런 하누카의 풍습을 좋아했기에 기다림쯤은 문제가 되지 않았고 나 역시도 마찬가지였다.

유대식 일곱 갈래 촛대인 메노라에 불을 붙이고 감자를 주재료로 하는 전통 음식인 라트키와 샐러드, 애플소스를 직접 만들어 먹으며 하누카 의식을 시작했다. 각자의 이름이 쓰인 선물(나중에는 아이들이 우리를 위해 가져온)을 모아놓은 거실에 자리 잡았다. 온 가족이 다 둘러앉아 한 명씩 돌아가며 선물을 개봉하면 다른 사람들은 일제히 "우" 혹은 "아" 하고 함성 지르곤 했다.

가족 모두 이런 풍습을 좋아했다. 아이들도 물론 좋아했지만 가장 좋아했던 사람은 나였다. 그럴 수밖에 없었는데 어려서 나는 부모님으로부터 선물을 단 하나밖에 받지 못했다. 그 작은 향수 병은 뚜껑에는 사람의 얼굴이 그려져 있었고 스티로폼 머리 장식이 달려 있는데 금색의 미니어처 흔들의자에 고정된 형태였다. 가족끼리 다투고 나서 내 기분을 달래주려고 아버지가 사주었던 그 향수가 전부였다.

이와 반대로 나는 어머니와 아버지를 위해 특별한 순간이면 작은 선물을 준비하느라 늘 애썼다. 생일과 기념일, 하누카 등이 다가오면 양말 한 켤레나 문고판 책 한 권, 스타킹 한 세트 등 무엇이건 선물했다. 미국의 풍속 화가인 노먼 로크웰이 그렸을 법한 그림 속 하누카 저녁 풍경처럼, 포장지가 펼쳐지고 벽난로에는 장작불이 타고 있는 장면은 내가 알지 못했지만 언제나 꿈꾸었던 행복한 가정의 상징과도 같았다.

대릴을 만나 결혼하기 전까지, 나에게 가족과 보낸 행복한 시간이라고는 유월절 기간의 첫째 날과 둘째 날 밤이 다였다. 하루는 외할머니 댁에서 외가 가족들과 보냈고 또 하루는 친할머니, 친할아버지와 함께 보냈다. 편안했고 의지할 수 있으며 일관성 있었고 그 어떤 싸움도 없었다. 유월절을 맞아 하가다를 몇 시간이나 읽고 전통적인 유월절 음식을 먹고 차례로 헤브류 노래를 불렀는데 어머니의 아름다운 소프라노 노랫소리가 다른 사람들의 목소리 위로 울려 퍼지곤 했다.

놀랍게도, 결혼하고 우리 결혼식과 관련한 트라우마가 사라지면서 대릴과 나는 우리 외가 식구를 가족 공동체의 일부로 점차 받아들일 수 있었다. 대략적으로 캘리포니아로 이사 가기 전 대릴과 내가 함께 피츠버그에 살았던 2년 반 정도의 기간 동안 그렇게 되었다. 그 기간 동안 나는 미시간대학의 박사과정을 밟고 있었고 학교에 나가지 않고 대릴이 가르치는 피츠버그에 함께 살며 박사 논문을 썼다. 나머지 시간에는 대릴과 마찬가지로 카네기멜론대학(카네기공대가 이름을 바꾸었다)에서 교수진으로 일했다.

대릴은 종종 자신이 십 대 시절에 동년배 여자친구들보다는 음악 선생님처럼 '나이 지긋한 여성분'과 훨씬 더 잘 지냈다고 이야기하곤 했다. 데이트할 때에도 여자친구들보다 정작 그 어머니들이 자신을 훨씬 더 좋아했다고 한다. 나이 든 여성들과 잘 지내는 재능이 십 대에는 문제였겠지만 우리 가족과의 관계를 재구축하는 데에는 꽤 요긴한 역할을 했다.

나이 지긋한 여성분 중 가장 중요한 사람은 바로 외할머니 보비였다. 우리가 진행한 결혼식에 대해서는 별로 마음에 들어 하지 않았지만 할머니는 우리와 함께 일요일 오후 피츠버그 교향악단 연주를 들으러 가는 것을 좋아하셨다. 매주 일이 끝나고 집으로 돌아가는 길에 우리가 잠시 할머니 댁에 들러 차 한 잔 마시는 것도 좋아하셨다. 우리 집에서 저녁 식사를 하고 외할머니를 모셔다드리기 전 머리를 감겨서 세팅해주는 것도 좋아하셨다. 다른 무엇보다 우리가 당신을 실컷 웃겨주는 것을 좋아하셨다.

특히 기억에 남는 추억이 있다. 대릴과 내가 일을 마치고 외할머니에게 들러 우리 집에서 함께 저녁을 드시면 어떻겠냐고 말씀드렸다. 외할머니는 너무나 가고 싶지만 한 시간쯤 있으면 중요한 라디오 프로그램을 청취해야 한다고 했다. 전화번호부에서 임의로 한 사람을 골라 전화를 걸어 그날 방송의 구호를 알고 있는지 물어보고, 맞히면 1만 달러의 상금을 준다고 했다. 만일 전화가 걸려오면 어떻게 하냐면서 너희 집에서 저녁 식사를 할 수 없다고 하셨다. 그러면 1만 달러의 상금을 놓치게 될 테니까.

잠시도 주저하지 않고, 대릴이 주머니에서 지갑을 꺼내더니 할머니에게 1만 달러 수표를 써서 건넸다. "저녁 드시러 오세요.

만일 방송국에서 연락이 오지 않는다면 할머니는 돈을 잃지 않은 게 되겠죠. 방송을 듣고 있던 친구분들이 할머니가 당첨되어서 전화 걸었다고 이야기한다면, 만일 그런 일이 일어난다면, 제가 드린 수표를 바로 현금으로 바꾸시면 돼요." 대릴의 은행 구좌에 진짜 1만 달러가 들어 있다고 할머니가 생각했을지는 모르겠다(당연히 그의 구좌에는 돈이 없었다). 혹은 이 모든 상황의 터무니없음을 깨달았는지 할머니는 크게 웃음을 터뜨리고는 대릴이 준 수표를 조심스럽게 핸드백 안 주머니에 넣고는 차에 탔다.

대릴이 어떻게 내 이모들의 마음을 사게 되었는지에 관해서는 재미있는 이야기가 떠오르지는 않는다. 하지만 내가 앤아버에 머무는 동안 대릴은 나와 친한 사촌 잭의 어머니이자 카네기멜론대학교 현대언어학과에서 비서로 일하던 비디 이모의 사무실에 자주 들러 이런저런 실없는 이야기를 나누곤 했다. 우리 결혼식에서 문을 열어젖히며 정신없이 뛰어나갔던 제인 이모와는 교류가 덜한 편이었다. 어느 날 저녁 가족 모임이 있어서 제인 이모의 집에 갔는데 이모가 내 손을 잡아끌고 다른 방으로 가더니 서랍장을 열어 꼭꼭 접어놓은 종이 뭉치를 꺼냈다. 눈물을 흘리며 이 종이 뭉치를 내 한 손에 올려놓고 다른 한 손으로 덮도록 하더니 한마디 말도 없이 의미심장한 눈길로 나를 바라보았다. 그러고는 다른 가족들과 합류하기 위해 나를 다시 데려갔다. 이 침묵의 작은 행위에 관해 내가 아는 한, 그때는 물론이고 그 후에도 나나 다른 가족들에게 아무런 말도 하지 않았다. 이모가 그날 밤 손에 쥐여준 종이 뭉치는 내가 외가 가족들에게 우리 결혼에 관한 간섭을 멈춰주길 바라며 보냈던 편지의 복사본이었다. 이 편지를 되돌려준다는 것은, 내 결혼이 가져온 가족 간의 단절을 되돌리기 위해 이모 나름으로 노력하는 방식 아니었을까.

1970년 여름, 대릴과 내가 캘리포니아로 이사 가기 며칠 전 밤, 냉장고를 비우고 동시에 우리 부모님의 결혼 25주년을 기념하기 위해 외가 친척들과 함께 우리 집 테라스에서 편안하게 저녁 식사를 했다. 내가 보낸 모든 초대를 거절해버린 아널드 삼촌을 제외하고는 내 결혼식에 참석했어야 할 모든 친척이 그날 저녁 식사에 참석했다. 나에게 그날 저녁은 대가족으로의 환원을 상징했다. 그사이 몇 년 동안 가족과 친척을 그리 자주 보지 못한 것은 물론 전화 통화도 자주 하지 못했다. 하지만 결국 우리는 이 모든 것을 겪어냈고 잠시 동안이라고 해도 공동체 의식을 느꼈다. 기분 좋은 일이었다.

내 부모님의 경우, 그분들의 인생은 이전보다 나아졌고 부모님과 나의 관계 역시 베브가 앤아버로 나와 함께 살기 위해 온 순간부터 나아졌다. 그리 머지않아 '일인분 값에 이인분' 쿠폰북에 대해 자주 듣기 시작했는데 이로 인해 부모님은 새로운 레스토랑을 찾아다닐 수 있었다. 비디 이모와 조 삼촌도 쿠폰북을 구매했고 외식은 사교 행사가 되었다.

마침내 부모님은 살던 집을 팔아버렸는데 이는 어머니가 평생 지녀온 꿈이기도 했다. 내가 기억하는 한, 어머니는 항상 '전차가 다니는 곳' 근처에 살아서 아버지나 다른 사람에게 운전해 달라고 부탁할 필요가 없었으면 좋겠다고 이야기했다. (어머니는 운전 배울 생각은 아예 하지 않았다. 그 생각만으로도 신경이 곤두서는 것 같았기 때문이다.) 또 어머니는 공공도서관 맨 위층에 자리한 아파트에 살고 싶다고 했다. 그러면 언제든 읽을 책을 찾을 수 있을 테니 말이다.

어머니는 결국 도서관 위에 살지는 못했지만 1960년대 말, 부모님이 살고 있던 도심의 가장 번잡한 교차로에 피츠버그시가 새로운 도서관을 짓기로 결정했다. 그 교차로는 전차를 포함해 다양한 대중교통수단들로 복잡하게 얽힌 곳이었다. 그뿐만이 아니었다. 어머니는 한 블럭 떨어진 곳에 자리한 꽤 괜찮은 빌딩에 작은 아파트를 찾아냈다.

이 아파트 건물의 특징은 위치만큼이나 어머니에게 중요했다. 새로운 도서관이 세워진다는 이야기를 듣자마자 어머니는 아파트를 찾아나섰는데 주위 아파트는 너무나 화려했고 그곳에 사는 사람들은 늘 옷을 잘 차려입어서 어머니는 이런 사람들과 함께 엘리베이터를 탈 때면 열등감을 느끼곤 했다. 그렇기에 낯선 곳에 와 있는 기분을 느끼지 않고 머리에 헤어컬을 단 채 복도를 나와도 크게 신경 쓸 필요가 없는 아파트를 발견한 날은,

정말이지 특별하다고 말할 수밖에 없었다.

대릴과 내가 캘리포니아로 이사 가고 난 후 부모님은 매년 2주 정도 따뜻한 햇빛 속에서 보내기 위해 우리를 만나러 오셨다. 보통은 피츠버그와 정반대로 날씨가 가장 좋은 3월이 방문 시기였다. 여동생도 이 기간이면 포틀랜드를 떠나 가족 방문에 합류하곤 했고 한 해는 외할머니도 이때 우리를 만나러 오셨다.

이 기간 동안에 우리에게 심각한 긴장 상태는 한 번도 없었다. 대릴과 나는 거의 매일 일하러 나갔고 부모님은 늦게까지 자고 일어나 여유 있게 아침 식사를 한 뒤 스탠퍼드대학의 수영클럽까지 걸어가 풀 사이드에 앉아 책을 읽거나 내키는 일을 하곤 했다. 주말이나 때때로 일이 없는 날이면 우리는 부모님을 위한 (우리 자신을 위한 일이기도 하지만) 여행 가이드가 되어 샌프란시스코, 카멜, 소살리토, 타호, 몬터레이 등 우리 중 누구라도 가고 싶어 하는 곳으로 떠나곤 했다.

부모님은 이런 여행을 충분히 즐겼다. 낯설고 이국적인 레스토랑이어도, 땅이 가파르더라도, 보트로 급류를 따라가며 물이 튀어도 즐겁게 길을 나섰다. 내가 생각하기에는 인생 두 번째로 최고의 순간을 즐기는 듯 보였다.

인생 최고의 순간(적어도 부모님 두 분이 같이한)은 1974년 에밀리가 태어나 캘리포니아로 이사했을 때다. 2월에 외할머니 보비가 돌아가시면서 힘든 시간이 시작되었다. 불쌍하게도 외할머니는 혼자 집에 계시다가 갑작스럽게 심장 발작이 와 쓰러지셨다. 한동안 가족들에게 전화가 걸려오지 않아 이상하게 여겨 확인하던 중 하루쯤 지나 사람들이 알아차렸다. 가족들이 찾아갔을 때 외할머니는 침실 바닥에 누운 채였다. 의식이 있어 몇 마디는 할 수 있었지만 몸을 움직이지 못했다. 외할머니 댁은 병원에서 한 블럭 떨어진 곳이라 앰뷸런스가 즉시 찾아왔어도 우리가 할머니를 보러 갔을 때에는 혼수상태였고 그 뒤로 깨어나지 못했다. 할머니는 5주 후에 세상을 떠났다. 그리고 2주 후 나의 딸 에밀리 제니퍼 립시츠 벰이 스탠퍼드에서 태어났다.

외할머니가 혼수상태에 빠져 있는 동안 나는 어머니와 자주 할머니 상태에 관해 이야기 나누었다. 이제 곧 돌아가시게 되리라는 사실을 알고는 있었다. 나는 자신을 위해 아무것도 할 수 없는 상태에서 몇 시간이고 침실 바닥에 누워 있는 일이 얼마나 끔찍한지 생각해보았다. 그 당시의 나는 출산을 몇 주 앞두고 아기 만나기를 고대하는 상태였다. 학부생 300여 명 앞에서 일주일에 두 번씩 강의를 했기에, 학기가 무사히 끝날 때까지 아이가 지나치게 빨리 세상에 모습을 나타내지 않기를 바랐다.

더 이상 세상에 살아 있지 않은 친척의 이름을 따서 갓난아기의 이름을 짓는 것이 유대인 풍습이다. 히브리식 이름의 경우 친척과 같은 이름을 아이에게 붙이지만, 영어의 동화同化라는 측면에서 영어식 이름은 같은 철자나 소리로 시작하는 이름을 붙인다. 외할머니가 살아 계셔서 내 아이들을 만나고 아이들도 외할머니를 알았더라면 좋았겠지만, 첫아이니 내가 사랑한 두 할머니의 이름을 가져오면 잘 어울리겠다 싶었다. 외할머니 이름인 에스터 소벨 리먼에서 딴 에밀리(히브리어로는 에스터), 친할머니 이름인 제니퍼 웨이스버그 립시츠에서 따온 제니퍼(히브리어로는 지젤)를 쓰기로 했다.

에밀리가 태어나고 며칠 후, 어머니가 우리를 보러 왔다. 다른 많은 할머니와 달리, 어머니는 아이 돌보기에 있어서는 전혀 전문가가 아니었기에 우리가 아이를 어떻게 다루건 아무런 비난도 하지 않았다. 오히려 그 반대로 우리 부부가 자신보다 어린아이 돌보기에 관해서는 (꼭 그렇지는 않았음에도) 훨씬 잘 안다고 생각했고 마음 편하게 뒤로 물러서서 우리가 상황을 주도하도록 내버려두었다.

그러자 마법 같은 일이 일어났다. 어머니는 자신의 손녀와 사랑에 빠져버렸다. 아마도 할머니가 되었다는 사실과 사랑에 빠진지도 모르겠다. 이 둘 사이에 어떤 차이가 있는지는 잘 모르겠다. 무슨 일이 일어난 건지는 모르겠지만 어머니는 온몸으로 새로운 행복을 뿜어내기 시작했다. 처음 에밀리를 목욕시키는 우리 부부를 바라보는 어머니의 모습을 베브가 촬영했는데, 이 흑백사진 속에서 그 행복을 찾아내기란 어렵지 않다. 18개월 정도된 에밀리와 함께 마룻바닥에 앉아 놀아주고 있는 어머니의 모습을 홈비디오 속에서 보다가 깜짝 놀라기도 했다.

이 영상에서 엄지손가락을 자꾸 빨려는 에밀리와 에밀리가 엄지손가락 빠는 것이 좋지 않다고 생각하는 어머니 사이에 미묘한 긴장이 보인다. 어머니와 에밀리는 장난을 치고 있다. 뺨이 발그레한 에밀리는 손가락을 활짝 펴고 입을 벌린 채 어머니와 얼굴을 가까이하고 입안에 엄지손가락을 넣으려 하는데 진짜 엄지손가락을 빨기 위해서가 아니라 그러는 척하는 것이다. 에밀리만큼이나 흥분한 어머니는 그러지 말라고 소리를 내며("아니, 아니, 아니" 하고 계속 말하며) 에밀리의 엄지손가락을 빼려는 듯 가까이 다가온다. 긴장이 극도로 높아질 때까지 두 사람은 15초 정도 이렇게 춤추듯 실랑이를 벌이다가 어머니가 에밀리의 손가락을 입에서 빼내면 키득거린다. 마침내 에밀리는 마룻바닥이나 어머니의 무릎에 기대어 히스테릭할 정도로 높은 웃음을 터뜨리곤 한다.

단 몇 초에 불과하지만 이런 긴장이 사라지면 두 사람은 다시 게임을 시작한다. 에밀리는 다시 엄지손가락을 입으로 가져가고 어머니는 그러지 말라고 손을 들어 제지한다. 다시 긴장이 높아지고 엄지손가락을 입에서 빼면 에밀리는 다시 심하게 흥분하다가 긴장이 풀린다. 그러고는 다시 시작한다. 이 과정은 내가 사용하는 영화필름 싱글롤에 한 번에 다 담길 정도였는데 정확히 3분 정도 촬영할 수 있었다. 실제로는 15분 정도 이어졌지만 말이다.

이런 장면을 볼 때마다 숨 막히는 기분이 들었던 이유는 내 딸과 놀고 있는 여성이 내가 한 번도 보지 못한 사람이었기 때문이다. 어머니 자신도 한 번도 보지 못한 모습이리라.

어머니가 얼마나 행복해하는지 지켜보며, 나와 대릴은 우리 부모님이 스탠퍼드로 아예 이사 오는 게 낫지 않을까 생각했다. 그렇다면 에밀리의 일상생활의 한 부분이 될 뿐만 아니라 우리 일상의 한 부분이 될 수 있을 터였으니 말이다. 문제는 이것이다. 어떻게 이 일을 가능하게 만들 수 있을까?

피츠버그 우체국을 그만두고 햇빛 좋은 캘리포니아로 이사 가는 것에 대해 아버지는 분명 전율을 느낄 정도로 좋아하리라고 확신했다. 그래서 아버지에 관해서는 크게 걱정하지 않았다. 이사를 결정하는 데 있어서 어머니가 적극적이지 않을 수 있다고 생각했다. 피츠버그를 떠나 이사하려면 어머니가 그 결정 과정에 자연스럽게 녹아 들어가야 했다. 이런 사실을 떠올리며 우리는 어머니가 완전히 이사 오기에 앞서 이곳에서 새로운 일을 찾아볼 수 있도록 응원하기 시작했다. 어머니는 이 제안을 마음에 들어했는데, 손녀와 좀 더 오랜 시간을 함께 보낼 수 있는 핑 곗거리가 되는 동시에 여러 가지 선택의 가능성을 열어둘 수 있었기 때문이다.

어머니는 스탠퍼드대학 화학과 교수의 정규직 개인 비서로 일하게 되었다. 그즈음 우리 모두 어머니가 감당할 만한 아파트를 알아보러 다녔다. 마침내 완벽할 정도로 깔끔하지만 지나치게 화려하지 않은, 수영장이 딸려 있고 팰로앨토 도서관에서 다섯 블록 정도 떨어진 아파트를 찾아냈다. 이쯤 되니 어머니는 결정하는 데 별 어려움을 느끼지 않았고 아버지에게 전화를 걸어 얼른 옮겨오라고 이야기할 정도였다.

친척들의 도움으로 아버지는 은퇴를 결정했다. 피츠버그 집에 있는 상당수의 물건을 팔거나 줘버리고 남은 짐을 차에 싣고 서부로 향했다. 어머니는 일 처리를 하기 위해 피츠버그로 돌아가지조차 않았고 그다음 주 월요일부터 새로운 직장에 나가기 시작했다. 그게 전부였다. 1년쯤 지나 어머니는 화학과 교수 대신 사회학과 교수의 사무실에서 일하게 되었다. 사회학과 교수의 글이 어머니에게 더 의미가 있었을 뿐 아니라 그 교수가 유대인이기에 새로운 환경 속에서도 훨씬 더 편하게 느껴졌기 때문이다. 아버지도 캘리포니아에 도착하자 일을 찾아 나섰고 한 기업의 시간제 우편업무 관리 일을 맡으셨다.

부모님이 캘리포니아로 옮겨와서 모두 함께 즐거운 시간을 보냈던 그 몇 년 동안이, 부모님 (그리고 우리) 인생에 있어서 가장 행복한 순간이었다. 에밀리와 함께 놀아주고 제러미가 태어난 후에는(에밀리가 태어난 지 정확히 2년 9개월 후) 두 아이들과 함께 숲속을 산책하고 외식하고 동물원이나 해변에 가고 샌프란시스코를 여행하고 매년 최소한 서너 번 정도는 베브와 함께 시간을 보내곤 했다. 물론 이 기간 동안 어두운 면도 있었다. 외할머니가 세상을 뜨고 에밀리의 출산에 맞춰 어머니가 캘리포니아로 온 지 6개월 만에 유방암이 진행되고 있음을 발견한 것이다. 3년 뒤, 어머니는 세상을 떠났다. 에밀리가 아직 채 네 살이 되기도 전, 제러미가 한 살이 되기 전이었다.

이 기간 동안 슬픔과 분노도 느꼈지만 기쁨과 행복이 함께하기도 했다. 어머니는 자신이 원하는 방식 그대로 이 시간을 함께 보내고 세상을 떠났다. 운명론자인 어머니는 다가오는 죽음에 별로 신경 쓰는 것 같지 않았고 남아 있는 생을 늘리기 위해 애쓰지도 않았다. 유방절제술을 하고 부분적으로 방사선 치료를 받았지만 항암화학요법과 척추천자(치료를 위해 허리뼈 사이로 긴 바늘을 찔러 넣는 것—옮긴이)는 거절했다. 몸에 칼을 대는 어떤 종류의 검사도 거부했다. 세상을 뜰 무렵, 어머니는 몇 달 동안 계속된 끔찍한 두통(암이 뇌로 전이되어)으로 고통스러워했는데 아스피린만 복용할 뿐 태연하게 세상을 떠나는 날 저녁까지 매일 일하러 나갔다. 그다음 날 학과 사무실에 전화를 걸어 어머니가 출근하지 못하는 이유를 설명했더니 교수는 큰 충격을 받은 듯 보였다. 어머니가 가끔 두통으로 힘들어했지만 이렇게까지 심하게 아픈 줄 몰랐던 것이다.

어머니가 돌아가시기 직전 통화했던 것 같다. 저녁 식사 무렵에 전화해서 어떤지 물었다. 어머니는 소파에서 잠시 낮잠을 잤고 상점에 간 아버지가 돌아오시면 함께 식사할 것이라고 했다. 기운이 하나도 없는 목소리기에 전화 받느라 잠을 깨웠나 미안한 마음이 들어 사과하고 다시 좀 더 주무시라고 한 후 전화를 끊었다. 잠시 후 전화가 울렸다. 아버지였다. 상점에 다녀오니 어머니가 전화기를 잡고 마룻바닥에 쓰러져 돌아가셨다고 했다. 아마 어머니는 나에게 작별 인사한 후, 바로 그 자리에서 쓰러지신 것 같았다.

그때 어머니의 나이는 아직 예순 살이었고 이루지 못한 꿈이 많이 남아 있었다. 하지만 적어도 어머니 인생의 마지막 몇 년(내가 어머니와 함께 보낸 마지막 몇 년)은 우리가 이전에 경험하지 못한 즐거운 순간이었다.

어머니가 돌아가신 후 아버지와 여동생, 나는 장례식을 위해 어머니의 유해를 피츠버그로 운구해 갔다. 아버지는 피츠버그에 한 달 정도 머물렀다 다시 캘리포니아로 돌아오셨다. 새로운 인생을 시작할 준비가 분명해 보였다. 평소의 아버지와는 달리 직접적이고 사려 깊은 대화를 나누었다. 장례를 마친 지 얼마 되지 않아서 아내에게 무례하게 구는 것처럼 보이고 싶지는 않지만, 밤마다 두통으로 괴로워하는 아내의 신음 소리를 들으며 아내가 세상을 뜬다면 과거를 돌아보지 않고 새로운 사람으로 살겠노라 다짐했다는 말씀을 하셨다.

그 말대로 일이 진행되었다. 처제와 처남의 분노에도 불구하고, 아버지는 처가 가족과의 연락을 일절 끊어버렸다. 친삼촌을 만나러 피츠버그에 갈 때에도 처가 식구는 만나지 않았다. 여기서 한 발 더 나아가 아버지는 팰로앨토에 있는 독신자 클럽을 40곳 넘게 탐방하기 시작했고 건강하고 평균적인 64세 남성으로서 아직 선택의 여지가 남아 있음을 확인했다. 저녁 식사를 처음 함께한 여성이 아버지에게 굿나잇 키스를 하지 않자 아버지는 그분과의 만남을 끝냈다. 아버지에게 우정의 가치에 관해 이야기했지만, 아버지는 별 관심 없어 보였다.

아버지는 자신이 원하는 관계를 찾았다. 그분과 헤어진 후 리타라는 여성을 만났고, 1978년 7월, 즉 내 어머니가 세상을 뜬지 7개월 만에 리타와 재혼했다. 어머니를 그토록 빨리 대체해버릴 수 있었던 아버지에게 양가감정을 느꼈지만 가장 먼저 드는 감정은 안도감이었다. 다행스럽게도 아버지를 돌보는 책임을 지지 않아도 되었기 때문이다. 1996년 아버지께서 돌아가셨을 때에도 같은 안도감을 느꼈던 것 같다. 동시에 리타에 대해 따뜻함을 느꼈다. 아버지가 리타와 함께한(리타의 딸이자 함께 살며 아버지에게 가장 좋은 친구가 되어준 재니스도 함께) 18년이 분명 아버지 인생에서 가장 행복한 시간이었기 때문이다.

아버지와 리타가 결혼한 후 대릴과 나, 아이들은 캘리포니아를 떠나 뉴욕주 이타카로 옮겨 갔기에 아버지가 새로 꾸린 가족은 우리 삶의 중요한 부분이 되지는 못했다. 하지만 리타의 또 다른 딸과 좀 더 가까이 살기 위해 아버지 가족이 포틀랜드로 잠시 옮겨 가 있던 1년 동안은, 베브에게 이 새로운 가족이 무척이나 중요한 의미가 되었다. 내가 리타에게 고마움을 느끼는 이유는 우리가 아는 한, 리타가 (그 또래 많은 이성애 여성들이 받아들이기 힘들어한) 베브와 로즈의 관계를 있는 그대로 인정해주었기 때문이다. 금요일 밤이면 리타는 베브와 로즈, 로즈의 어린 아들 벤을 초대해 함께 저녁을 먹곤 했다.

대릴과 내가 가족 공동체로 받아들인 사람이 직계 가족들만은 아니었다. 다른 사람은 바로 낮 동안 아이들을 돌봐준 두 명의 보모였다. 마지 다니엘스는 에밀리가 3개월이었을 때부터 4년 후 우리가 이타카로 떠날 때까지 아이들을 돌보아주었다. 또 한 사람은 우리가 이타카에 도착해 자리 잡았을 때부터 약 7년여 동안 아이들을 돌보아준 팻 반 오더였다. 마지에게는 학교 다니는 아이들이 있어서 정확히 5시가 되면 우리 집을 나서곤 했지만 우리 가족의 울타리는 그리 빡빡하지 않아서 팻이 아이를 돌봐주는 동안에는 일주일에 두세 번 정도 함께 저녁 식사를 하곤 했다.

우리 집을 마치 동네 사랑방처럼 여긴 에밀리와 제러미의 친구를 포함해 수많은 가족과 친구들이 가족 공동체의 일원이 되었다. 아이들이 어리던 시절에는 대여섯 명의 활기 넘치고 떠들썩한 말썽쟁이들이 온갖 요란한 소리를 내며 주위를 뛰어다니곤 했다. 조금 나이가 든 후에는 뒷문 현관에 쌓여 있는 신발의 숫자를 세어 둘로 나눠 우리 집에서 몇 사람이나 잤는지 확인하는 방법을 터득하기도 했다.

어떤 사람들은 사적인 삶이 거의 없고 개인 혹은 가족의 경계가 거의 없는 이런 상태를 좋아하지 않겠지만, 나는 이렇게 사람들이 북적대고 사랑이 넘치는 사회적인 공동체에서 생활하는 것이 좋았다. 전업 학자이고, 평등주의적 결혼 생활을 존중하는 남편과 살고 있지만, 1950년대의 몇몇 엄마들과 마찬가지로 나는 우리 집을 찾아온 아이들을 위해 핫초콜릿을 만들고 아이들이 함께 즐겁게 노는 모습을 바라보는 것이 좋았으며 내 아이들뿐 아니라 아이 친구들이 중요한 일도 편하게 내게 상의하는 것이 좋았다.

어려서 늘 꿈꾸었던 가족을 생각할 때, 가족의 모습, 특히 에밀리와 제러미가 어렸을 때의 모습을 담기 위해 그토록 열성적으로 사진을 찍고 홈 무비를 촬영한 것은 별로 놀라운 일이 아니다. 아이들이 두서너 살 때 내가 만든 오디오 테이프는 두 아이와 나 모두에게 특히 중요하다. 에밀리의 경우, 아이와 함께 몇 시간이나 이야기 나누는 것을 녹음한 후 편집해 35분짜리 테이프에 압축해 담았다. 제러미에게는 그렇게까지 시간을 쏟지 못했지만 세 살 때 그림책인 《개구리와 두꺼비 *Frog and Toad*》를 자기 아빠에게 소리 내 읽어준 것을 녹음한 테이프는 우리에게 특별한 추억이다. (두 아이는 아주 이른 나이에 읽기를 깨우쳤다.)

삶에서 함께한 어떤 순간은 우리를 가족으로 느끼게 한 최고의 순간으로 기억된다. 에밀리가 6학년, 제러미가 4학년을 되었을 때 9월 초 애디론댁산맥(미국 뉴욕주 북동쪽에 위치한 산—옮긴이)의 통나무집을 빌려 주말을 보냈다. 날씨가 안 좋았는데 오랜 시간을 운전해 가야 해서 아이들이 수업을 조금 빨리 마치고 나오도록 해 그날 밤 산장 식당이 문을 닫기 전 간신히 시간에 맞춰 저녁을 먹을 수 있었다. 태풍이 몰아쳐 산장의 전기가 나가버려서 그야말로 어둡고 추운 가운데 그날 밤을 보내야 했다.

저녁 식사 때부터 잠자리에 들기 전까지 몇 시간 동안 우리는 담요를 덮은 채 서로 꼭 껴안고 소녀 탐정 낸시 드류(1930년대 처음 출간된 이래 오랫동안 미국에서 사랑받았던 책 시리즈의 주인공으로 영화와 드라마로 제작되기도 함—옮긴이) 흉내를 내며 책을 읽는 대릴의 목소리에 귀를 기울였다. 그 당시 에밀리가 가장 좋아한 이야기 주인공이 낸시 드류였기에 대릴은 낸시 드류 같은 소녀 탐정이 등장하는 대부분의 소설은 완전히 통달한 터였다. 가끔씩 대릴은 책을 읽어주다 중간에 잠에 빠져들곤 했다. 점점 읽는 소리가 느려지며 잠으로 빠져드는 모습은 마치 오래 틀어놓은 카세트테이프가 점점 더 늘어지는 것 같았다. 대릴의 책 읽는 소리가 조금씩 엉망이 되고 약간 코 고는 소리가 들리면 아이들 중 누군가 쿡 찔렀고, 그러면 대릴은 다시 정신을 차리고 책을 읽기 시작했다.

4

평등하게 살아가기

가족과 함께 몸을 움츠려 한 담요를 나누어 덮고 핫초콜릿을 만들고 하누카 선물 포장하는 것을 사랑하긴 하지만, 대릴과 내가 아이 없이 보낸 9년의 세월과 두 아이를 낳고 보낸 20년의 시간은 결코 관습적이라고는 볼 수 없었다. 우리는 시작부터 평등한 결혼 생활을 제일 먼저 실행한 젠더 문제의 개척자였고, 그 후에는 젠더로부터 자유롭고 동성애공포로부터 해방되며 섹스에 대해 긍정적인 인식을 갖도록 아이를 키워나갔다. 이렇게 새로운 형태의 가족을 만든 이유는, 당시 사회에 있던 기존의 가족 형태만으로는 우리가 살기 원하는 방식으로 살 수 없고 우리가 되고 싶은 인간이 될 수 없었기 때문이다.

우리가 이 모든 일을 하던 당시는 역사에 특별히 의미 있는 순간이었기 때문에, 주위 사람들은 우리가 만들어가는 새로운 가족 형태와 그 기저에 자리한 페미니스트적인 이데올로기가 도발적이면서 유용하다고 생각했다. 이렇게 새로운 가족 형태를 만들자 바로 공적인 자리에서 이에 관해 이야기해달라는 요청이 이어졌다. 우리 가족의 개인적인 삶은 공적인 페미니스트의 담화 주제로 바뀌어갔고 이런 담화의 한가운데에서 스스로 역할모델이 되었으며 한 번도 만난 적 없는 사람들이 우리가 개인적 필요로 인해 만들어낸 모델을 기반으로 자신의 삶을 세워갔다.

개인적인 실행에서 공적인 담화의 대상으로 전환이 너무나 빠르게 일어나서인지, 이제는 평등한 결혼 생활과 젠더로부터 자유로운 아이 키우기에 관한 강연이 그 기반이 된 삶의 경험 자체보다 더 잘 기억난다. 내가 기억하는 실재적인 경험이건 무언가 갈망하는 청중에게 들려준 이야기건, 대릴과 내가 함께 추구한 선구적인 젠더 의식은 우리에게 개인적으로도 그렇고 수년간 우리가 관심을 가졌던 두 가지 정치적 투쟁에 있어서도 생산적이었다. 하나는 여성의 평등권에 관한 것이고 또 하나는 레즈비언과 게이 평등권에 관한 투쟁이었다.

처음 연애하던 무렵부터 평등함에 관한 철학의 틀을 만들기 시작했다고 앞에서 이야기한 바 있다. 그 후 겨우 약 18개월이

지난 1966년 가을, 이 문제에 관한 첫 번째 공개 강의 요청이 들어왔다. '미국 사회에서 교육받은 여성의 역할'이라는 제목으로 카네기멜론대학이 4학년 여학생을 대상으로 진행하는 특별 세미나였다. 이 요청은 두 가지 역설을 담고 있었다. 우선 나는 이 학교 4학년 학생이었을 때 이런 강의를 듣지 않았다. 너무 전통적이라고 생각했기 때문이다. 두 번째는 강연자로 초대한 사람이 여자며 대학원생인 나 혹은 평등주의 커플인 우리 두 사람이 아니라 남자고 교수인 대릴이었다는 점이다.

이 첫 번째 강연을 대릴이 혼자 했다는 사실을 털어놓을 때마다 부끄러운 느낌이 든다. 그뿐만이 아니다. 강연 준비도 거의 대부분 대릴이 맡았다. 우리가 도대체 당시에 무슨 생각을 하고 있었는지 잘 모르겠다. 아마 그가 더 경험 많은 선생이었기 때문일까.

내가 보관하고 있는 평등주의 강연 파일의 첫 번째 신문 기사 사진에는 대릴이 혼자 등장하고 사진 설명에는 다음과 같이 적혀 있다. "대릴 벰이 여성에게 말하다: 자신의 생각을 분명하게 표현하라." 이는 그 당시 전통주의와 페미니스트로서 아직 순진했던 우리 자신의 모습을 보여주는 증거기도 했다. 그 후 대릴은 평등주의에 관해 한 번 더 혼자 강연했는데, 1967년 4월 델라웨어주에서 열린 여성의 지위에 관한 첫 번째 주지사 콘퍼런스에 섰다.

기사를 스크랩해 남겨두지 못했고 정확한 날짜조차도 기억하지 못하지만, 우리가 공식적인 자리에서 성평등주의에 관해 처음으로 함께한 이야기에 관해서는 기억하고 있다. 1967년이었고, 정확히 말하자면 강연이 아니라 피츠버그주에 위치한 어느 유니테리언 교회 일요일 예배의 설교 시간이었다. 이 교회의 신도들은 설교에 대해 상당히 열린 마음을 지니고 있었다. 우리가 설교와 관련해 받은 요청은 성경 구절을 몇 가지 정도 인용해달라는 것뿐이었다. 그래서 우리는 일요일 아침 예배의 설교를 다음과 같은 말로 (그리고 그 이후의 대부분 강연에서도) 시작했다.

태초에 하나님이 천지를 창조하시니라. (⋯) 하나님이 이르시되 우리의 형상을 따라 우리의 모양대로 우리가 사람을 만들고 그들로 바다의 물고기와 하늘의 새와 가축과 온 땅과 땅에 기는 모든 것을 다스리게 하자 하시고(⋯). (⋯) 취하신 그 갈빗대로 여자를 만드시고 그를 아담에게 이끌어 오시니(⋯). (⋯) 여호와 하나님이 여자에게 이르시되 네가 어찌하여 이렇게 하였느냐. 여자가 이르되 뱀이 나를 꾀므로 내가 먹었나이다. (⋯) 내가 네게 임신하는 고통을 크게 더하리니 네가 수고하고 자식을 낳을 것이며 너는 남편을 원하고 남편은 너를 다스릴 것이니라 하시고(⋯).

_창세기 1~3장, 개역개정

이 이야기에는 어떤 도덕률이 담겨 있어서 우리는 사도 바울이 더 명확히 강조한 내용을 연결해갔다.

남자는 하나님의 형상과 영광이니(…) 여자는 남자의 영광이니라. (…) 남자가 여자에게서 난 것이 아니요, 여자가 남자에게서 났으며 또 남자가 여자를 위하여 지음을 받지 아니하고 여자가 남자를 위하여 지음을 받은 것이니.

_고린도전서 11장 7~9절, 개역개정

여자는 일체 순종함으로 조용히 배우라. 여자가 가르치는 것과 남자를 주관하는 것을 허락하지 아니하노니 오직 조용할지니라. 이는 아담이 먼저 지음을 받고 하와가 그 후며 아담이 속은 것이 아니고 여자가 속아 죄에 빠졌음이라. 그러나 여자들이 만일 정숙함으로써 믿음과 사랑과 거룩함에 거하면 그의 해산함으로 구원을 얻으리라.

_디모데전서 2장 11~15절, 개역개정

여성에 대해 이토록 오래된 이데올로기적 유산을 자랑하는 것이 비단 기독교만은 아닐 것이다. 그래서 우리는 전통파 유대교의 아침기도에 관해 생각해보자고 사람들에게 이야기했다. "우리의 하느님, 세상의 왕이시여, 이교도로 태어나지 않았음에 복받은 자여. 우리의 하느님, 세상의 왕이시여, 노예로 태어나지 않았음에 복받은 자여. 우리의 하느님, 세상의 왕이시여, 여자로 태어나지 않았음에 복받은 자여."

마지막으로 이슬람의 성스러운 문서인 쿠란의 한 구절을 인용했다. "알라께서 선물한 탁월함으로 인해 남자는 여자보다 우월하다."

설교를 진행해야 한다는 책임감 때문에 강연 주제를 '여자가 자기 자리를 알도록 훈련시키기: 무의식적인 이데올로기의 힘'이라고 정했다. 사람들은 여성스럽게 '정숙함으로 믿음과 사랑과 거룩함에 거하는' 일은 줄어들고 있다고 느끼고 있었다. 때문에 나는 이렇게 이야기했다. "오늘날 많은 사람들은 이런 구절에 표현된 이데올로기가 과거의 유물에 지나지 않는다고 생각하겠지만 사실은 그렇지 않습니다. 그저 평등주의의 껍데기를 쓰고 있어서 잘 드러나지 않을 뿐이지 동일한 이데올로기가 무의식 속에 자리 잡고 있지요. 다시 말하자면, 여성에 관한 다른 대안적인 믿음과 태도를 아예 상상할 수 없기에 이런 사실을 깨닫지도 못하고 있는 것입니다. 물속에서 헤엄치고 살면서 자신을 둘러싼 환경이 온통 축축하게 젖어 있다는 사실을 인식하지 못하는 물고기와 비슷합니다. 결국 무엇이 다른가요? 그것이 한 사회의 모든 무의식적인 이데올로기의 본성이며, 특히 미국이라는 나라가 갖고 있는 여성에 관한 이데올로기의 본성인 것입니다."

첫 번째 공동 강연 후 2년 동안 피츠버그에 살았다. 크고 작은 많은 그룹을 대상으로 비슷하게 강연했지만 1970년 가을 캘리포니아로 옮겨 가며 관련한 초청을 받는 횟수가 극적으로 늘어났다. 우리가 함께한 강연 중 아주 일부만 신문 스크랩을 보관하고 있다. 짧은 시간 동안 얼마나 많이 강연했는지, 그 강연을 지역신문에서 얼마나 많이 소개해주었는지 새삼스레 놀랐다. 내가 갖고 있는 기사의 헤드라인만 몇 가지를 소개하자면 다음과 같다.

- "집안일 나눠 하기: 평등한 결혼"(《샌프란시스코 크로니클》, 1971년 3월, 밀스칼리지에서 한 강연을 토대로 함).
- "평등한 결혼 생활을 이어가는 법"(《오클랜드 트리뷴》, 1971년 3월, 역시 밀스칼리지 강연을 토대로 함).
- "아내와 남편으로 구성한 전문가팀: 그들이 목표 삼아 지적하는 것은 여성의 불평등"(《스탠퍼드 옵저버》, 1971년 5월, 스탠퍼드대학에서 1년간 방문교수로 일한 후 정규 교수진으로 임명되고 나서 소개된 기사).
- "평등한 결혼과 그 작동법"(《LA 타임스》, 1972년 2월, 스탠퍼드대학 콘퍼런스에서 진행할 토크를 기대하며 쓴 소개 기사).
- "벰 박사 부부가 평등한 결혼의 개념을 이야기하다"(《산호세주립대학 스파르탄 데일리》, 1972년 4월, 이 대학교 여성주간에 한 강연에 기반한 기사).

- "현대 여성의 과감한 각성"(《산호세 뉴스》, 1972년 4월).
- "심리학 연구팀이 성역할에 관해 조사하다"(《새크라멘토 비버》, 1972년 4월, 아메리칸리버칼리지의 심포지엄 강연에 기반을 둔 기사).
- "스탠퍼드대 심리학자들 '여성의 지위' 연사로 나서다"(《프레즈노 비》, 1972년 4월, 프레즈노주립대학에서 진행할 강연에 대한 기대를 담은 기사).
- "50 대 50의 파트너십에는 강연장 연단도 포함된다"(《헤이워드 데일리 리뷰》, 1972년 11월, 카스트로 밸리 지역주민을 위해 캐니언고등학교에서 열릴 강연에 대한 기대를 담은 기사).

내가 가진 파일 중에서 가장 흥미로우면서도 우리가 초청받은 과정을 잘 설명한 기사는 〈헤이워드 데일리 리뷰Hayward Daily Review〉에 실린 글이다.

벰 박사 부부를 초청하게 된 것은 몇 달 전 샌프란시스코에서 자동차 카풀을 기다리던 AAUWAmerican Association of University Women: 미국대학여성협회의 몇몇 회원 덕분이었다. 차를 꽉 채워 타고 잭타르호텔에서 열리는 세미나로 향하던 지부 회원들은 행사 후 미리 약속한 시간에 만나 함께 집으로 돌아가기로 했다. 한 그룹이 동행할 사람들을 기다리다 시간이 너무

지체되자 왜 오지 않는지 찾아 나섰다. 강연장에서 발견한 회원들은 연사와 청중이 활기차게 의견을 주고받는 강연에 너무나 흠뻑 빠져 도무지 떠나지 못하고 있었다. 찾으러 간 사람들 역시 강연에 빠져들어 관객에 섞여 들어갔다. 그중 AAUW의 프로그램 커미티 담당자가 있었는데, 그 자리에서 벰 박사 부부를 11월 15일 열리는 행사에 초청했다. 회원들에게는 남편도 이 행사에 함께 동반해 오라고 제안했다.

우리 이야기에 흥미를 느낀 사람은 나이 든 사람만이 아니었다. 대학생들 역시 우리가 전하는 페미니즘에 큰 관심을 가졌기에 1972년 짧은 기간 동안 대학생을 위한 강연 프로그램을 준비하는 에이전시를 통해 스케줄을 잡도록 했다. 이런 방식은 오래 갈 수 없었다. 하나는 너무 많은 곳에서 초청을 받았기 때문이고 또 하나는 우리가 신경 쓴 단 두 가지, 키 작은 내가 보일 수 있도록 강연장 연단이 충분히 낮아야 한다는 것과 청중이 충분히 질문하고 답을 들을 수 있도록 두세 시간 정도 강연을 진행해야 한다는 조건을 에이전시에서 계속 맞출 수 없었기 때문이다.

이 기간 동안 나의 개인적인 추억을 모아놓은 각종 자료를 살펴보았다. 그중에서 우리의 생각과 삶이 세상의 어떤 사람에게 자극이 되고 생산적인 의미가 있었음을 보여주는 최고의 기록을 세 가지 꼽아보았다.

첫 번째는 1971년 10월 25일에서 29일 사이에 발행한 〈스탠퍼드 데일리Stanford Daily〉의 5부자 기사로 '여성 훈련시키기'라는 강연 전체를 옮겨놓았다. 1970년대 대학 캠퍼스를 휩쓴 페미니즘에 대한 열광(스탠퍼드여성센터가 조직한 수백 개의 소규모 인식 개선 그룹을 포함해)을 기억한다고 해도, 대학 신문의 기자들이 우리 강연 내용을 소개하기 위해 그토록 많은 지면을 할애한 이유는 도대체 무엇이었던가.

두 번째 자료는 1972년 7월 〈미즈〉의 첫 번째 정규 잡지에 실린 '평등한 결혼'이라는 제목의 인터뷰 기사로 이 책의 프롤로그에서 인용하기도 했었다. 그해 봄에 먼저 나온 창간 준비호는 발행 8일 만에 매진되어버렸다. 〈미즈〉의 창간호는 헤리엇 리온스와 레베카 로젠블라트의 '체모: 마지막 변경邊境', 앤 크리텐든 스코트의 '집안일의 가치: 사랑을 위해? 혹은 돈을 위해?', 델 마틴과 필리스 리온의 '레즈비언의 사랑과 성', 필리스 체슬러의 '여성과 광기', 프랑스 페미니스트 앨리스 슈바르처가 시몬 드 보부아르와 인터뷰하여, 보부아르가 왜 그리고 어떻게 급진주의적 여성해방운동으로 자신을 사회주의자가 아닌 페미니스트로 부르게 되었는지 이야기한 '시몬 드 보부아르의 급진주의' 등 고전이라 할 수 있는 글들이 실렸다. 우리의 인터뷰는 또 다른 프랑스 페미니스트인 클로드 세르반 슈라이버Claude Servan-Schreiber가 진행했는데 이 인터뷰의 프랑스어 번역본은 〈엘르〉

잡지에도 실렸다. 〈미즈〉 창간호를 되돌아보니 페미니스트들의 목소리에 담긴 생동감과 급진주의에 감명받을 수밖에 없었다.

그 후 25년이 지나도록 나의 관심을 가장 많이 끌었던 것은, 잡지 목차 페이지의 바로 반대면에 실린 남녀 구분 없는 구인광고였다. 대릴과·내가 이 역사적인 광고의 제작 과정에서 나름대로 역할을 했기 때문이다. 광고 페이지 상단에 굵은 글씨로 이렇게 쓰어 있다. "전화회사에는 앨러나 맥팔레인과 같은 설치기사가 더 많이 필요합니다." 그리고 글이 이어진다. 앨러나 맥팔레인은 캘리포니아 산 라파엘 출신의 20세 여성으로 AT&T가 처음으로 뽑은 여성 전화선 설치기사 중 한 사람이다. 하지만 "맥팔레인이 마지막은 아닐 것이다." AT&T가 이제는 "전화회사에 남성만 하는 일이나 여성만 하는 일은 없다"는 정책을 채택했기 때문이다. 이런 글과 함께, 전신주 발받침대에 발을 단단히 대고 허리에 찬 줄에 지탱해 몸을 45도 정도로 편하게 기울이고 있는, 멋지고 활기 넘치며 매력적인 앨러나 맥팔레인의 전신 컬러 사진이 등장한다.

이 광고는 평등고용추진위원회가 AT&T를 인종과 성차별로 고소하면서 등장한 부산물이라 할 수 있다. AT&T는 여성과 남성이 AT&T에서 서로 다른 임금을 받으며 서로 다른 업무를 하는 이유가, 여성과 남성의 업무 선호도가 다르기 때문이라고 주장했다. 이런 주장을 반박할 수 있는 구체적인 관련 자료를 모아

달라는 평등고용추진위원회의 요청을 받아 대릴과 나는 이 소송에 관여하게 되었다

이를 위해 직업에 관한 광고 방식이 그 직업에 관심 있는 여성과 남성의 수에 상당한 영향을 미친다는 사실을 보여주는 연구를 1970년대 초반에 진행했다. 이 연구에 전화와 관련된 네 가지 업종을 포함하여 각각의 직업을 전통적인 젠더 편향적 방식, 젠더 중립적인 방식, 젠더를 뒤집은 방식 등 세 가지로 나눠 세 그룹의 사람들에게 광고했다.

대릴과 내가 연방통신위원회 청문회에서 반대 심문을 받을 때 AT&T 측 변호사는 우리 연구를 배제시키기 위해 노력했다. 우리가 보여준, 젠더를 뒤집은 광고(여성이 전신주에 올라가 있는)는 우스꽝스러울 뿐 아니라 입증되지 않은 건강 이슈를 제기한다고 주장했다(광고에 이런 문구가 적혀 있었다. "야외에서 활동할 여성을 찾고 있습니다! 신선한 공기와 운동을 좋아하시나요? 책상 앞에 앉아 있는 것을 좋아하지 않는다면, 퍼시픽 텔레폰사의 전화선 설치기사로 멋진 야외에서 일하며 늘씬하고 군살 없는 몸을 유지하세요"). 우리 연구에 사용한 광고가 AT&T사가 후일 젠더를 뒤집은 광고를 만드는 데 있어 무척이나 유사한 모델이 되었다는 사실에 기분 좋았다.

물론 AT&T가 진심에서 우러나와 이런 광고를 만들지는 않았다. 연방통신위원회는 청문회에서 AT&T가 성차별과 인종차별에 있어 유죄임을 확정했고 AT&T는 사업 방식을 바꿔야 했다.

청문회에서 결론이 내려진 후 연방통신위원회 위원장인 윌리엄 H. 브라운은 다음과 같이 대릴과 나에게 편지를 보냈다.

AT&T의 조정 내용은 인권 역사에 있어 의미 있는 이정표가 되리라고 생각합니다. 벨사는 전례 없이 체불임금을 소급 지급하고 여성과 소수인종의 직업 유연성을 크게 높이는 것 외에도 내근직에 있어서 최소 38퍼센트, 외근직에 있어서 최소 19퍼센트에 이를 때까지 여성을 고용하고 승진시키기로 약속했습니다. 전화교환원직에 있어서 남성을 적어도 10퍼센트 이상 선발하고 고용해야 하며, 다른 행정 사무직에서도 남성이 25퍼센트 이상 차지해야 합니다. 이 말은 결국 10만 명이 넘는 사람이 과거 다른 성별이 맡던 일을 하게 된다는 의미지요. 이번 권고는 최근 혹은 과거 그 어떤 기업이 진행한 그 어떤 프로그램의 수준을 상회하며 이는 상당 부분 두 분의 연구결과에 따라 만들어진 것입니다. 성별에 따른 차별 조치를 정당화하는 AT&T의 주요 논리는 여성이 그런 업무에 관심이 없다는 것이었는데 두 분의 실험은 이 쟁점과 관련한 우리의 주장을 한 발 앞서게 만들었습니다.

전화와 관련된 직업에서 남자와 여자의 관심사를 다룬 이 실험이 광고로써 어떻게 성차별을 방조할 수 있는지 보여준 우리의 첫 연구는 아니었다. 〈피츠버그 프레스〉가 구인광고란을 운영하며 '남성 구인'과 '여성 구인'을 구분하자 전미여성기구 National Organization for Women가 이 정책에 반대해 소송을 걸었는데 연방통신위원회가 1960년대 후반 유사한 데이터를 축적해놓았던 우리에게 연락해왔다. 이 소송은 미국 대법원까지 갔고 1973년 6월 언론사 측 패소 결정을 내리면서 하급법원의 판결을 유지시켰다. 몇 년 후 우리는 이와 비슷한 다른 소송에 관여하게 되었다. 건설업계에서 유색인종의 고용 촉진을 위한 구체적인 목표와 일정을 세웠음에도 불구하고 여성에 대해서 노력을 기울이지 않은 미국 노동부에 대해 여성유권자연맹League of Women Voters이 소송을 제기했다. 이 세 가지 소송에서 피고들은 모두 같은 변명을 늘어놓았다. "여성과 남성은 업무 선호도가 다르다." 차별의 실행을 정당화하는 이런 '다름'이 소송의 핵심이 되었다.

내가 개인 기록 저장소에서 최고로 선정하고 싶은 세 번째 자료는 이상한 불안감을 주는 작은 컬러링책으로 '여성해방과 함께 전진 혹은 후퇴'라는 제목이 붙어 있다. 밝은 분홍색 표지에는 내가 보았던 교사 중 가장 혁명적인 여성 교사가 그려져 있다. 머리는 뒤로 모아 단단하게 말아 올렸고, 이상한 모양의 안경 덕에 뾰족한 턱이 더욱 강조되었으며 셔츠와 스웨터 아래로 비대칭적인 가슴이 자리하고 있다. 차분하게 선 그 여성은 한 손으로는 불이 붙은 성냥을 자랑스럽게 들고 또 한 손에는 불에 타는 브래지어를 들고 있다. 그 여성은 (나중에 아이의 목소리를 한 화자를 통해 알게 되었는데) 사서인 마리안 선생님으로, "아버지는 그를 '여성해방운동가'라고 부르고, 그는 자신이 남자를 싫어하고 책을 좋아한다고 말한다. 마리안을 똑똑하게 보이도록 색칠해보세요"라고 책에 적혀 있었다.

이 컬러링책에 등장하는 인물이 다 마리안 선생님 같지는 않았다. 예를 들어, 엄마는 "아주 오래전 대학교에 다녔고, 이제는 가정주부다. 우울한 무채색으로 칠하자", 아빠의 비서는 "매우 똑똑하지만 멍청한 척한다. 왜 그럴까? 자신의 직업을 지키고 싶기 때문이다. 왜 그럴까? 움츠러드는 바이올렛색(shrinking violet에는 수줍음 많은 사람이라는 뜻도 있음—옮긴이)으로 칠하자", 나이 어린 여동생은 "인형을 좋아한다. 영구히 변하지 않을 분홍색으로 칠하자. 틀에 넣어서 '여자'라는 라벨을 붙여버리자", 오빠는 "운이 좋다. 황금색으로 색칠해보자. 모든 것을 갖고 있다. 모터사이클을 타기도 한다. 서핑도 한다. (…) 베트남전에 갔다"고 적혀 있다.

물론 여기에 마리안이 'm.c.p.male chauvinist pig: 남성우월주의자 돼지'라고 부르는 아빠도 있다. 아빠의 구역질 나는 모습은 페이지마다 확인할 수 있다. 아빠는 "남자와 여자가 다른 것은 자연의 섭리"라거나 "이웃집 보니는 '진짜 여자'기 때문에 좋아한다"거나 "엄마가 자동차 사고를 낸 건 여자기 때문"이라고 이야기한다. 이 정도로 충분치 않다면 엄마가 찬성하여 서명한 남녀 평등헌법수정안ERA: Equal Rights Amendment을 '주홍글씨'라고 부르는 이야기도 등장한다. 엄마가 회의에 참석하는 동안 집을 청소하겠다고 약속했지만 "엄마가 돌아왔을 때(…) 부엌은 이런 모습이다. (…) 그대로 색칠하자."

최악의 상황은 아빠가 아기를 돌보기로 했을 때였다. "실례한 아기의 엉덩이를 갈색으로 색칠하자. 아빠는 어디 있지? 이 그림 속 어딘가에 숨어 있다. 아빠를 찾아서 노란색으로 칠하자."

컬러링책의 마지막 페이지에는 지금까지 마리안 선생님으로 상징되었던 페미니스트 이데올로기가 새롭게 의인화된다. 두 이성 커플이 소파 두 개에 나누어 앉아 있다. 책을 보는 사람 입장에서 가까이 그려진 소파에 아빠와 엄마가 앉아 있다. 이 커플은 우리에게 등을 돌리고 있는데 독자는 옆 모습을 볼 수 있기에 이들이 느끼는 감정을 살펴볼 수 있다. 등이 마치 마분지처럼 딱딱하게 굳은 아빠는 긴장한 모습으로, 아무 말도 하지 않은 채 화가 나 있다. 얼굴 가득 웃음을 띤 엄마는 열정적으로 몸을 기울이고 행복하고 흥분한 모습이다. 마주 보는 다른 소파에는 젊고 차분하며 유쾌해 보이는 여성과 남성이 앉아 있는데 똑같이 둥근 얼굴에 똑같이 비틀스 스타일의 머리를 하고, 똑같은 셔츠에 넥타이를 하고 있어서 서로 구분하기가 쉽지 않다. 이들은 누구인가?

이들은 바로 벰과 벰이다.

서로 다를 게 없는 그 남자와 서로 다를 게 없는 그 여자다.

그 남자는 일주일에 3일 일하고 그 여자는 일주일에 3일 일한다.

그 남자는 일주일에 3일 집안일을 하고 그 여자는 일주일에 3일 집안일을 한다.

7일째에는 함께 쉰다.

엄마는 진짜 멋진 거래라고 생각한다. 아빠는 어떻게 생각할까?

당신은 어떻게 생각하는가?

이 컬러링책의 발행연도는 1972년으로 나와 있고 뒤표지에는 이 책의 판매수익금은 AAUW의 장학금으로 사용된다고 나와 있었다. 도서를 구입하려면 주소는 캘리포니아 코스타메사로 연락하라고 되어 있는데, 우리가 특히 캘리포니아에서 역할모델로 여겨지고 있다는 내 느낌과 맞아떨어졌다.

왜 우리가 하는 일과 말이 이렇게 많은 사람들에게 그토록 의미 있게 받아들여졌을까?

이 질문에 대한 답은 그 당시 시대상에 관한 간단한 설명과 함께 시작해야 할 것 같다. 1967년, 우리가 함께 강연하기 시작했던 때는 '성희롱sexual harassment'이나 '아는 사람에 의한 강간acquaintance rape' '아내 구타wife battering'는 물론이고 '성차별주의sexism' 같은 단어가 생겨나기도 전이었다. 따라서 강연에서는 "우리가 설명하려는 여성에 관한 이데올로기는 (…)(잠시 정적, 앞으로 말하려는 것의 심각성을 강조하기 위해 의도적으로 속삭이듯 목소리를 낮추고 아주 천천히 이야기한다) 성적인 인종차별주의라 할 수 있습니다"라고 자주 이야기하곤 했다.

성차별주의라는 개념 자체가 없는 것만은 아니었다. 당시 중산층 사람들은 집 밖에서 아이의 양육을 맡아주는 일에 대해 개방적이지 않았다. 믿기 어렵겠지만 초창기에 어린이집에 관해 이야기할 때면, 대학교에서 만난 청중조차 '공산주의식'이라 낙인찍었다. 몇 년 동안 우리는 어머니가 책임지지 않는, 믿을 수 있는 양질의 보육 서비스 개념을 설명하면서 "청소를 맡아줄 사람을 찾는다고 광고하면 메리 포핀스는 응답하지 않을 거예요" 하고 이야기하곤 했다.

캘리포니아로 이사했을 무렵부터는 정치적 지형이 극적으로 변했고 개인적인 변화와 사회적인 변화가 명백해 보였다. 하지만 사람들은 이 변화에 대해 어떻게 생각할까? 더 중요한 것은, 이렇게 변화한 새로운 세상에서 사람들은 어떻게 살아갈 것인가의 문제였다.

여기에 벰 박사 부부가 등장했다. 좀 더 정확하게 말하자면 벰 박사 부부가 강연장에 등장해 두세 시간 동안 개인적이고 이론적인 차원에서 모든 질문에 답했고, 그 과정에서 사람들은 자주 웃음을 터뜨렸다. 물론 우리가 사람들이 살아가는 방식을 대폭 바꾸도록 자극을 주었는지도 모른다. 진실을 말하자면, 청중이 (특히 여성이라면 더욱) 우리 이야기를 들으러 온 이유 중 그런 자극은 일부분이었다. "이 모임에 남편이 아내를 따라왔다"고 〈헤이워드 데일리 리뷰〉 기사에서 소개한 이유도 그 때문이었다.

그날 저녁 첫 한 시간 동안 우리는 번갈아 마이크를 잡고 준비한 내용을 5분 정도씩 번갈아가며 강연했다. 즉흥적으로 한 강연이 아니었고 몇 번이고 쓰고 수정하기를 반복해가며 설득력 있고 자극이 되는 내용을 담았기에 강연이 지루하다고 생각하는 사람은 없는 듯했다. 우리는 스스로를 브로드웨이 무대에 선 배우라고 생각했다. 따라서 준비한 내용을 소리 내어 읽을 때마저도 최선을 다해 최상의 공연을 선사하는 것이 그날 우리의 역할이었다. 강연하는 내내 '표정을 풍부하게' 만들며 읽으려 노력했고 질의응답 시간에는 마치 처음으로 생각났다는 듯이 믿을 만한 이야기와 일화, 농담과 통계수치를 전달했다.

강연은 일련의 종교적인 도발로 시작했지만, 곧 왜 미국 사회에서 여성은 그토록 동질화되는지에 대한 의문으로 옮겨갔다. 갓 태어난 남자 아기, 특히나 백인 중산층 가정에서 태어난 경우라면 이 아이가 25년쯤 후 무엇을 하고 있을지 예측하기란 정말 어려운데 여자 아기가 자라 무엇을 하고 있을지 예측하기란 왜 그리 쉬울까?

시간 연구(산업심리학이나 조직심리학에서 다양한 작업에 소요되는 표준시간을 결정하는 연구 방법—옮긴이)에 따르면 여자아이는 자라서 식사를 준비하고 청소하고 빨래하며 집 안을 관리하고 장을 보고 다른 집안일을 하느라 종일제 근무 시간에 해당하는 7.1시간을 사용하는 것으로 나타났다. IQ 테스트에서 거의 천재급에 육박하는 경우라고 해도 여성은 특별한 잠재력의 표현을 보장받지 못한다. 재능, 교육, 능력, 관심, 동기 등 모든 것이 상관없다. 우리 사회에서, 여성이라는 사실은 가사에 적합한 인간, 아니면 타이핑하고 아이를 가르치고 간호하는 인간이거나 (상당 부분) 비숙련 노동자로 여겨질 뿐이다.

대부분의 여성이 매일 몇 시간 정도는 여유가 있다는 사실은 인정한다.

그 순간이 바로 여성이 자신의 특별한 정체성을 표현할 수 있는 시간이라고들 이야기한다. 정치적인 면에 관심 있는 여성은 여성유권자연맹에 참여할 수 있다. 인도적인 문제에 관심 있다면 미국 적십자에서 시간제 여성 자원봉사자로 활동할 수 있다. 음악을 좋아한다면 교향악단 후원금을 모을 것이다. 개신교

여성이라면 카나스타 카드게임을 하고 유대인 여성이라면 마작을 즐길 것이다. 모든 교파의 똑똑한 여성과 정교수 부인이라면 브리지게임을 할 것이다.

하지만 정치에 관심이 있는 **남자는** 의회에 진출할 것이다. 인도적인 문제에 관심 있는 **남자라면** 의사가 되거나 임상심리학자가 될 것이다. 음악을 사랑하는 **남자는** 교향악단에서 연주할 것이다. 다른 말로 하자면, 왜 여성의 특별한 정체성은 중요한 핵심이 아닌 주변부를 통해 규명되는가?

왜? 왜 의사보다 간호사가 되며 기업의 중역 대신 비서, 파일럿 대신 승무원일까? 왜 정교수가 아닌 정교수의 부인일까? 왜 의사가 아니라 의사의 엄마일까?

그때는 이런 질문에 대해 오늘날과 똑같은 방식으로 대답할 수 없었지만 대릴과 나는 기본적인 대답을 세 가지로 하곤 했다. 첫 번째는 차별, 두 번째는 (생물학이 아니라) 성역할의 조건화, 세 번째는 가족과 경력의 양립은 없다는 걸 당연시한다는 점이다. 나는 첫 번째와 두 번째를 건너뛰고 바로 세 번째 대답에 관해 이야기하려 한다. 우리 강연에서 이야기한 처음 두 가지는 이제는 시대에 뒤떨어진 대답이 되었기 때문이다. 그때 말했듯, 이렇게 말할 것이다. "평균적인 미국 여성에게 왜 종일 근무 형태로 일하지 않느냐고 질문하면, 차별 때문에 낙담해서 그렇다고 답하지 않겠습니다. 성역할 조건화의 영향이 만연하기 때문이라고 도 하지 않겠습니다. 아마도 커리어가 아무리 멋지다고 해도 아 내와 엄마 역할과 양립하기 어렵다고 답하지 않을까요."

전통적인 아내와 엄마의 역할에 대한 결론에 동의하며 (이를 늘 그 당시 상징이었던 이성애 커플에 한정 지으며) 우리는 대안적인 가 족 형태의 가능성을 경력 양립불가론을 낳은 가족을 흔들어대 는 시작점으로 삼았다. 전통적인 남편-아내 관계가 도전받는 이 유는 나이 든 기혼 여성이 광범위하게 느끼는 불만족 때문이 아 니라 오늘날 대학에 다니는 세대의 가장 기본적인 두 가지 가치 에 위배되기 때문이라고 이야기했다. 이 두 가지 가치란, 하나는 개인적인 성장이고 또 다른 하나는 대인관계다. 전자는 개인성 과 자기 성취를 강조하고 후자는 모든 인간관계에 있어 개방성, 정직함, 평등을 말한다.

전통적인 남자-여자 관계는 이런 기본 가치와 부합하지 않는 다고 보았기에 그 당시 젊은이들은 전통적인 결혼 방식의 대안을 찾아 실험에 나섰다. 몇몇 사람이 공동생활 같은 아이디어를 실 험했음에도 불구하고 대부분은 결혼이라는 맥락 안에서 혹은 그 밖에서 남편-아내 관계의 만족할 만한 조정을 찾는 듯했다. 대릴 이 읽은 부분처럼, 점점 더 많은 사람이 평등한 관계를 계획하게 되었다.

아내와 나는 각각 자신의 분야에서 박사학위를 받았다. 나는 오리건에서 더 나은 일자리를 제안받았지만 거절하고 뉴욕에서 조금 덜 만족스러운 일자리를 수락했다. 아내가 뉴욕에서 자신의 특장점을 잘 살릴 수 있는 파트타임 일자리를 더 많이 구할 수 있었기 때문이다. 나는 한적한 교외에서 사는 편을 선호했지만 아내 직장 가까운 곳에 집을 샀다. 아내가 집에 마련한 작업실에서 일하다 아이들이 학교에 갔다 돌아오면 맞아줄 수 있도록 하기 위해서였다. 아내의 수입이 꽤 좋은 편이라 중요한 집안일을 대신해주는 사람을 고용할 수 있었다. 아내와 나는 그 밖의 집안일을 공평하게 나누어 한다. 예를 들어 아내는 음식을 만들고 나는 빨래하며 다른 집안일을 돕는다.

이러한 결혼의 기본적인 행복에 의문을 갖지 않고, 또 많은 커플에게 이런 방식이 적절하게 어울리는지 의심하지 않은 채, 이런 결혼이 개인 간의 동등함을 보여주는 사례라고 말하는 게 합당하냐고 질문하며 대릴은 이야기를 이어갔다. 여성의 숨어 있던 '자연스러운' 역할에 관한 추측은 제거됐을까? 간단한 확인 방법이 있다. 결혼을 진정으로 동등하게 진행했다면, 남편과 아내의 역할이 완전히 반전된다면 위의 내용이 같은 분위기와 같은 톤으로 남아 있을 수 있을까. 내가 이 부분을 읽었다.

남편과 나는 각각 자신의 분야에서 박사학위를 받았다. 나는 오리건에서 더 나은 일자리를 제안받았지만 거절하고 뉴욕에서 조금 덜 만족스러운 일자리를 수락했다. 남편이 뉴욕에서 자신의 특장점을 잘 살릴 수 있는 파트타임 일자리를 더 많이 구할 수 있었기 때문이다. 나는 한적한 교외에서 사는 편을 선호했지만 남편 직장 가까운 곳에 집을 샀다. 남편이 집에 마련한 작업실에서 일하다 아이들이 학교에 갔다 돌아오면 맞아줄 수 있도록 하기 위해서였다. 남편의 수입이 꽤 좋은 편이라 중요한 집안일을 대신해주는 사람을 고용할 수 있었다. 남편과 나는 집안일을 공평하게 나누어 한다. 예를 들어 남편은 음식을 만들고 나는 빨래하며 다른 집안일을 돕는다.

우리는 어째 좀 다르게 들리지 않냐고 말했다. 더 힘 있는 사람을 보호하기 위해 오직 대명사만 바꿨을 뿐! (이 강연을 했던 초창기는 물론 이후에도 청중이 전통적인 사람이라면 처음 문단은 너무나도 평등한 결혼을 보여주는 것 같아 유토피아적으로 느꼈으리라. 그래서 두 번째 문단에서 우리의 속임수가 드러나기까지 아무도 웃지 않았다. 수년 후 강연했을 때에는 첫 번째 문단부터 웃음이 나왔다.)

진정한 의미에서 동등한 결혼이 어떤 것인지 조금 더 설명한 후, 우리는 다음 단계로 넘어가 가족-경력을 양립할 수 없다는 이야기를 다른 방향에서 뒤흔들었다. 아이들은 엄마가 집 밖에서 일할 때 필연적으로 고통을 느낀다는 오래된 인식에 도전하기 시작했다.

예를 들어 우리는 스포크 박사가 1963년 〈레이디스 홈 저널〉에 쓴 내용이 터무니없다고 말했는데, 그는 전업주부로 종일 아이를 돌보는 일에 충분히 만족을 느끼지 않는 여성은 "자기 자신이 어린 시절에 힘든 인간관계를 겪었기 때문"이라고 썼다. 휴가를 통해 이런 문제를 해결할 수 없다면 그 여성은 감정적인 어려움을 겪고 있는 것이고 "가족 문제 전문 사회기관과의 정기적인 면담을 통해 문제를 줄일 수 있고 만일 상황이 심각하다면 정신과 치료를 받아야 한다. (…) 미취학 아이를 둔 엄마인데 취직을 고려하고 있다면 결정을 내리기 전 사회복지사와 이 문제에 대해 상의해야 한다"고 했다. 여기서 주는 메시지는 분명하다. 두 살 난 아이가 하루 종일 충분한 자극을 주는 동반자라고 느끼지 않는다면, 아마도 그 여성은 신경증이 있을 것이라는 말이다. 정말 중요한 점에 대해 우리는 계속 이야기를 이어갔다.

일하는 엄마는 그 자체로 아이에게 어떤 부정적인 영향을 미치지 않는 것 같다. 엄마의 시간제 일자리는 아이를 돌봄에 있어 큰 장점이 있다. 일하는 엄마를 둔 아이는 그렇지 않은 엄마를 둔 아이와 마찬가지로 비행을 저지르거나 신경질적이거나 고립되거나 반사회적이지 않다. 그 아이들에게서 꼭 신경과민을 발견할 수는 없다. 학교에서도 성적이 나쁘지 않으며 엄마의 사랑이 부족하다고 생각하지도 않는다. 일하는 엄마를 둔 딸은 그 스스로도 자라서 일하고 싶어 한다. 세상에서 가장 존경하는 여성이 누구냐는 질문에 자신의 엄마를 꼽곤 한다! 미국의 거의 모든 일하는 여성이 들었으면 하는 이야기다. 일하는 엄마 거의 대부분은 자신이 아이에게 상처 주고 있다고 생각하거나 죄의식을 느끼기 때문이다. 사실 모든 연구로부터 확인할 수 있는 결과는, 최악의 엄마는 일하고 싶지만 책임감 때문에 집에 머무는 경우다. 정말 중요한 것은 엄마가 아이와 맺는 관계의 질이지, 하루 동안 아이와 함께하는 시간이 아니다. 이런 결과는 전혀 놀랄 일이 아니다. 성공적인 아버지는 이런 결과를 몇 년 동안 입증해 오지 않았던가. 어떤 아버지는 훌륭하고 또 어떤 아버지는 고약하지만 모두 하루에 적어도 8시간씩 일하지 않는가.

강연하다 이즈음 되면 우리는 이미 몇 번이나 강조했던 보육 시설의 필요성을 강력하게 주장했다. 그 당시 페미니스트 운동에서 옹호했던 다른 많은 개혁과 마찬가지로(남녀 평등헌법수정안, 동일 노동 동일 임금, 남편과 아내의 동등한 가사 분담 등을 포함) 보육 시설의 혜택은 전문적인 커리어를 추구하는 중산층 여성에게만 돌아가지는 않는다. 보육 시설은 집을 떠나서 일하는, 노동 시장에 진입한 엄마 수백만 명에게는 필수불가결한 요소다. 보육과 관련해서는 그 어떤 선택의 여지 없이 아무리 불충분한 형태라도 받아들여야 하기 때문이다.

평등주의라는 주제로 다시 돌아와 강연을 끝냈다. 진정한 평등주의 결혼은 '룸메이트 테스트'라 불리는 조건을 만족하는 노동 분업을 포용할 수 있어야 한다고 말했다. "이는 대학교에서 혹은 독신자 아파트를 함께 쓰는 두 남성 혹은 두 여성이 일을 나누는 방식을 말한다. 심부름, 가사와 이런저런 일들은 서로의 선호, 합의, 동전 던지기, 번갈아가며 하기, 외부의 도움받기 아니면 가장 자주 등장하듯, 그냥 하지 않고 내버려두는 방식으로 나누어 맡아야 한다."

결혼 전에 이런 방식으로 살아온 대다수의 젊은이들이 결혼 생활에서 이와 같이 합의하는 것을 이상하게 생각하는 데에는 중요한 시사점이 있다고 이야기를 이어갔다. 한 가지 비유를 생각해보자.

백인 남성 대학생이 흑인 남성 친구와 방 혹은 숙소를 공유하기로 했다고 가정해보자. 일반적인 백인 학생이라면 자신의 흑인 룸메이트가 모든 집안일을 떠맡아야 한다고 분별없이 생각하지는 않는다. 그럴 가능성은 희박하지만 만약 흑인 룸메이트가 "아냐 괜찮아, 나는 집안일을 좋아해. 나는 집안일 하는 게 좋아"라고 말한다 해도, 백인 대학생은 양심상 그렇게 내버려두지 않을 것이다. 흑인 룸메이트가 이 명백한 불평등에 대해 '좋아한다'고 말하는 방식으로 사회화되어서 이용당하고 있음을 그와 미국 사회가 마침내 깨달았고, 전형적인 백인 학생의 입장에서는 자신이 이 제안을 이용하는 듯 보일까 싶어 마음이 불편할 것이다. 그런데 가설 속 흑인 룸메이트를 여성 배우자로 바꾸는 순간, 이 학생의 양심은 깊은 잠 속으로 빠진다. 대부분의 경우 "그 여자는 사랑하는 사람을 위해 다림질할 때 가장 행복해"라며 위안 삼고 재빠르게 평안함을 느끼곤 한다. 무의식적인 이데올로기가 지닌 힘이다.

물론 여성이 사랑하는 사람을 위해 다림질하면서 가장 큰 행복을 느낄 수도 있다. 하지만 이것이 바로 무의식적인 이데올로기의 힘이다.

이 부분에서 보통 우레와 같은 박수가 쏟아졌다. 박수 소리가 좀 줄어들었을 때 질의응답 시간을 시작하는데 청중들에게 지적이건, 정치적이건, 개인적이건, 그냥 생각나는 어떤 질문이건 상관없으니 자유롭게 해보라고 말했다. 청중들은 스스로를 검열하며 걱정할 필요가 없었다. 지나치게 개인적인 질문을 던질 경우, 그저 우리가 대답을 거절하면 그뿐이었다. 별로 그럴 일은 없었지만 나는 이렇게 말하곤 했다. "때로 '누가 위에서 하냐'는 질문을 받을 때도 있어요. 그럴 때 대답은 이거죠. '번갈아가며' 위에서 한다." 이런 사소한 농담은 엄청난 웃음의 물결을 만들어내고 질의응답 순서로 옮겨가는 전환의 계기를 자연스럽게 만들어주어서 때로는 질의응답이 두 시간을 꽉 채우는 일도 있었다.

이런 긴 질의응답 섹션을 한 번이라도 녹음해놓았으면 좋았을 것이다. 그랬더라면 그 강연 장소에 있다는 게 어떤 느낌인지 더 잘 소개할 수 있을 텐데 말이다. 청중이 우리에게 질문할 때 어떤 말을 했는지는 다 기억하지 못한다. 다만 그 질문에 대한 대답으로 대릴과 내가 나누었던 이야기를 통해 질문의 일부를 추론할 뿐이다. 대체로 우리는 모든 질문에 두 사람이 함께 대답했다. (운이 좋았겠지만, 이렇게 나란히 함께 질문에 응답한 경험을 쌓았던 것이 앞서 말했던 AT&T 청문회 증언을 할 때 정말 큰 도움이 되었다. AT&T의 변호사들은 함께 반대 심문받겠다는 우리의 제안에 빠르게 동의했다. 우리 두 사람이 서로 말이 엇갈리는 실수라도 저지르리라고 생각했기 때문이다. 사실 우리는 서로 각자의 일을 꽤 잘했다. 첫 번째 사람이 할 수 있는 한 최선을 다해 질문에 응하고 나면 두 번째 사람이 서로 모순되는 점 없이 좀 더 자세히 설명하고 필수적인 요점을 다시 한 번 강조하는 식으로 진행했다.)

공식적인 강연을 통해 사람들이 가장 듣고 싶어 했던 내용은 우리에 대한 것이었다. 당신 부부는 어떤 사람인가? 당신들은 어디에서 온 사람인가? 전통적인 성역할에 다른 모든 사람이 사로잡혀 있을 때, 어떻게 조건화된 성역할로부터 벗어날 수 있었나? 매일매일의 생활 속에서 어떻게 평등주의 철학으로 살아가는 걸까? 크고 작은 일에 있어서 결정은 어떻게 내리는가? 누가 무엇을 할지 어떻게 결정하는가? 평등하게 사는 것이 힘들다고 느껴지는가? 아이들이 태어난 후에도 부부로서 평등하게 살아갈 수 있다고 생각하는가? 혹은 아이들이 태어난 이후에 몇 년이 지나서도 어떻게 평등한 부부로 남아 있을 수 있는가?

사람들은 스스로 평등주의자가 될 수 있을지, 그렇다면 어떻게 해야 하는지 알고 싶어 했다. 젊은 세대라면 (특히나 여성이라면) 이는 다른 무엇보다 평등주의 결혼을 가능하게 하는 대릴 같은 남성을 어디서 어떻게 찾을 것인지를 의미했다. 더 나이 든 청중이라면 현재 결혼에 있어서 젠더에 따른 관계를 변화시킬 수 있을지, 만약 그렇다면 어떻게 해야 하는지 궁금해했다.

우리가 어떤 사람인지에 관해서는 이미 이야기를 많이 했기에 그 답을 건너뛰고 넘어가려 한다. 하지만 아직 우리의 평등주의적인 결혼에 관해서는 충분히 이야기하지 않았다.

아이가 태어나기 전, 일상은 그렇게 힘들지 않아서 따로 설명할 필요가 없을 것 같다. 아이가 없다면 어떻게 할 것인가? 아이가 없던 때가 있었던가? 되돌려 생각하기가 쉽지 않았다.

하지만 강연에서 한 제안처럼 성격이 맞는 (조금 지나치게 정리 정돈을 잘하는) 룸메이트와 비슷하게, 우리는 서로가 편하게 느끼는 방식으로 집안일을 나눠 했는데 둘 중 누군가 의견을 표현할 때면 언제든 시스템을 바꿔서 진행했다. 예를 들어, 한동안 우리는 돌아가며 저녁 식사를 준비했고 식사를 맡은 사람이 지저분한 냄비와 프라이팬을 덜 만들어내도록 설거지도 책임지는 방식을 선택했다. 하지만 나중에는 한 사람이 식사 준비와 설거지를 함께 맡도록 한 방식이 어리석은 결정이었음을 확인했고 한 사람이 음식을 만들면 다른 사람이 설거지하고, 매일 담당을 바꾸는 방식을 선택했다. 한 가지 절대 변하지 않는 원칙은 식사 당번인 사람이 외식을 제안하여 자기 차례를 넘길 수 없다는 것이었다. 저녁 식사를 밖에서 할 경우에는 그날 식사 당번은 그다음 날 당번으로 미뤄졌다.

다른 집안일은 어땠을까? 집 안 청소는? 청소를 담당하는 사람은 최소 2주마다 대청소를 하기에 매일의 일상에서는 간단한 뒷정리를 하는 정도였다. 때때로 대릴은 내가 좀 더 규칙적으로 옷을 벗어놓으면 좋겠다고 농담하곤 했다. 대릴이 말하길, 정리 정돈에 대한 나의 심각한 무관심에 놀라서 내 옷을 옷장에서 모두 꺼내 여기저기 문 손잡이에 걸어두어보았다고 한다. 내가 아예 눈치채지 못하는 것 같자 그는 결국 내 옷을 다시 옷장에 넣어놓았다. 이 이야기의 사실 여부는 의심스럽긴 하지만 핵심은 가사를 분담하는 방식에 있어 우리의 신경증적인 특성을 서로 맞추어가는 것이었다. 다른 말로 하자면 대릴은 집을 깨끗하게 정리하는 데에 더 많은 관심을 기울였기에 그가 집 안 청소를 조금 더 많이 했고, 나는 먹는 것에 더 신경 쓰는 편이기에(대릴은 아마 매일 저녁 햄버거만 먹는다고 해도 크게 개의치 않았을 것이다) 내가 식사 준비를 좀 더 자주 맡았다.

다른 집안일은 어땠을까? 장보기는 대부분 함께했다. 각종 공과금 납부는? 변경의 여지를 두는 유연한 방식으로 서로 번갈아 가며 했다. 몇 년 동안 내가 맡아서 했는데 어느 날 대릴이 우리 돈이 다 어디로 사라지는지 모르겠다고 중얼거렸다. 나는 수표책을 대릴에게 건네며 "당신이 좀 해보면 알게 될 거야" 하고 말했다. 소득 신고는 어떻게 했을까? 방법을 이미 알고 있는 대릴이 몇 년 동안은 맡아서 했는데 나 역시 소득 신고하는 법을 배우고 싶어서 한동안은 내가 했고 그다음에는 특별한 패턴 없이 번갈아가며 했다. 어느 해인가 대릴이 큰 실수를 저질러서 미국 정부에게 엄청나게 이득이 되는 소득 신고를 한 후 회계사를 고용하기 시작했다. (이는 경제적으로 좀 여유 있는 사람에게는 분명 평등주의다.)

이런 가사의 일상적인 분담은 별다른 갈등이나 긴장을 만들어내지 않았다. 한동안 우리는 왜 다른 사람들에게는 이런 일이 문제가 되는지 이해할 수 없었고 그 이유를 알아냈던 것 같지는 않다. 하지만 질의응답 때에 아이가 없는 상황이라면 매일 해야 하는 가사가 엄청난 정도는 아니지만 또 다른 종류의 권력 상충

이 발생하기 때문에 무언가 또 다른 야단법석이 일어난다고 이야기했다.

어떤 차를 살지 어떤 집을 살지 같은 큰일뿐 아니라 저녁에 영화를 보러 갈지, 간다면 어떤 영화를 보러 갈지 등의 사소한 일을 결정하는 데 있어서도 큰 갈등은 별로 없었다. 더 강력한 선호도를 가진 사람이 원하는 대로 했기 때문에, 또 그 사람은 늘 아내인 샌디였기에 그럴 수 있었다고 농담했다. 이는 완전하게 공정하지는 않았지만 우리 둘 중 누구도 특별나게 자기 마음대로 행동하거나 상대방을 통제하려 하지는 않았다. 우리는 두 사람 모두 행복하길 바랐고 우리 두 사람 모두에게 중요한 결정이 그리 많은 편이 아니니 합의에 도달하는 것은 그리 힘들지 않았다. (이는 약간 소극적인 사람을 위한 평등주의일 수 있다).

한번은 정말이지 아주 적은 돈 때문에 어리석은 소동을 벌였는데, 내가 바보짓을 했기 때문이다. 앞으로 이런 일이 일어나는 것을 피하기 위해 바로 주변을 정리했다. 여전히 피츠버그에 살고 있을 무렵이었으니 1967년이었을 것이다. 어느 토요일 오후, 특별한 목적 없이 여기저기 상점을 기웃거리다 대릴이 작은 흰색 디지털 시계를 발견했다. 대릴은 20달러짜리인 이 시계를 사고 싶어 했다. 20달러는 우리에게 엄청나게 큰돈은 아니었고 나역시 그 사실을 알고 있었지만 대릴보다 돈 쓰는 일에 소극적인 나는 그날 어떤 이유 때문인지는 몰라도 유난히 망설였다. 내가 유난스럽게 구는 것을 알고 있는 대릴은 고집을 꺾지 않았다.

맞벌이하는 많은 커플이 자신이 원하는 데 돈을 쓰기 위해 각자의 수입을 따로 관리하곤 한다. 하지만 대릴과 나는 초기부터 수입을 합쳤고 우리 두 사람 모두 이 원칙을 바꾸고 싶어 하지 않았다. 우리는 돈을 두 개의 별도 계좌에 넣어 관리했다. 대릴은 이 각각의 구좌에 '즐거움을 위한 자금'과 '장례식을 위한 자금'이라는 이름을 붙였다. (각각의 계좌가 우리 두 사람 중 누구의 관심사에 맞게 개설되었는지 한번 맞춰보시길.) '즐거움을 위한 자금' 계좌로는 기본적인 수입 이외에 생긴 돈이 모두 들어갔다. 이 돈은 우습게 막 사용할 수 있었고, 사용하는 데 두 사람 중 다른 사람의 동의가 필요하지 않았다. 때때로 수입이 들어오는 계좌에서 어느 정도의 돈을 이 계좌로 옮겨놓기도 했을 것이다. '장례식을 위한 자금' 계좌로는 그 밖의 모든 돈이 들어갔다. 이 두 계좌는 생각보다 훨씬 더 상징적이었다. 대릴은 결코 비합리적으로 돈을 쓰는 사람이 아니었다. 그래서 대릴이 나보다 더 호기롭게 돈을 쓰는 사람이라는 사실을 받아들이는 한 큰 문제가 없었고 이 두 계좌는 자신의 존재 목적을 충분히 달성하다 점차 하나로 통합되었다.

물론 아이들이 태어나 해야 할 일이 늘어나면서 삶은 훨씬 더 복잡해졌다. 벗어나고 싶은 일상적인 각종 집안일을 다음 날로 미루려 해도 그럴 수 없었다. 좋건 싫건 간에 아이에게 밥을 먹여야 했고 기저귀를 갈고 목욕시키고 한밤에 잠 못 들면 밤새 달래야 했다.

해야 할 일이 늘어나기만 한 것이 전부가 아니었다. 다른 사람들의 말이 옳았다는 사소한 두려움이 계속해서 찾아왔다. 아이들 때문에 우리의 평등한 결혼에 종지부가 찍힐 듯했다. 가사를 공평하게 나누는 게 불가능해져서가 아니라 모성의 호르몬으로 가득 찬 내가 완전히 새로운 욕망으로 들끓었기 때문이다. 내과의사이자 카네기멜론대학 교수의 부인이었던 이로부터 자신도 일에 대해 늘 생각하고 있었지만 첫애가 태어난 것을 확인하는 순간 모든 동기부여 구조가 변하더라는 말을 들었다. 우리역시 결혼하고 나서 맞이한 첫 번째 여름부터 예상된 일이었다. 그는 나 역시도 같은 일을 겪으면 변하게 되리라고 확신했었다.

재빨리 (약간은 방어적이 되어서) 나는 그 여성에게 마음이 바뀔 경우 직장에 복귀할 수 있도록 아이 돌봐줄 사람을 정해놓았냐고 물었다. 다행스럽게도 아직은 아니라는 대답을 들었는데, 그는 그때까지 누구도 고용하지 않았다. 예전부터 적어도 한동안은 일하지 않고 아이를 돌보며 집에 머무를 계획을 세워놓았기 때문이다. 내가 '다행스럽게도'라고 말한 이유는, 나 혼자 육아를 전담할 의사가 전혀 없었기 때문인데(대릴과 내가 반반씩 육아를 책임진다고 생각했다) 그 여성의 인정에 어느 정도 안심이 되었던 것 같다.

하지만 안심이 되건 아니건 간에 나는(우리는) 여전히 걱정이 컸고 언제나처럼 그 걱정이 결국 우리를 획기적인 길로 이끌었다. 우리 부부가 나의 호르몬을 조절하는 것은 불가능하겠지만, 지금까지 생물학적으로 가능한 선에서 아이를 9개월간 임신한 나와 함께 대릴도 아기가 태어난 순간부터가 아니라 아마 임신되었던 그 순간부터 육아의 모든 면을 함께할 수 있도록 조정할 수는 있었다. 산부인과 의사는 우리가 좀 이상하다고 생각했을 텐데 대릴은 검진 때마다 함께 병원을 찾아왔고 9주차 되어서 청진기를 통해 아기의 심장박동 소리를 처음 들었을 때 대릴 역시 그 소리를 함께 들었다. 그렇게 일찍 아기의 심장박동 소리를 듣지 않았다면 대릴이 아기에게 그토록 애착을 갖는 일도 없지 않았을까. 대릴은 7개월 후 베이비샤워에도 참석했는데 둥그렇게 둘러앉은 참가자들 사이에서 작은 신발과 동물 인형과 그림책을 서로 건네주면서 억누를 수 없는 감탄사를 연발하는 일에 동참했다. 남성으로 자라났다는 사실을 고려할 때, 딸이 태어나기 전 이런 경험에 친숙해지지 않았더라면 아기가 주는 기쁨을 이렇게 충분히 맛볼 수 있었을까?

물론 모유 수유의 문제도 존재했다. 어떤 육아서를 보아도 모유 수유가 아이와 엄마의 특별한 유대 관계를 형성한다고 나와 있다. 나 역시 아이와 긴밀한 유대감을 원했지만 동시에 아빠인 대릴도 아이와 그만큼 가깝게 느끼기를 바랐다. 그렇다면 내가 모유 수유를 하지 말아야 하나 의문을 갖기도 했다. 엄마의 면역력이 전해진다는 이유만으로 모유를 먹인다면 엄마인 나 자신을 위한 즐거운 경험이자 아이에게도 좋은 일을 놓치는 것이기에, 정말 안타까운 일 아닌가. 내가 시간제로 모유 수유를 하고 대릴이 나머지 시간에 우유를 먹이면 우리 두 사람 모두 아기와 어느 정도 긴밀한 유대 관계를 맺을 수 있다고 생각했다. 소아과 의사에게 이런 방식으로 수유를 나눠 해도 될지 물었더니 3주만 더 기다렸다가 우유 먹이기를 시작하면 괜찮다는 응답을 받았다. 그때까지면 내 모유는 충분히 나올 것이기 때문이었다.

3주 정도 지났을 때 우리 두 사람 모두 아기에게 푹 빠져버렸고 불편한 상황이 아니라면 대릴이 수유를 맡을 필요 없이 내가 계속 모유 수유를 하기로 결정했다. 그렇다면 대릴은 막 태어난 우리 딸과 어떻게 그렇게 친근한 유대를 맺게 되었을까?

아기는 의존적인 작은 생명체고 그렇기 때문에 해주어야 할 일이 많다. 아기는 때로 괴로워하는데 그럴 때마다 기분이 나아지도록 달래주는 것은 우리에게도 너무나 기분 좋은 일이었다. 동시에 재미있는 일이기도 했다. 아기를 낳고 병원에서 퇴원해 돌아오면 아기 돌보기에 대해 전혀 모른다고 해도 며칠 동안 완전히 아이를 돌보고 나면(아기가 특별히 화난 것이 아니고 경제적으로 어느 정도 안정된 상황이라면), 아기 팔을 부러뜨리지 않고 작은 옷을 입히고 벗기는 법, 새지 않도록 몸에 딱 맞게 기저귀를 갈아주는 법, 이미 젖을 먹고 난 아기가 무언가 마음에 들지 않아 화나 있을 때 달래는 법에 관해 자신이 전문가가 되었음을 확인할 수 있다. 2~3일 전만 해도 병원의 간호사가 나보다 아기를 더 잘 달랬는데 이제는 세상의 그 누구보다 내가 아기를 더 잘 달랠 것 같은 느낌이 든다. 아기를 트림시키는 방법, 잠 못 자는 아기를 살살 잘 흔들어 재우는 방법을 나보다 더 잘 아는 사람은 없다는 생각이 든다. 물론 환상일 수도 있지만, 이것이 바로 아기와 깊은 유대를 만드는 방식이다. 대릴은 어떻게 3주 만에 에밀리와 깊은 유대를 맺게 되었을까? 대릴은 모유 수유를 제외하고 아기가 필요로 하는 모든 것, 아니 그 이상을 해주었다. 다른 일역시 자주 많이 맡았다.

10년 전 나를 두렵게 만들었던 교수 부인처럼, 대릴과 나는 아기가 태어나기 전 베이비시터를 미리 구해두지 않았는데, 어느 면에서는 우리 스스로를 무능하다고 느끼게 만들 전문가가 주위에 있는 것을 바라지 않았기 때문이다. 대신 일정을 조정해서 일하는 날의 절반 정도는 한 사람이 집에 있도록 했다. 에밀리가 겨울 학기의 마지막 주에 태어나준 덕에 3주간 절반 이상을 온전히 쉴 수 있어서 일이 좀 더 수월했다. 마침내 우리는 낮시간 동안 아기를 봐줄 사람을 찾았다. 마지 다니엘스는 에밀리가 3개월일 때부터 시작해 에밀리가 네 살 반, 제러미가 거의 두 살이 된 1978년, 우리가 캘리포니아를 떠나 뉴욕주 이타카에 있는 코넬대학교로 옮겨갈 때까지 낮 시간 동안 우리 두 아이를 봐주었다. (또한 전업주부들이 집에서 하는 다른 많은 일도 맡아주었다.)

대릴이 에밀리에게 느끼는 유대감과 평등한 결혼의 일상적인 실천에 관한, 육아 초기의 생생한 추억 세 가지를 소개하려 한다. 첫 번째 기억은 온전히 시각적이다. 의자에 앉아 책을 읽거나 부엌에 서서 설거지하거나 피아노를 치거나 텔레비전을 보거나 다른 이런저런 일을 할 때, 대릴은 목과 허리에 코듀로이 천 아기 띠로 작은 에밀리를 단단히 고정시켜 가슴에 안고 있었다. 두 번째 추억은 20년이 지난 후에도 여전히 마음 아픈 장면이다. 대릴이 에밀리의 작은 손톱을 처음으로 깎아주던 때였다. 대릴의 손이 미끄러져서 에밀리가 손을 아주 조금 베었다. 에밀리는 아픔에 깜짝 놀라 소리 질렀고 우리 눈에는 고통의 눈물이 고였다. 부모로서 우리는 정말 잘하려고 했지만 어쩔 수 없이 아기에게 상처 입혔다. 우리는 조용히 스스로에게 질문했다. 에밀리의 인생에서 우리는 얼마나 자주, 이런저런 방식으로 이 아이에게 상처를 입히게 될까?

세 번째 추억은 한밤중 수유에 관한 것이다. 갓난아기를 기우는 대부분의 부모들은 몇 주 혹은 몇 달간 아기가 잠자지 않는 밤이면 부모 중 적어도 한 사람은 방해받지 않고 잠잘 수 있어야 한다는, 여러 면에서 합당한 의견에 동의한다. 엄마가 모유 수유를 한다면 편하게 잠드는 사람은 아빠가 될 터였다. 하지만 나는 의견이 달랐다. 평등한 결혼은 잠잘 때라고 해서 끝나지 않는다. 내가 밤새도록 잠들지 못한다면 대릴 역시 마찬가지여야 한다. 이런 농담 때문에 마치 내가 어떻게 그리고 왜 우리만의 한밤중 습관을 고안해냈는지 기억하는 것처럼 들릴 수 있지만, 사실 나는 그 습관 자체밖에 기억하지 못한다.

기저귀는 젖었고 배가 고픈 에밀리가 잠에서 깨어 울기 시작했다. 소변보기 위해 한밤에 일어나는 일에 익숙했던(반대로 나는 임신 중이었을 때조차 화장실에 가기 위해 밤중에 일어나는 일이 없었다) 대릴은 일어나 에밀리의 방으로 가서 깨끗한 기저귀로 갈아주고 젖 먹이기 위해 아기를 내가 누워 있는 침대로 데려왔다. 의식의 4분의 3쯤 잠들어 있는 나는 아기에게 젖 물릴 정도만큼 정신 차리고 아기가 젖을 잘 먹고 있는지 가끔 눈을 뜨고 살피다가 내가 잊고 있던 어떤 신호에 따라 다른 쪽 가슴으로 젖을 바꿔 물리고 아기가 충분히 배가 불러 젖 먹기를 그만두면 중얼거리며 대릴에게 이야기했다. 나는 다시 잠 속으로 빠져들고 대릴은 다시 한 번 아기 기저귀를 갈아준 후 에밀리가 잠에 빠져들 때까지 흔들의자에 앉아 아기를 달랬다. 그런 다음 아기를 요람에 누이고 잠자기 위해 침대로 돌아왔다. 모유 수유를 한 사람은 나였지만, 그날 밤새도록 에밀리와 감정적인 유대를 나눈 사람은 대릴이라고 확실하게 말할 수 있다.

낮 동안의 업무 분담은 좀 더 합리적이었다. 언제나처럼 우리는 교대로 일을 해결했는데, 처음에는 매일, 그러고 나서 매주, 말하자면 순서를 정해서 교대로 책임당번 부모가 되었다. 당번이 되면 아기가 필요로 하는 모든 것에 책임지고 해야 할 일을 모두 기억해야 했다. 또한 아이와 관련한 모든 결정을 맡아야 했다. 오늘 밤 에밀리가 쿠키 하나가 아니라 두 개를 먹어도 괜찮을까? 디저트를 먹으려면 먼저 채소부터 다 먹어야 한다고 이야기해주어야 할까? 그때의 당번이 나라면 이 모든 결정은 나에게 달린 일이다. 반대로 당번이 아니라면 아이에게 무언가 해주건 아니건, 아이와 놀아주건 아니건, 당번인 상대방을 돕건 아니건, 그 순간 자신의 기분에 따라 하고 싶은 대로 하면 된다. 전통적인 방식으로 설명하자면, 당번인 차례에는 엄마처럼 역할을 하고, 당번이 아닐 때에는 아빠 혹은 할아버지처럼 군다.

두세 살이 되면서 아이들은 이런 당번-비번의 구분을 완벽하게 이해하게 되었다. 비번인 부모가 충분히 이런 상황을 활용해 (물론 충분히 사랑 넘치고 재미있는 방식으로) 아이들이 해달라고 하는 어떤 일을 하지 않을 구실로 삼았기 때문이다. 뭐라고? 화장실 변기에 앉아 있는 동안 옆에서 친구 해달라고? 아냐, 아빠 차례니까 아빠한테 가서 부탁해. 뭐라고? 침실에 종이 상자 가져다가 엄청나게 큰 미로를 만들려고 하는데 도와달라고? 지금 당장? 엄마한테 물어봐, 이번은 엄마 차례야.

결국 우리는 주방 찬장에 부모 중 누가 당번인지 써서 붙여놓게 되었다. 처음에는 에밀리를 위해 대릴이 그린 표시판이 하나 붙어 있었다. 대릴은 아무리 상상력을 동원해도 예술가라고 생각할 수 없는 사람이어서 한쪽 면에는 어린아이의 솜씨 같은 필체로 안경 쓰고 귀고리 하고 가슴을 강조한 엄마를 그리고 굵은 검은색 글씨로 '엄마 차례'라고 써놓았다. 뒷면에는 똑같이 아빠 그림을 그려 넣고 맨 위에 '아빠 차례'라고 두꺼운 검정 글씨로 썼다. 아빠는 머리가 좀 더 짧고 안경을 쓰지 않았으며 귀고리도 하지 않고 가슴도 강조하지 않았다. 다만 바지 가랑이에 성기를 상징하는 듯한 작은 선이 있었는데, 이는 아이들 중 누군가가 몰래 그려 넣은 것 같았다. 엄마의 붉은 입술 역시 아이들이 장난 쳐놓은 것 같았다. 내가 기억하는 한 에밀리는 매주 일요일 밤이면 이 표지판을 돌려놓곤 했다.

제러미가 두세 살이 되면서 자기만의 표지판을 원하게 되자 표지판 상황이 훨씬 더 복잡해졌다. 제러미는 스스로 표지판을 하나 그려 에밀리의 표지판이 붙어 있는 찬장 바로 옆에 압정으로 붙여놓았다. 대릴이 만든 표지판과 마찬가지로 제러미의 표지판은 한쪽에 엄마가 그려져 있고 다른 한쪽에는 아빠가 그려져 있었다. 대릴의 표지판과 달리 제러미의 표지판 맨 위쪽에는 '엄마(아빠)가 나를 잠재울 차례'라고 적혀 있었는데, 이로 인해 우리가 당번제로 하는 일 중에서 제러미는 물론 에밀리에게도 가장 중요하게 느껴졌던 것이 무엇인지를 짐작할 수 있었다.

청중은 우리가 어떤 사람인지, 평등한 결혼 생활을 어떻게 하고 있는지 기꺼이 털어놓는 것을 좋아했는데, 앞서 말했듯 자신들도 평등한 결혼을 영위할 수 있을지, 그렇다면 구체적으로 어떻게 해야 하는지 듣고 싶어 했다. 돌아보니 이 문제에 관한 우리의 이야기에서 어떤 부분은 현실의 핵심적인 전략에 관한 것이었고 다른 부분은 (1990년대부터 사용해온 용어에서 빌려오자면) 역량 증진empowerment(여성이 자신의 가치와 강점에 대해 새로운 인식과 태도, 더 나은 능력을 갖는 과정을 의미—옮긴이)에 관한 것이다. 우리가 제공한 전략의 유용성을 과소평가하고 싶지는 않지만, 지금 생각해보면 특히 청중 가운데 여성들에게 우리의 메시지가 그토록 설득력 있었던 이유는 역량 증진 때문이었다.

다른 그 어떤 부분보다, 역량 증진은 여성들이 스스로를 진지하게 받아들여야 할 뿐 아니라 자신의 남편이나 남자친구로부터 진지하게 대우받도록 준비되어 있어야 한다는 뜻이다. 조금 다른 말로 하자면, 여성은 자신의 활동과 프로젝트, 선호, 목표, 커리어 등 자신이 하는 일과 바라는 일이면 무엇이든, 남성이 자신의 인생에서 생각하는 것보다 덜 중요하고 특별히 고려할 가치가 덜하다고 여기지 않도록 해야 한다. 여성의 욕망이 남성 파트너의 욕망만큼이나 중요한 고려 대상이어야 한다는 사실에 여성과 남성이 견해차가 있을 수 없음을 이해해야 한다. 그렇지 않다면 어떤 사람도 그 어떤 이유로 다른 사람에 대해 지속적인 우선권을 가져서는 안 된다는 평등주의의 가장 기본적인 기준을 이미 위반한 셈이니까. 한 사람이 다른 사람보다 더 힘이 세거나 더 키가 크거나 더 부유하거나 더 똑똑하거나 교육을 더 많이 받았다거나 더 전문적인 일을 하고 있다거나 수입이 더 많다거나 문화권 내에서 일반적으로 더 가치 있게 여겨진다거나 단지 남성이기 때문이거나 하는 것과는 상관없이 말이다. 평등주의적 관계의 본질은, 두 사람과 관련한 모든 결정과 모든 갈등과 모든 상호작용이 동등한 방식으로 진지하게 받아들여져야 한다는 것이다.

여성과 남성이 동등한 세상에 살고 있다면 평등주의에 관해 이야기할 필요가 없다. "모두를 위해 동일한 권리를"이라는 구호만으로 충분하다. 하지만 남성 위주의 사회에 살고 있기 때문에 평등주의를 위해서라면 문화적인 맥락에서 (그리고 남성 자신도) 당연히 남성의 것이라고 여겼던 권력과 특권을 빼앗아 여성 (궁극적으로는 커플)에게 넘겨주어 확보하게 하는 일이 필요하다. 바깥세상의 눈으로 보자면, 이럴 경우 여성은 극히 이기적인 '나쁜 ×'으로 보이고 남성은 형편없는 바보나 겁쟁이로 비칠 것이다. 하지만 다른 방법이 없다. 이런 문화권에서 남성, 특히 남편은 권력과 특권에 있어서 자신이 누릴 마땅한 몫보다 훨씬 더 많은 부분을 차지했고 커플이 평등해지려면 이 중 일부를 남편으로부터 아내에게 넘겨야만 한다.

권력과 특권을 재배치하려면, 가장 이성적으로 보이는 문화적 가치에 대해 부부가 함께 자주 저항하는 것이 필요하다고 우린 말했다. 예를 들어 남편이 훨씬 나은 커리어를 보장해주고 연수입 수천 달러를 더 벌 수 있는 다른 도시에서 일자리를 제안받는 드물지 않은 시나리오를 고려해보자. 부인이 아무리 지금 사는 곳에 머물고 싶어 하더라도 돈과 권력, 야망과 사회적 지위, 전문직 우월주의 그리고 남성을 더 가치 있게 여기는 문화라면 부부가 짐을 꾸려서 이사하는 것이 당연하다고 믿기 십상이다. 간절하게 돈이 필요하거나 원하는 상황이 아니라면, 더 나은 일자리가 있다면 어디든 옮겨가는 명백히 이성적인 경향에 저항해야 한다. 더 나은 일자리를 가진 파트너에게 더 특별한 배려를 하는 경향에 대해서도 마찬가지로 저항해야 한다. 성차별적인 사회에서 결국 더 나은 일자리에 있는 이는 남편이고, 여성과 남성을 평등한 위치에 놓지 않는 경제적 구조 속에서 성차별주의는 결국 두 사람의 관계 속에서 불평등을 재생산한다.

물론 모든 남성이 기꺼이 권력과 특권을 포기하지는 않는다. 스스로를 진지하게 여기는 여성이라면 자신의 파트너인 남성이 기꺼이 이런 이점을 포기하지 않을 가능성에 대비해야 하며, 이럴 경우 그 여성이 찾아야 할 유일한 대안은 다른 남성이거나 아예 남성 파트너의 존재를 포기하는 것이다.

처음부터 지나치게 비관적이 될 필요는 없다. 평등주의로의 변화가 자신이 진정 원하는 것이라는 사실을 분명히 한다면, 최고의 남성이 그 여성과 함께 이를 기꺼이 현실화시키도록 노력할 테고(운이 좋다면, 그런 남성이 파트너가 될 수 있다), 여성이 다른 남자들에게 지나친 특권을 당연하게 받아들여서는 안 된다는 확신을 줄 수 있다면 (꼭 말만으로 그럴 필요는 없겠지만) 그들도 변하게 될 것이다. 그뿐 아니다. 그동안의 권력과 특권을 포기할 수밖에 없게 될 것이다.

이것이 역량 증진에 관한 이야기였다. 이제 현실적인 전략으로 넘어가보자.

1970년대 남성과 장기적인 관계(결혼을 했건 안 했건)를 맺고 있는 여성은 전통적인 역할 분담에서부터 훨씬 더 평등한 분담으로 전환하는 방법에 대해 이야기하고 싶어 했다. 여성들이 이 문제에 대해 이야기하고 싶어 한 점은 자신이 관계 맺고 있는 남성들이 역할 분담에 동의하지 않는다는 것이 아니라 여성이 만족할 정도로 남성들이 충분히 빨리, 충분히 잘, 충분히 독립적으로 역할 분담에 임하지 않는다는 사실이었다. 그러다 보니 결국 모든 사람이 더 나빠지진 않았다 해도 예전과 똑같이 만족스럽지 않은 상태로 끝나게 되었다.

비록 우리가 그런 전환을 해야 했던 것은 아니지만, 그러기 위해 필요한 전략적 제안을 했었다. 그중 몇 가지를 살펴보자.

첫째, 누가 무엇을 할지 리스트를 만든다.

둘째, 가사에 책임 있는 사람이 그 일이 제대로 진행되는지 아닌지 판단하도록 한다. 다른 말로 하자면, 우리는 특히 여성에게 가사만 포기할 수 있다고 생각하지 말라고 이야기했다. 집안일이 어떻게 돌아가는지 통제하는 것 역시 기꺼이 맡겨야 한다는 사실도 깨달아야 한다.

셋째, 가사를 맡은 사람이 그 일을 마쳐야 한다는 사실을 기억할 책임이 있다. 우리가 특히 여성에게 강조한 점은, 여성은 자기 인생에서 남자에게 무엇을 해야 할지 끊임없이 알려주는 역할을 맡아서는 안 된다는 것이었다. 마룻바닥이 지저분하다고 해서 우리 몸 어디가 아파오지는 않는다. 어떤 한도 내에서는 아이가 좀 배고프다고 해도 큰일 나지 않는다. 마땅히 해야 한다고 생각한 일을 하지 않는 모습을 앉아서 지켜보기가 힘들다면, 그곳에 있지 말아야 한다. 방에서 나가거나 아예 잠시 집을 떠나 있는 게 좋다. 당신이 집에 돌아올 무렵이면 아기는 이미 밥을 잘 먹은 후일 것이다.

넷째, 무얼 해야 하는지 기억하고 무얼 미리 계획할지(우리는 '경영'과 '관리'의 기능이라고 불렀다)에 대한 책임을 두 사람이 공평하게 나누는 것을 중요하게 고려해야 한다. 가사의 물리적 부분을 나누는 것만 생각해서는 안 된다. 해야 할 집안일을 기억하는 정신적인 부분 역시 두 사람이 나누어야 한다는 사실을 잊지 말자.

다섯째, 만일 파트너인 남성이 이러한 프로젝트에 대한 협조를 완고하게 거절한다면, 당신의 일이라기보다 그가 맡아야 하는 일의 목록을 정리하고 그 일을 절대 대신하지 마라. 분명 위기를 불러일으킬 수도 있지만 때로 변화가 일어나는 것은 이런 혁명을 통해서임을 기억하자.

살아온 경험이자 공적인 실행으로서 평등주의에 대한 대립과 나의 논의를 순회강연할 때 확인한 가장 생생한 두 가지 기억으로 마무리할까 한다.

질의응답 시간에 중년 남성이 손 들더니 이렇게 말했다. "오늘 여기에서 들은 강연은 정말이지 설득력 있어서 당신의 이야기에 완벽하게 동의합니다. 그런데 한 가지 궁금한 점이 있습니다. 여성해방운동에 관해서는 어떻게 생각하십니까?"

또 다른 사례로, 긴 강연이 끝나고 한 중년 여성이 연단으로 다가오더니 이렇게 개인적으로 말했다. "당신의 강연을 몇 년 전에 들었답니다. 하지만 남편은 내가 학교에 다시 다니려는 것을 허락하지 않았고 내가 운전하는 것도 반대했으며 내가 당신 강연을 들으러 오는 것도 막았지요. 그런데 오늘은 내 차를 직접 운전해 여기 이렇게 왔고 나는 지금 학사 학위 과정을 밟고 있어요. 그리고 지금 여기 내 옆에 있는 사람이 새 남편이랍니다."

5

페미니스트의
아이 키우기

에밀리가 태어나기 직전인 1974년, 아이들이 우리처럼 지역에서 널리 알려진 유명 인사가 되길 원하지 않았던 나는 평등 결혼을 주제로 한 대중 강연과 우리가 사는 방식에 관한 인터뷰를 그만두었다. 학부 수업에서 대릴과 함께 젠더 이슈에 관한 강연은 계속했는데, 몇 년 후 우리 인생에 기반한 두 번째 강좌를 개발했다. 이번에는 우리가 경험해온 페미니스트의 육아에 관한 강연이었다.

1990년대에 이브기까지, 내가 진행하는 수업 외의 장소에서 이와 관련해서 강연한 적이 거의 없다. 빨라야 1980년대 중반쯤 학문적 저술을 통해 일부를 언급했고 대릴 역시 그가 쓴 심리학 입문 교재에서 이 문제를 다루었다. 아이들의 프라이버시를 보호하려고 애쓰는 와중에 대릴과 내가 가장 자주 이야기하게 된 일화가 생겼다. 1990년대 중반 아들 제러미가 똑딱이 머리핀을 하고 유치원에 갔을 때 있었던 일이다. 이 일은 널리 알려져 저명한 페미니스트 법학자가 법률 학술지에 직장에서의 성별에 따른 옷차림에 관한 논문의 제목이자 프롤로그로 (나의 허락하에) 사용했을 정도다.

머리핀에 관한 일화는 잠시 후 소개하겠다. 평등주의 결혼보다 페미니스트의 육아에 관해서는 대중에게 덜 소개했지만, 우리 부부의 개인적인 페미니즘 실천이 공적인 페미니즘의 담화로 빠르게 옮겨갔다는 사실을 강조하기 위해 이야기하려 한다. 매일 일상을 어떻게 살아갔는지보다 대중 앞에서 나의 삶을 어떻게 분석했는지에 관해서 더 잘 기억하고 있으니까.

페미니스트로서의 육아에 관해 생각하기 시작한 시기는 1960년대 후반, 발달심리학자인 로런스 콜버그Lawrence Kohlberg가 쓴 영향력 있는 논문을 읽으면서부터다. 그는 이 논문에서 어린아이들이 생각과 행동에서 젠더에 관한 고정관념을 갖게 되는 원인은 양육 방식 때문이 아니라 '인지발달 단계' 때문이라고 주장했다. 다른 말로 하자면, 아이들이(특별히 남자아이들) 장난감과 옷, 색깔, 사람에 이르기까지 다른 성과 관련한 어떤 것, 혹은 모든 것을 피하게 되는 이유는 젠더에 대한 고정관념을 지닌 문화 때문이 아니라는 말이다. 그에 따르면, 이런 생각은 아직 성숙하지 않은 아이의 마음속에서 자연스럽고 불가피하게 떠오른다고 한다. 그럼에도 걱정할 필요는 없다. 나이가 들고 성숙해지면서 보다 성숙한 인지발달 단계에 이르게 되고 이에 따라 자신과 세상을 보는 방식이 좀 더 유연해질 테니까.

'이 말은 전혀 믿을 수가 없군.' 이렇게 생각했다. 젠더로부터 자유로운 아이를 키우는 일은 쉽지는 않겠지만 그렇다고 완전히 불가능한 일도 아니다. 그것이 어려운 이유가 아이의 인지적 한계 때문이라고 볼 수는 없다. 아이가 태어나는 바로 그 순간부터 도처에서 성별을 기본으로 모든 것을 구분하는 문화에 놓이기 때문이다. 이런 사회적인 현실을 고려할 때, 충분히 어렸을 때 충분히 효과적으로 문화에 대항하도록 예방한다면 어린아이라고 해도 젠더로부터 자유로울 수 있을 것이다.

의학적인 은유를 사용해 생각해보자. 문화 속에서 성과 젠더에 관한 시스템은 저항력을 키우고 더 나아가 면역이 되도록 백신 접종을 하지 않으면 우리를 감염시키는 박테리아와 비슷하다. 적절한 예방접종이 없다면 감염된 후 치료를 위해 노력해야 한다. 약간의 예방은 엄청난 치료에 맞먹는 가치가 있다.

싱과 센너 시스템을 근간으로 하는 문화에 대항해 아이들을 어떻게 보호할 수 있을까? 나는 언제나 다음 두 단계로 우리 아이들을 위한 예방접종을 설명하곤 했다.

첫 번째 단계에서는 에밀리와 제러미가 남성과 여성에 관한 어떤 문화적 고정관념 혹은 신체에 관한 어떤 문화적 오명을 익히지 않은 채 남성과 여성의 차이에 관해 배우도록 하는 것이 목표였다. 조금 다른 말로 하자면 성교육은 앞당기고 젠더 교육은 늦추는 것이 우리의 목표였다.

젠더 교육을 늦추기 위해, 대릴과 나는 한 사람의 성별과 인생의 다른 면 사이의 상관관계를 가능한 한 많이 제거하기 위해 할 수 있는 모든 것을 했다. 예를 들어 부모로서 우리 자신의 사례를 통해 성별과 행동 사이에 상관관계가 없다는 것을 가르치기 위해 음식을 만들고 자동차를 몰고 아이를 목욕시키는 등의 일을 우리 두 사람이 번갈아가며 했다. 이미 평등주의 결혼을 통해 서로 번갈아가며 책임을 맡는 습관이 들어 있었기에 별로 어렵지 않은 일이었다. 인형과 트럭을 함께 갖고 놀고, 둘 다 분홍색과 파란색 옷을 입으며 남자친구와 여자친구를 모두 사귀는 등 두 아이를 위해 전통적으로 남성적인 경험과 전통적으로 여성적인 경험을 모두 하도록 노력했다. 아이들의 기질을 고려할 때 이 역시 그리 어렵지 않았다. 가능한 선에서, 집 밖에서 비전통적인 젠더 모델을 볼 수 있도록 신경 썼다.

에밀리가 아주 어렸을 때부터 전형적이지 않은 본보기에 노출시키겠다고 단단히 결심했기에 매일 에밀리를 차에 태우고 건축 공사 현장을 지나가던 이야기를 수업 시간에 학생들에게 들려주곤 했다. 그곳에서 일하는 건설 작업자 중 여성이 있었기 때문이다. 우리가 가는 장소가 늘 같은 현장, 같은 여성 근로자가 일하는 곳이 되지 않도록 했다. 그런 여성이 예외적이라고 에밀리가 생각조차 하지 않도록, 그런 인식을 삶 속에 만들어주고 싶었기 때문이다. 더 중요하게는 어떤 사람은 인생에서 동성 파트너와 함께하고, 또 어떤 사람은 이성 파트너와 함께한다는 걸 아이들이 자신의 삶에서 알 수 있게 해주었다. 이는 우리 가족의 삶에서 정말이지 쉬우면서도 중요한 일이었는데 가장 가까운 친척 중 많은 사람이 레즈비언이나 게이였기 때문이다. 이 일에 관해서는 나중에 조금 더 자세히 이야기하겠다.

아이들의 젠더 교육을 늦춘 또 다른 방식은 우리는 책과 텔레비전 프로그램을 감시하고 때로는 검열하는 것이었다. 젠더에 대한 고정관념으로 가득할 뿐 아니라 수동적인 상태에 (은유적으로 이야기한다면) 중독시켜 아이들의 (다시 또 은유적으로 말한다면) 뇌세포를 죽이는 텔레비전 시청을 주저하지 않고 한 주에 세 시간으로 제한했다. 나는 책을 좋아했고 아이들 역시 책을 좋아하길 바랐기에 반대로 독서에 관해서는 감시한다는 생각조차 싫었다. 다만 아이들이 어린이 문학의 세계에서 자유롭게 선택할 경우 여사와 남자가 서로 다를 뿐 아니라 남자가 더 중요하다는 생각을 주입받을 게 확실하다는 문제가 있었다. 책 속에서 여자

아이가 한 명 등장할 때 남자아이가 열 명 등장하고 '여자' 동물이 하나 등장할 때 '남자' 동물이 수백 마리 등장하는(절대 과장한 비율이 아니다) 이야기를 보게 된다면 그로부터 결국 남자가 여자보다 더 중요하다는 것 말고 다른 어떤 결론에 도달하겠는가? 더구나 아이들 책에 등장하는 여성 인물이나 동물이 나이와 종에 상관없이 늘 실내에 머물고 집에만 있고 남성 인물이나 동물은 바깥으로 나가거나 모험을 하게 된다면 말이다. 아마도 제일 나쁜 패턴은, 이런 여성 등장인물은 자기 주변 환경에 영향을 미치지 못해서, 여성에게 좋은 일이 생긴다면 그것은 하늘로부터 뚝 떨어지는 우연으로 표현되고 남성 인물에게 좋은 일이 일어날 때에는 자신들의 노력이 중요한 역할을 하는 듯이 그려지는 것이다.

이런 관습적인 메시지를 담고 있는 책을 찾아내 걸러내는 노력이 전부가 아니다. 한동안 우리는 아이들이 《윌리엄의 인형 *William's Doll*》 같은 페미니즘 서적에도 접근하지 못하도록 막았다. 소년과 인형에 관한 미국 문화의 금기를 잘 모르는 아이에게 남자애가 인형을 갖고 있어도 괜찮다고 주장하는 책조차도 이 문제를 설명하는 과정에서 젠더에 관한 고정관념을 알려주는 결과가 되기 때문이다.

이런 검열 대신에, 나는 젠더 고정관념으로부터 자유로운 책을 찾아 가능한 한 많이 주위에 두기 위해 노력했다. 역설적이지만 그런 책을 제작하는 데 특화된 작은 페미니스트 집단이 많았던 덕에 오늘날보다는 1970년대에 이런 책 구하기가 훨씬 더 수월했다. 나에게 예술적인 재능이 없었음에도 불구하고, 수정액과 마커를 사용해 등장인물의 이름을 바꾸고 지칭하는 대명사를 바꾸고 머리를 길게 그려 넣기도 하면서 (적절한 연령대에 따라서는 가슴의 윤곽을 그려 넣기도 하고) 중요한 인물의 경우 남성을 여성으로 변신시켰다. 이런 나의 노력은 주인공에게만 국한되지 않았다. 그림에 등장하는 배경 속 인물까지도 남성에서 여성으로 바꿔놓았다. 만일 그렇게 하지 않았다면 중요한 등장인물은 남성이 이상하리만큼 많은 세상에서 살게 될 터이니 말이다.

이런 일이 문제가 되었던 적은 딱 한 번인데, 아이들에게 동화책《호기심 많은 조지》를 한 권 사주고 이 책의 등장인물인 노란 모자 쓴 키 큰 남성을 키 큰 여성으로 바꾸기로 결심했을 때였다. 그전에는《호기심 많은 조지》에 관해 들어보지 못했기에 이 책이 시리즈로 나오는 줄 몰랐고 그 키 큰 남자가 계속해서 다시 등장하는지도 알지 못했다. 의도치 않게 1권에서 이 남자를 여자로 바꾼 후 나머지 책에서는 다시 남성으로 내버려두게 되었다. 그러다 보니 아이들이 일종의 명확한 성전환수술을 목격한 셈이 되었다. 성별에 대해 고정관념이 없는 아이들인 덕분에 크게 신경 쓰는 것 같지는 않았지만.

아이들에게 소리 내어 책을 읽어줄 때면 대명사를 신경 써서 선택했는데, 드레스를 입지 않았거나 분홍색 머리 리본을 달지 않았다고 해서 꼭 남성일 필요가 없다는 걸 암시하려 했다. "여기 꼬마 돼지는 무얼 하고 있을까? 왜 그 남자 돼지 혹은 여자 돼지는 다리를 놓고 있는 걸까?" 특히 제러미는 몇 년 동안 이런 대명사 지칭을 한 단어로 듣는 것처럼 보였다. 거의 모든 3인칭 문맥에서 제러미는 '그 남자 또는 그 여자he-or-she'라는 형태를 사용했다. 내가 제러미에게 에밀리나 아빠, 혹은 책에 등장하는 인물이 무얼 하고 있는지 알려달라고 말하면 아이는 일상적으로 '그 남자 또는 그 여자heorshe'가 이런저런 걸 하고 있다고 대답하곤 했다. 나도 모르는 사이에 성 구분이 없는 (그렇다고 중성은 아닌) 3인칭 대명사를 영어에 만든 셈이다.

아이들의 젠더 교육을 늦춘 것과 관련해서는 할 이야기가 많다. 성교육을 빨리 시키기 위해 가능한 한 이른 때에 신체에 관해 아이들에게 가르쳤다. 섹스와 관련해 모호하지 않은 명쾌한 신체적 정의를 정확히 알려주었다. 소년에게는 음경과 고환이 있고, 소녀에게는 질과 클리토리스, 자궁이 있는데 아기를 낳고 싶을 때까지는 소년이나 소녀 혹은 어른 남성이나 여성이라는 사실에 개의치 말아야 한다고 몇 번이고 알려주었다. 이런 전제와 일관되게, 슈퍼마켓이나 공원 같은 곳에서 아이들이 어떤 사람을 보고 남자애인지, 여자애인지, 남자인지 여자인지를 물을 때, 나는 단순한 응답을 거부했다. 대신 나는 그 사람의 옷 속을 보기 전까지는 알 수 없다고 (주위의 관심을 끌지 않도록 조용히) 대답했다. 이런 대답에 아이들이 충분히 만족스러워하지 않을 때도 있었다. 그럴 때에는 드레스를 입었기에 우리가 저 사람을 여성이라고 추측하지만, 그것은 이 나라에서는 여성이 더 자주 드레스를 입기 때문이라고 마지못해 이야기하며 상황을 좀 더 복잡하게 만들어가기도 했다. 하지만 언제나처럼 옷 속에 있는 신체기관을 보기 전까지는 확실하게 알 수 없다고 결론 맺곤 했다.

내가 아이들과 이야기하는 유일한 사람도 아니고, 아이들도 바보가 아니니 결국은 내가 자신들을 데리고 일종의 게임을 하고 있다는 사실을 알아차렸고 그 게임에 나도 동참하기 시작했다. 특히 기억에 남는 추억이 있다. 하루는 에밀리가 표지에 남성의 얼굴이 그려진 잡지를 들고 와서 장난스럽게 말했다. "엄마, 이것 봐요, 남자애 머리예요." 이것이 일종의 게임임을 아는 나는 웃음을 터뜨리고 에밀리에게 말했다. "남자애의 머리라는 게 무슨 의미야? 머리에 페니스가 달려 있는 것도 아니잖아. 페니스가 달린 게 아니라면 남자애인지 어떻게 알겠어?" 그러자 에밀리도 웃기 시작했다. 사람들이 이런 상호작용을 장난스러운 것으로 받아들인다고 해도 이 게임에는 진지한 맥락이 자리잡고 있다. 성별과 단지 연관성이 있는 속성과 성별을 명확하게 정의하는 속성을 확실하게 구분해야 한다. 옷차림이나 헤어스타일처럼 성별과 연관성이 있는 속성은 중요하지 않다. 명확하게는 성기만이 남성과 여성을 구분할 뿐이다.

성별에 관한 좁은 신체적 정의로부터의 해방과 그런 정의에 구속되지 않는 자유는 제러미가 유치원에 머리핀을 꽂고 가기로 결심했을 때 생생하게 확인할 수 있었다. 어느 날 아침 제러미가 나에게 오더니 머리에 똑딱이 핀을 꽂고 가겠다고 말했다. 처음 든 생각은 '똑딱이 머리핀은 **여자애를 위한** 것이라고 사람들이 생각한다는 사실을 제러미가 알고 있을까?'였다. 그다음 든 생각은 진보적인 부모라면 할 법한 말이었다. "제러미, 만약 너가 그렇게 하고 싶다면 핀을 꽂고 유치원에 가도 괜찮아. 엄마는 정말 괜찮아. 하지만 결정할 때 도움이 될 이야기를 엄마가 해주어야 할 것 같아. 우리 집에서는 남자건 여자건 다른 사람에게 해가 되지 않고 무언가 부수거나 깨뜨리지 않는다면 자신이 하고 싶은 무엇이라도 할 수 있지. 하지만 다른 많은 사람들은 여전히 어떤 건 여자만을 위한 물건이고 어떤 것은 남자만을 위한 물건이라는 구식 생각을 하고 있고 (이게 말이 되니?) 사람들이 여자만 하는 거라고 생각하는 물건 중에 머리핀도 들어간단다. 어떤 사람이 그렇게 생각한다고 해서 머리핀을 꽂으면 안 되는 건 아니야. 하지만 머리핀을 꽂기 전에 사람들로부터 놀림받을 수도 있다는 사실을 알아야 해."

그러나 이런 말을 직접 할 수는 없었다. 이미 한참 전부터 성별과 젠더의 영역에 있어 현재의 문화를 아이들에게 전해주지 않겠다고 결심했기 때문이다. 그래서 제러미는 머리에 핀을 꽂은 채 유치원에 갔다.

그날 제러미가 집에 왔을 때 유치원에서 어떤 일이 있었는지 알고 싶어서 죽을 지경이었지만 대단한 일이 아닌 것처럼 보이려고 아이에게 물어보지 않았다. 아이가 자연스럽게 이야기를 꺼낼 때까지 기다리고 또 기다렸다. 하지만 제러미는 그날도, 그 다음 날도, 그리고 한참 시간이 지나도 이야기하지 않았다. 그러는 동안 나는 이 일을 잊어버렸는데 유치원 선생님 중 한 분이 학부모와의 만남에서 제러미가 머리핀을 꽂고 유치원에 온 날에 관해 혹시 이야기하더냐고 물어왔다. 그날 몇 번이나 어떤 남자아이가 '오직 여자아이만 머리핀을 꽂기 때문에' 제러미는 남자애가 아니라 여자애라고 주장했다고 한다. "머리핀을 했는지는 중요하지 않아, 나는 음경과 고환이 있으니까." 제러미는 마침내 자신의 주장을 확실하게 보여주기 위해 바지를 내렸다고 한다. 하지만 놀리던 아이는 굴하지 않았고 그저 "모든 사람이 음경을 갖고 있고, 여자애들이나 머리핀을 꽂는 거야" 하고 말했다고 한다.

우리 아이들에게 남성과 여성의 정의에 관한 고정관념으로부터 자유로우라고 '몸에 관해' 가르친 것은 아니다. 수치로부터 자유로운 섹슈얼리티의 토대인 몸에 관해 가르쳐주고 싶었다. 이런 목표에 부합하게, 우리 집에서는 아이들과 어른 모두 나체로 다니는 경우가 많았고 대릴과 나는 아이들 앞에서 우리 몸의 다양한 기능을 보여주었다. 일상 속의 대화에서 소변과 대변 등 용변에 관해서는 물론 탐폰을 넣고 빼는 일에 관해서도 이야기했다. 생리와 관련한 여성의 출혈에 관해 에밀리와 제러미가 가능한 한 일찍 접하는 것이 중요했다. 아이들이 명백한 문화적 고정관념이나 수치심에 관해 배우는 기회를 **갖기 전**, 남성과 여성의 차이에 관해 이해하는 것은 물론 동성애자의 존재에 대해서도 알기를 원했기 때문이다. 또한 아이들이 여성의 몸은 더럽다거나 여성의 출혈이 '구역질 난다'고 생각하는 문화적 관념에 대해 **배우기 전** 생리에 관해 제대로 알기를 원했다.

여성의 출혈에 관한 중요한 한 가지 사실을 깜빡하고 알려주지 못했는데 아마 알려주었다고 해도 아이들이 이 사실을 이해하기에는 너무 어렸을지도 모르겠다. 아이들 중 하나가 (누구였는지 기억나지는 않지만) 네 살 무렵이었을 때인데, 내가 탐폰을 착용하는 동안 이야기 나누다가 아이가 생리란 매달 며칠간이 아니라 매달 매일 하는 것으로 생각한다는 사실을 알게 되었다. 소변을 보거나 대변을 보듯 생리도 계속해서 일어나는 일이라고 생각했던 것 같다. 에밀리나 제러미 중 누구였는지 모르지만 여성의 월경이 계속되는 것이 아니라 주기적이라는 사실을 알게 된 후에도 별다른 감흥은 없었다. 나중에 어떻게 아기를 임신하게 되는지 좀 더 자세하게 알게 된 후 아이들은 그냥 그 사실을 있는 그대로 받아들였다.

어떻게 아기를 갖게 되는지에 관한 의문은 이성 간의 성관계라는 주제로 금방 이어졌는데, 이 주제 역시 우리가 아이들에게 이른 시기에 가르치기 시작한 신체의 한 측면이었다. 예를 들어, 제러미를 임신했을 때 에밀리와 함께 목욕하면서 이런 말을 했다(에밀리가 두 살 때였다). 이런 대화가 처음은 아니었지만, 남성의 음경이 여성의 질로 들어가 '씨앗'을 분출해 여성이 갖고 있던 난자를 만나는데, 이 씨앗과 난자의 결합으로부터 아기가 자라고 결국 여성의 질을 통해 아기가 머리부터 나오는데, 엄마의 몸 속에서 크고 있는 아기도 그렇게 나오게 될 것이라고 이야기했다. (지금 돌이켜보니 이 이야기에서 다른 모든 것에 관해서는 정확히 기술적인 이름을 사용했는데 왜 정자에 대해서만 '씨앗'이라는 표현을 사용했을까, 당황스러운 지점이다.)

에밀리는 언제나 이런 대화에 관심이 많아 주의 깊게 이야기 듣고 잘 배우곤 했는데, 다섯 살 무렵에는 이 영역에서 재미있게도 뭔가 오해하고 있음을 발견했다. 이타카로 이사한 후 우리 가족 네 명이 며칠간 캐나다 토론토에 간 일이 있었다. 가장 기억에 남는 경험은 (지하철을 탄 것과 더불어) 온타리오 과학박물관에서 열린 어린이 특별전시에서 피임과 관련한 애니메이션 다큐멘터리를 볼 때였다. 이 다큐멘터리를 잘 기억할 수는 없지만 생식기와 인체 내부 장기를 지닌 도식적인 남성과 여성 인물이 등

172

장했다.

이 만화는 각기 독립적이면서도 연결되는 시리즈였는데, 남성과 여성 캐릭터가 스크린 양쪽 끝에서 등장해 서로를 향해 움직이며 한가운데에서 만난다. 처음에는 둘 다 옷을 입고 있는데 둘이 만나면서 키스한다. 그다음 장면에서는 둘이 옷을 벗고 있는데 발기한 남성의 음경을 볼 수 있고 둘이 만나면서 음경이 여성의 질 속으로 들어가는 것을 볼 수 있었다. 나머지 장면에서도 이해하기 쉬운 다른 많은 개념들이 등장했다. 예를 들어 음경에서 정액이 배출되어 여성의 몸속으로 들어가고 나팔관에서 만들어진 난자가 자궁으로 이동해 정자와 난자가 만나 배아가 되고 결국 아기로 자라나 질을 통해 태어나는 과정을 보여주었다.

처음의 누드 장면에서는 피임과 관련한 어떤 형태도 등장하지 않았다. 남성과 여성의 결합으로 아이가 만들어지는 과정을 보여주었기 때문이다. 다른 장면에서는 이런저런 피임법이 등장하는데 각 장면에서는 피임법이 각기 어떻게 임신의 장애물로 역할을 하는지 정확하게 보여준다. 예를 들어 콘돔이 등장하는 장면에서는 정자가 콘돔 안에서 가로막혀 여성의 질 안으로 도달하지 못하는 것으로 그려진다. 피임용 격막의 경우, 정자가 질 안으로는 들어갈 수 있지만 자궁으로는 도달하지 못하는 장면을 보여준다.

우리 네 사람 모두 이 영화를 즐겁게 시청했지만 상영이 끝나고 보니 에밀리는 무언가 이해하지 못한 모습이었다. 질문하는 모든 것에 답을 할 수 있는 것처럼 보였던 에밀리가 무엇을 이해하지 못하고 있는지 알아내느라 대릴과 나는 고심했다. 그러다 알게 되었다. 어떻게 해서 아기가 생기는지 알고 있고 아이가 생기지 않도록 막는 방법도 알겠는데, 왜 사람들은 아이가 생기는 것을 막고 싶어 하는 거지? 에밀리가 이야기했다. 처음에 우리 부부는 아기가 있으면 그렇게 좋은데 왜 사람들이 아기를 원하지 않는지 궁금해하는 줄 알고 이 질문에 답하려 했지만 그것은 에밀리가 궁금해하는 지점이 아니었다. 알고 보니 에밀리가 궁금했던 것은, 왜 아기를 원하지 않으면서 남성의 음경을 여성의 질에 넣는가 하는 문제였다. 다른 말로 하자면, 에밀리에게 이성 간의 성행위란 아기를 낳기 위해서일 뿐이고, 그 이상의 어떤 의미도 아니었기 때문에 피임은 이해할 수 없는 행위였다. 이성 간의 성교란 사람을 기분 좋게 해주고 그래서 아기를 원하지 않을 때에도 한다는 것을 제대로 설명하지 못했던 게 확실했다. 일단 설명하고 나자, 에밀리는 더 이상 혼돈스러워하지 않았다.

만일 내가 이성 간의 성교를 단지 아이를 출산하기 위한 것으로 잘못 알려주었다면, 그 이유 중 하나는 이성 간의 사랑도 동성 산의 사랑과 비교할 때 본질적으로 특별하지 않다는 사실에 전제를 두고 아이들이 사랑과 성(성교란 생식을 위한 것이라는 아이들의 이해와는 반대로)에 대해 이해하기 바랐기 때문이다. 피임에 관한 영상을 본 후, 에밀리는 우리에게 나의 동생인 베브와 베브의 파트너인 로즈는 사랑과 기쁨을 나누기 위해 같이 무엇을 하느냐고 드러내놓고 물어보았던 것으로 기억한다. 이성 간의 성행위가 주는 기쁨에 대해 알게 되면서 이런 문제에 대해 생각해보는 것 같았다. (나와 에밀리가 '사랑과 기쁨'이라는 문구를 실제로 사용한 것 같지는 않다.) 여성의 질에 남성의 음경을 넣는 것을 제외하면, 베브와 로즈는 나와 아빠가 하는 것과 똑같이 한다고 대답했다. 다른 말로 하자면, 끌어안고 키스하고 서로의 몸을 어루만지고 킬킬거리고 웃는다고 이야기해주었다. 서로의 클리토리스를 자극한다는 말을 했는지 (그랬기를 바라지만) 정확하게 기억나지는 않는다. 클리토리스를 자극하면 기분이 좋은지에 관해 에밀리와 이미 이야기했기에 아마 그렇게 말했을 것이다. 하지만 이성 혹은 동성 두 사람이 아이를 낳는 일과 상관없이 나누는 성행위의 의미에 관해 명확하게 이야기했는지는 확실히 기억나지 않는다.

에밀리의 요청 때문에 당황스러운 일을 한 적이 있다. 에밀리가 두 살 무렵이었는데, 목욕하고 나서 욕실 바닥에 앉아서 몸을 말리며 이야기하고 있었다. 우리 둘이 옷을 다 벗고 있었기에 몸에 관한 이야기로 주제를 옮겨갔다. 에밀리는 거울에 비친 자신의 질과 (에밀리가 '작은 토리스'라고 부르곤 했던) 클리토리스를 보고 싶어 했고 나의 질과 클리토리스를 보고 싶어 했다. 한동안 그렇게 한 후, 노래를 조금 불렀고 여전히 옷을 다 벗고 바닥에 앉은 상태에서 여느 때처럼 에밀리가 키스해달라고 했다. 귀에 키스해주세요, 하면 나는 귀에 키스해주었다. 코에 키스해주세요, 하면 코에 해주었다. 무릎에요, 어깨에도요. (…) 온몸 여기저기에 키스해달라고 하더니 그날은 자신의 성기에 키스해달라고 했다.

이런! 내가 전혀 예상하지 못한 요청이었고 걱정스러워졌다. 하지만 혼자 생각으로, 이런 요청이 잘못은 아니잖아 하고 생각했고 에밀리 역시 그렇게 생각하지 않기를 바랐다. 별일 아닌 듯 에밀리가 부탁하는 대로 해주었다. 만일 내가 그렇게 하지 않는다면 예전에 내가 했던 말과는 전혀 다르게 에밀리에게 우리의 생식기관은 특별하게 다루어져야 하고 절대 손대서는 안 되는 부분이라고 말하게 되는데 아직 그렇게 하고 싶지는 않았기 때문이다. 언젠가 이런 이야기가 필요한 날이 오겠지만 그렇게 생각하도록 만들고 싶지는 않았다.

그래서 재빨리 에밀리의 외음부에 살짝 입을 맞추었고 계속 장난을 이어갔다. 에밀리는 그 후 다시 이런 부탁을 하지 않았는데 입을 들이밀지 않고 살짝 가볍게 스쳐 지나간 것이 내가 이런 일을 그리 반기지 않는다는 사실을 간접적으로 전달했기 때문이 아닐까 싶다.

이런 경험을 통해 발견한 가장 재미있는 사실은, 이 이야기를 그 어느 누구에게도 하지 않았고 지금도 공개에 살짝 두려움을 느낀다는 점이다. 내가 무언가 잘못했다고 생각하기 때문이 아니다. 그렇게 생각하지는 않는다. 성인 사이 그리고 어린이 사이의 섹스가 괜찮다고 생각하기 때문도 아니다. 그런 생각 역시 하지 않는다. 내 생각에, 어린아이에 대한 성적 학대와 아동 포르노그래피에 대해 문화적으로 예민한 상황에서, 우리 사회는 아동과 관련한 모든 종류의 접촉, 모든 관능, 모든 나체의 노출이 근본적으로 잘못되었다고 보는 도덕주의적이고 청교도적인 방향으로 지나치게 기울어져 있다. 그러한 가정은 우리가 아이들을 키워온 방식과는 완전히 상반된다.

캘리포니아 북부의 따뜻한 기후에서 살 때에 에밀리와 제러미는 집 안에서건 밖에서건 거의 항상 옷을 벗고 나체로 돌아다니곤 했다. 아이들이 노는 모습을 보는 것이 좋고 그런 순간을 담고 싶어서 옷을 벗고 다니거나 입고 노는 모습을 사진과 동영상으로 다양하게 촬영해놓았다. 그런데 이렇게 단순하게 아이들의 누드 사진을 찍어놓던 그 무렵, 진지한 전문 사진가들이 예술 형태로 찍은 이런 사진을 출판하거나 전시하려 했을 때 아동 포르노그래피 불법 거래로 고소당하는 일이 일어났다. 옳지 않은 일이었다. 아이의 나체는 선천적으로 외설적이지 않고 아이의 벗은 몸에 접촉하는 것도 학대라고 할 수 없다.

좀 더 가벼운 이야기를 하자면 우리 아이들은 대다수의 시간을 나체 상태로 돌아다녀서 배변 훈련이 어렵지 않았다. 배변이 시작되려는 것을 자신은 물론 나도 눈으로 볼 수 있으니 느낌이 오면 바로 화장실로 달려갔고 이를 예측하는 방법을 배우는 데 시간이 그리 오래 걸리지 않았다.

아이들이 어렸을 때에는 자신 역시 집에서 편하게 옷을 벗고 있었다고 몇 년 전 동료 한 사람이 말했다. 하지만 첫째가 사춘기가 될 무렵, 엄마가 옷을 벗고 있는 모습을 아이가 자꾸 곁눈질하는 것을 눈치챘고 당황해서 집에서 옷 벗고 있기를 그만두었다. 이 여성은 나도 같은 방식으로 행동해야 한다고 생각했다. 그 여성이 자신의 집에서 어떤 방식으로 벗은 몸을 드러내놓고 생활했는지 정확하게 알 수는 없지만, 집에서 옷 벗은 채로 있는 우리 부부에게 향하는 에밀리나 제러미의 눈길에 갑자기 당황했던 적은 없었다. 추측해보건대 아마 아이들은 어떤 순간이 되어서는 당황했을 수도 있을 것이다. 하지만 여러 해 동안 일상생활에서 나체로 평범하게 지낸 걸 고려하면 그럴 가능성도 거의 없어 보인다. 결국 내 생각이 옳았음을 확인했다. 제러미가 사춘기 초기 무렵, 남에게 자신이 벗고 있는 모습을 보이고 싶지 않아 했지만 나머지 가족들은 함께 목욕하는 것을 제외하고는 그저 하던 대로 행동했다. 함께하는 목욕은 어느 순간부터 점점 덜 하나가 사춘기 무렵부터는 그만두었기 때문이다. 제러미는 이런 당혹감을 이겨냈고 우리 가족 모두는 다시 옷을 입지 않고 하고 싶은 대로 편하게 다니게 되었다.

아이들의 성교육은 앞당기고 젠더 교육은 늦춤으로써 대릴과 나는 아이들에게 섹스와 성별 차이에 대해 최대한 빨리 배우도록 할 수 있었다. 아이들은 흔히 이런 교육에 동반되는 문화적인 고정관념과 수치심으로부터 자유로울 수 있었다. 하지만 아이들이 점점 더 지배적인 문화의 목소리에 귀를 기울이는 것을, 즉 적진으로 미끄러져 쓸려가는 것을 막으려면 어떻게 해야 할까? 나중에 자기 부모의 섹스와 성별 차이에 관한 신념이 대부분의 사람들과 다르다는 사실을 발견할 때, 피치 못해서 그런 때가 왔을 때, 이렇게 어린 시절에 배운 내용을 버리지 않게 하려면 어떻게 해야 할까? 이 질문은 아이들을 위한 예방접종의 두 번째 단계로 나를 이끌었다.

두 번째 단계에서, 대단히 중요한 목표는 아이들로 하여금 자신이 접하게 될 성과 젠더에 관해 텔레비전, 책, 영화 혹은 다른 사람이 전하는 관습적인 문화 메시지에 회의적이 되도록 만드는 것이었다. 더 구체적으로 말해, 우리의 목표는 비관습적인 방식으로 문화의 관습적인 메시지를 '읽어내는' 것이 가능하도록 비판적인 페미니스트의 렌즈 혹은 체계를 제공하는 일이었다. 그런 체계를 전해주기 위해 우리는 어떻게 노력했을까? 돌이켜 생각해보니, 특히 네 가지가 중요했다.

첫 번째로 우리는 성과 젠더에 관해서 말하기 오래전부터 차이와 다양성이라는 주제를 강조했다. 당시에 이렇게 했을 때에 이것이 페미니스트적인 목표와 관련된다는 점을 우리가 이해했는지는 잘 모르겠다. "내 친구들 중 몇몇은 옷 벗은 채로 놀 수 없는데 왜 우리는 옷을 벗고 놀아도 돼요?" 아이들이 어렸을 때 이렇게 질문하곤 했다. "다른 가족들은 식사 전에 감사기도를 하는데 왜 우리는 안 해요? 다른 아이들은 자동차에서 안전벨트를 안 하는데 왜 우리는 해야 하죠? 왜 사촌 누구는 저녁 식사를 하면서 펩시콜라를 마시는데 왜 우리는 우유를 마셔야 해요?" 이런 질문과 비슷한 수십 개 질문에 대해 우리 부부의 대답은 언제나 동일했다. 사람들은 각자 다르기 때문에 다른 가치를 믿고, 다른 가치를 믿기 때문에 자기 아이들을 위해 각기 다른 규칙을 만든다.

아이들이 어릴 때 다양성과 관련해 대화를 나누면서 성과 젠더에 초점을 맞추지는 않았다. 그럼에도 불구하고 이런 대화는 우리 아이들에게 서로 다른, 심지어 서로 상반되는 신념이 다원적인 사회에서는 예외가 아닌 규칙이라는 기본적인 전제를 깨닫게 해주었다. 이 전제는 이후 성과 젠더에 관해 이야기할 때 훌륭한 토대가 되어주었는데, 아이들은 에밀리와 함께 어린이집에 다니는 어떤 남자애가 핼러윈에 공주 옷을 입지 못한다는데 왜 그린지, 왜 세러미 유치원의 여자아이는 제러미의 방에서 자고 가는 것을 허락받지 못하는지 등의 질문을 하기 시작했다.

에밀리와 제러미에게 우리가 신경 쓴 두 번째 방법은 아이들이 서너 살, 다섯 살 정도일 때 듣기 시작하는 남성-여성의 차이에 관한 많은 관습적인 메시지를 성 구분 없는 방식으로 재구축하는 것이었다. 다양한 방식으로 찾아오는 이런 메시지는 결국 동일한 사고로 수렴된다. 성인 여성과 남성만큼이나 소년과 소녀는 셀 수 없이 다양한 방식으로 서로 다르다는 사고방식이다. 우리는 늘 다음과 같은 방식으로 반응하곤 했다. 맞는 말이긴 해. 어떤 소녀들은 야구 경기를 좋아하지 않아. 하지만 생각해봐. 어떤 소녀들은 야구 경기를 아주 많이 좋아하고 (예를 든다면 베브 이모나 길 건너편에 사는 멜리사처럼), 어떤 소년들은 야구 경기에 아예 관심이 없어. (너희 아빠와 멜리사의 형제 빌리처럼.) 아이들이 남성-여성의 차이에 관한 관습적인 문화의 고정관념에 관해 이야기하기 시작하자마자, 우리는 앞서의 차이와 다양성에 관한 토론을 확장하면서 남자와 여자라서 다른 것이 아니라 사람 간의 차이일 뿐이라고 말했다.

세 번째로 성과 젠더에 관한 모든 문화적 메시지(이뿐만이 아니라 모든 것에 관한 모든 문화적 메시지)는 특정한 신념과 편견을 지닌 특정한 사람에 의해 현재 혹은 먼 과거에 만들어졌다는 사실을 아이들이 이해할 수 있도록 도와주었다. 이런 메시지에 대해 취해야 할 적절한 입장은 이런 내용이 진실인지 아닌지 혹은 자신의 삶과 관련 있는지 생각하기보다는 그런 메시지란 결국 만들어낸 사람의 신념과 편향에 대한 정보를 전달한다고 생각하는 것이다.

나는 이런 태도를 가르치고자 노력했다. 그러한 노력을 가장 확연히 보여주는 사례는 에밀리를 위해 첫 동화책을 읽어주려고 앉았을 때였다. 에밀리가 네 살 때 나이 든 친척으로부터 선물 받았는데, 에밀리가 이전에 보지 못했던 많은 젠더에 관한 고정관념이 동화책에 담겨 있다는 사실을 알고 있었지만 선물을 준 사람에 대한 간접적이고 적절치 못한 비난이 될까 봐 책 읽기를 멈출 수가 없었다. 덧붙여 내가 어린 시절에 그랬듯이 에밀리는 아마 이 동화에 흠뻑 빠지리라고 생각했다. 남성과 여성에 관한 우리 문화의 메시지를 지지하기보다는 전복시키는 방식으로 이 동화를 에밀리 자신만의 방법으로 읽게 할 수 있을지 다시 한번 도전을 마주하게 되었다.

이 책을 읽기 전 에밀리에게 약간의 페미니즘 강의를 했다. "여기 나오는 동화는 정말 흥미로워서 아마 너도 많이 좋아할 거야. 하지만 책을 읽기 전에 이 이야기는 지금으로부터 아주 오래전에, 여자아이와 남자아이에 관해 특이한 생각을 갖고 있는 사람에 의해 쓰였다는 사실을 이해할 필요가 있단다. 특히 이런 동화를 쓴 사람들은 여자아이에게 예쁜 얼굴이 가장 중요하다고 생각했고 또 여자아이는 언제나 스스로를 곤경에 빠뜨리기 때문에 태어날 때부터 용감하고 똑똑한 남자애들이 구해줘야 하는 존재라고 생각했어. 아직 이 동화를 읽지 않았지만, 엄마가 어렸을 때에는 다른 동화를 정말 많이 읽었기 때문에 네가 잘 들어보면 용감하고 현명한 소년이 아름다운 소녀를 구하는 정말 많고 많은 이야기가 등장할 거라는 사실을 알고 있어. 하지만 용감하고 현명한 소녀가 아름다운 소년을 구하는 이야기는 아마 들을 수 없을 거야."

내가 생각한 대로 에밀리는 동화를 좋아했는데, 하나씩 읽고 나서는 내 말이 맞았다는 듯 신나는 얼굴을 하고는 킬킬거렸다. "엄마, 여기 그런 이야기가 또 있네요. 이런 이야기를 써낸 사람들은 좀 바보 같겠죠."

몇 년 전 내 페미니스트 동료 중 한 사람이 텔레비전에서 〈로저스 씨의 이웃들〉이라는 프로그램을 본 유치원생 딸의 질문에 슬퍼한 적이 있었다. "왜 왕은 왕비보다 더 위풍당당한 거죠?" 친구의 딸은 궁금해했다. 이 질문을 페미니즘 수업의 발판으로 사용하려면 어떻게 해야 할지 알 수 없어서 친구는 당황했다. 나라면 어떻게 말할지 즉시 알 수 있었지만 내 아이들이 무엇이라고 말할지 궁금해져서 아이들에게 물어보았다. (아이들은 그때 열한 살과 열네 살 정도였다). 두 아이는 기본적으로 같은 이야기를 했다. "엄마 친구는 딸에게 〈로저스 씨의 이웃들〉 각본을 쓴 사람이 누군지 생각해보라고 말했어야 했어요. 만일 프라이데이왕이 사라왕비보다 더 위풍당당하다면, 그건 왕이 왕비보다 더 훌륭하기 때문이 아니에요. 로저스 씨가 왕이 왕비보다 근사하다고 생각하기 때문이겠죠."

차이와 다양성에 관한 이런 모든 이야기는 어느 정도까지는 괜찮다. 하지만 페미니즘의 관점에서 보면, 모든 신념과 편견이 똑같이 유효하지는 않다. 어느 면으로는 동화와 대중매체에서 전형적으로 남성과 여성을 바라보는 시각, 모든 연령의 성차별주의자와 동성애혐오자들이 가진 남성과 여성에 대한 견해란, 그저 실제와 다르거나 '구식'인 걸 넘어서 명확하게 단언해 틀렸다는 것을 아이들에게 가르쳐줄 필요가 있었다. 따라서 우리가 아이들에게 알려준 네 번째는 성차별주의와 동성애혐오에 관해 비판적인 페미니즘의 사고 체계였다.

에밀리에게 처음에 어떻게 성차별주의의 개념을 소개했는지 확실하게 기억하고 있다. 듣자마자 에밀리가 자신의 필요에 맞게 즉시 이해했기 때문이다. 왜 바로 그 순간을 골랐는지 확실하지는 않다. 아마도 어떤 친구가 에밀리와 다른 몇몇 여자아이를 가리키며 여자기 때문에 이런저런 건 할 수 없다고 말했기 때문이다. 무엇이 기폭제가 되었건 간에, 이런 때를 대비해 챙겨놓았던 동화책을 에밀리에게 읽어주었다. 노마 클라인이 쓴 《소녀들은 무엇이라도 될 수 있어_Girls Can Be Anything_》라는 책이었다. 주인공은 마리나와 애덤이라는 두 유치원생이다. 마리나와 애덤은 직장에서 일하는 어른들 흉내 내기를 즐겼다. 어떤 날은 비행기를 조종했고, 또 다른 날은 병원에서 일했으며, 또 어떤 날은 한 나라를 책임지는 정치인이 되기도 했다. 이런 방식이 되풀이되는 플롯으로 짜인 이야기였다. 마리나와 애덤 모두 비행기 조종을 하고 싶어 했는데 애덤이 "여자는 조종사가 될 수 없어. (…) 여자애들은 승무원을 해야 해" 하고 말한다. 마리나와 애덤 모두 의사가 되고 싶어 하는데 애덤이 말한다. "여자애들은 언제나 간호사야." 이런 식으로 계속 이어지는데 독자들도 여기에 담긴 메시지를 이해할 것이다. 다행스럽게 마리나에게는 페미니스트 부모만 있는 것이 아니었다. 빼어난 성취를 거둔 다른 여자 친척도 많았다. 저녁 식사 자리에서 성차별주의자의 전형인 애덤에 관해 마리나가 불만을 이야기하자 부모님은 여자도 당연히 조종사나 의사가 될 수 있다고 이야기해주었다. 뿐만 아니라 마리나의 친척 중에는 비행 경력이 150만 킬로미터에 이르는 (사진이 〈뉴욕타임스〉 1면에 등장할 정도로) 유명한 제트기 조종사, 1백만 번째 심장 이식 수술에 성공한 유명한 외과의사 등의 여성들이 있다고 알려주었다. 이 책을 소개하며 내가 약간 과장하긴 했지만 그렇다고 심할 정도로 과장하지는 않았다.

이 책을 함께 읽은 후 네 살이었던 에밀리는 성별 역할에 관해 고정관념이 담긴 말을 하는 사람을 보면 목소리에 경멸을 가득 담아 '애덤 소벨'이라고 불렀다. '애덤 소벨스러운'(성차별주의

자라는 의미로 사용한) 개념에 대해 에밀리는 이미 확실하게 준비되어 있었다.

동성애혐오에 관해 처음에 아이들에게 어떻게 가르쳤는지 정확하게 기억나지는 않지만 어떤 일이 있었는지 어렴풋하게 큰 줄거리를 떠올리며 기억을 재구축해볼 수 있다. 아이들은 나의 동생인 베브와 파트너인 로즈에 대해 잘 알고 있었다. 어느 시점이 되자 아이들 중 한 명이 베브와 로즈가 결혼할 것인지 질문해왔고 가능하다면 두 사람은 결혼하겠지만, 동성 커플의 결혼을 금지하는 나쁜 법 때문에 '결혼한 것과 마찬가지로' 살고 있다고 이야기해주었다. 이와 함께 인종이 다른 사람들이 결혼하는 것을 허락하지 않는 또 다른 나쁜 법도 과거에 존재했다고 아이들에게 이야기해주었을 것이다.

우리가 아이들을 어떻게 키웠는지 수업 시간에 말했을 때, 긍정적으로든 부정적으로든 가장 강력한 반응을 이끌어냈던 사례는 제러미가 머리에 핀을 꽂고 유치원에 갔던 이야기였다. 사춘기의 섹슈얼리티에 관해 우리가 어떻게 다루었는지 몇몇 사례를 들어 학생들에게 이야기하면서, 우리가 가장 급진적이었던 경우가 이 부분이 아닐까 하고 깨달았다. 뭐랄까, 우리는 급진적이 되려고 애써 노력하지는 않았다. 그저 아이들이 건강하고 자연스럽게 섹슈얼리티를 발전시키도록 노력했을 뿐이었다. 하지만 조이슬린 엘더스Joycelyn Elders 박사가 공식석상에서 자위

행위가 섹슈얼리티의 자연스러운 일부분이라고 말했다가 미국 연방 공중위생국장 자리에서 해임당한 일을 생각해본다면, 학생들이 우리를 급진적이라고 생각하는 것도 놀라운 일은 아니었다. 우리 두 사람은 엘더스 박사야말로 섹슈얼리티라는 주제에 있어서 정부에서 나올 수 있는 가장 소수의 정상적인 목소리 중 한 명이라고 생각했는데 말이다.

미국 공립학교의 보건 시간에서는, 섹스(특별히 사춘기의 섹스)를 술, 마약과 더불어 가장 사악한 죄악의 삼두마차 중 하나로 특징짓는다. 하지만 나는 섹스를 걷기, 말하기, 읽기, 쓰기, 길 건너기, 운전과도 같은, 성숙을 향해 가는 길에 숙달해야 할 필요가 있는 수많은 발전단계의 과업 중 하나로 여겨야 한다고 생각했다.

이런 생각으로 아이들이 사춘기에 도달하기 전부터, 섹스와 피임에 관해 내가 찾을 수 있는 모든 교육적인 책을 구해 서가에 가져다 놓았다. 우리 아이들뿐 아니라 아이의 친구들이 모두 이런 책에 빠져들었다. 아이들이 가장 좋아한 것은 물론 나도 가장 좋아한 책은 보스턴 우먼스 헬스북 컬렉티브에서 성인 여성을 위해 발행한 《우리 몸, 우리 자신 *Our Bodies, Ourselves*》이었다. (이런 나 자신의 현명함에 감탄하면서, 몇 년 후 아이들 책장에 대학 입학 가이드북을 꽂아놓았는데, 그 시도는 별 효과가 없었다.) 그런데 급진적이라고 말한 이유가 이 때문은 아니다.

다른 사람과 성적 관계 맺는 법을 배우는 일이 중요한 발달 과업이라는 견해를 좀 더 확장해보자. 술 취한 남학생들의 사교 모임이나 자동차 뒷좌석에서 성적 경험의 첫발을 떼는 것은 복잡한 뉴욕 브로드웨이 대로 한가운데에서 난생처음 길 건너는 경험을 하는 것만큼이나 적절하지 않다고 일찍부터 생각했다. 특히 젊은 여성에게 이성과의 섹스란 너무 위험할 수도 있는데, 우리의 문화적 규범이 이들에게 어떤 이야기를 하는지 부모들이 잘 모르는 것 같았다. 사춘기의 성을 터부시하다 보니 아이들이 부모에게 이런 일을 비밀로 하고 아무런 안전망 없는 곳에서 성관계를 경험하게 된다. 그토록 많은 어린 여성이 원하지 않은 임신을 하고, 그토록 많은 여성이 자신의 의지에 반해 성적인 관계를 강요받는 것이 놀랄 일도 아니었다.

사춘기의 두 자녀를 둔 부모인 우리가 한 행동은 아마도 꽤 넓은 집에서라야 가능하겠지만, 우리는 그저 에밀리와 제러미가 성적인 실험을 시작했으리라고 추측만 하는 게 아니었다. 섹스를 하게 된다면 비교적 프라이버시와 안전을 보호받을 수 있는 곳, 문제가 생긴다면 도움을 줄 수 있는 (우리가 아이들에게 필요한 상황이 생기지 않기를 바랐지만) 부모가 아래층에 자리하고 있는 이 집 3층의 자기 방을 사용하는 것이 문제라고 생각하지 않는다고 (오히려 그 편을 권한다고) 아이들에게 이야기했다. 이렇게 생각한 이유는, 특히 젊은 여성의 경우 자신의 집이라는 영역에서 (아래층에 지지를 보내주는 부모가 있다는 사실을 아는 상황에서) 훨씬 자신 있고 적극적으로 행동할 수 있으며 섹스를 하게 되는 대부분의 다른 장소에서보다 통제권을 남자에게 넘겨주는 일이 줄어들기 때문이었다. 성적인 실험을 위한 안전한 장소로 사용할 수 있도록 집을 제공해주는 것이 우리가 아이들을 위해 한 일 중 가장 급진적인 부분이었다.

나와 대릴이 교수진으로 몸담고 있는 코넬대학교에서 파티가 열릴 때 술은 여학생 사교 클럽의 경우는 허용되지 않고 남학생 사교 클럽에서만 허용된다는 사실을 최근에 알게 되었다. 이런 이중 잣대의 결과로 성대한 주말 파티와, 나중에 여자 대학생들이 별로 하고 싶지 않았다고 털어놓은 이성과의 섹스 대부분이 여학생의 영역이 아닌 남학생의 영역에서 벌어진다. 만일 여학생들이 여학생 사교 클럽에서 파티를 하게 된다면, 이성과의 성교는 남학생이 아닌 여학생의 침실, 남자의 '형제'가 아닌, 자신의 '자매'들이 문밖에 있는 상황에서 일어날 가능성이 높다. 이런 상황에서라면 지금처럼 캠퍼스에서 데이트 강간은 물론 원하지 않는 성관계가 일어나는 일도 줄어들 것이다.

십 대의 섹슈얼리티를 학습의 과정이라고 보는 내 견해에 따라 우리가 한 또 다른 일은, 우리 문화가 섹스를 어떻게 규정하는지 학부생들에게 몇 년이나 이야기해온 방식과 똑같이 아이들에게도 페미니즘적인 비평을 할 수 있게 한 것이었다. "이성 커플이 '우리 어제 섹스했잖아' 혹은 '사랑을 나누었다'고 말할 때에는 무슨 의미를 담고 있는 것일까?" 학부생들에게 질문했다. 남성의 음경이 여성의 질 속으로 들어갔고 (1990년대라는 사실을 고려한다면 여성의 입일 수도 있겠지만) 남성이 오르가슴을 느꼈다는 의미라는 데에 모두가 동의했다. 여성 역시 오르가슴을 느낄 수도 있지만 설령 그렇지 않다고 해도 이 커플은 여전히 "우리는 섹스를 했어"라고 이야기할 것이다. 다른 한편, 만일 남성이 오르가슴을 느끼지 못했다면 이 커플은 아마 섹스했다고 이야기하지 않을 것이다. 대신, (굳이 무언가 표현해야 한다면) '놀았다'고 말했을 것이다. 나는 이성 간 섹스에서 여성보다 남성이 훨씬 더 많이 오르가슴을 느꼈다고 나오는 통계 결과는 어쩌면 당연한 일이라고 생각한다. '이성 간의 섹스'라고 하면 남성이 오르가슴에 이를 때까지 여성의 질이 남성의 음경을 자극한다는 의미다. 여성이 오르가슴에 도달할 때까지 클리토리스(혹은 여성의 몸에서 다른 부위)를 자극한다는 의미는 아니다. 임신을 위해서라면 괜찮을지 모르지만, 출산이라는 맥락 밖에서 섹스나 쾌락에 관해 이야기한다면 이는 완전히 남성중심적인 생각이다. 여성의 클리토리스를 무시하는 것뿐 아니라 여성이 느끼는 오르가슴에 대해서도 고려하지 않는 것이기 때문이다. 이는 또한 여성을 임신의 위험에 처하게 만든다. 임신의 위험 없이 성적으로 만족할 수 있는 경험이 여러 가지 있는 데도 말이다. 이 간단한 강연의 핵심은, 학생들과 십 대에 이른 내 아이들이 질 안에 음경의 삽입하는 걸 이성 간 성교의 유일하고 실질적인(성숙한) 성적 행위라고 생각하지 말고, 수많은 성적 선택 중 (반드시 최선의 가능성일 필요가 없는) 한 가지 가능성 정도로 생각했으면 하는 것이었다.

페미니스트의 판타지에는 몇 가지 암시가 자리하고 있다. 우선, 성적 접촉에 있어서 어떤 준비된 대본도 없고 모든 성적 행위가 지향하는 준비된 목표 혹은 목적도 더 이상 없다. 두 번째, 섹스를 신체의 유쾌한 오락으로 재정의하고 성적 접촉을 매번 모든 새로운 참여자가 (때로 어떤 면으로는 매번 경험할 때마다) 자신의 필요에 맞게 연출해야 하는 열린 결말의 상호작용이라고 생각한다. 성적 접촉에 있어서 참여자들은 신체적인 기쁨을 주고받기 위해 서로 무엇을 원하는지 (그리고 원치 않는지), 상대가 자신에게 무엇을 해주기 바라는지 (그리고 바라지 않는지) 함께 찾아낼 필요가 있다.

내가 보기에 이런 재정의는 특별히 이성애자 여성에게 더 중요한데, 자신의 필요와 욕망에 자신의 성적 경험을 맞춰가는 데 있어 지금보다 훨씬 더 많은 기회를 제공해주기 때문이다. 이는 또한 십 대에게도 중요한데, 음경-질이라는 성적 접촉에 연계되는 위험을 무릅쓰지 않거나 또한 음경-질로 연결되는 성교가 아니라면 '진짜 중요한 것'을 놓치고 있다는 느낌을 갖지 않고도, 자신이 원하는 만큼 열정적이고 절정에 오를 수 있는 성 경험이 가능하기 때문이다.

에밀리와 제러미가 공립학교에 다니던 시절 내내, 대릴은 가족계획연맹Planned Parenthood 지역 활동에서 회장 혹은 부회장을 맡아 적극적으로 참여했다. 저녁 식사에서 가족 간의 대화에 섹스와 관련한 이야기가 자주 등장했다. 예를 들어 가족계획연맹이 인공임신중절 시술을 제공해야 하는지, 만일 그렇다면 자궁 경부를 열기 위해 해조류의 일종인 라미나리아 성분을 사용해야 하는지, 인공임신중절 시술을 제공하려 할 때 반대 시위에는 어떻게 대응해야 할지, 익명 AIDS 검사를 진행할 수 있을지 단순히 비밀리에 검사를 할지, 노르플랜트(황체호르몬이 함유된 캡슐을 팔 위쪽에 주입하면 5년 정도 피임 효과가 지속되는 시술—옮긴이)를 시작하려면 스태프들이 얼마나 많은 훈련을 해야 하는지, 이타카초등학교의 성교육 프로그램을 지역 가족계획연맹이 다시 기획하도록 학교를 설득하려면 어떤 전략을 써야 할지, 일단 학교들이 합의하면 커리큘럼은 정확히 어떻게 구성해야 할지도 이야기했다. 특별히 기억나는 저녁 식사 토론은, 가족계획연맹이 콘돔을 무료로 나누어준 날이었다. 대릴은 아이들이 볼 수 있도록 콘돔 몇 개를 가져왔다. 저녁 식사가 끝나고 아이들은 이 콘돔을 제대로 사용했다. 동네 아이들을 모두 모아놓고 콘돔에 물을 넣어서 떠들썩하게 물풍선 싸움을 했다. 다른 집에서 텔레비전이나 스포츠에 관해 나누는 대화처럼, 섹스에 대한 (우리 문화의 보수적인 정치적 견해에 관한) 이야기를 자유롭고 편안하게 나눌 수 있었다.

에밀리와 제러미가 중학생이 될 때쯤 집에서 섹스와 성의 문화정치학에 관해 더 자주 이야기해야 할 또 다른 이유가 생겼다. 대릴의 두 동생과 나의 여동생이 모두 동성애자라는 사실이 밝혀졌기 때문이다. 이미 이야기했다시피 우리 아이들은 베브에 관해 잘 알고 있었다. 아이들과 우리 부부는 대릴의 여동생인 로빈이 두 번의 불행한 결혼 생활 후 첫 여성 연인과 사랑에 빠졌다는 것을 알게 되었다. 우리는 아이들이 중학생이 되기를 기다려 대릴의 남동생인 배리에 대해서도 이야기했다. 배리는 부모에게 아직 커밍아웃을 하지 않은 상태였는데 아이들이 조부모에게 이런 종류의 비밀을 지켜야 하는 상황을 원치 않았기에 그런 책임을 맡을 수 있을 만큼 정서적으로 충분히 성숙할 때까지 기다렸다.

성과 젠더정치학에 대해 맹렬하게 보수적인 입장을 취해온 문화에 대항해 아이들에게 예방접종을 해야겠다는 결심을 처음 했을 때는, 아이들의 이모나 삼촌뿐 아니라 어머니나 아버지가 나중에 동성애자가 될 수도 있다는 생각은 하지 못했다. 우리 가족과 관련된 사람들에게는 행운이었을 텐데 어쩌면 나는 전 세계 역사상 아이가 있는 기혼여성 중 동성애자에 대해 가장 긍정적인 사람 중 하나였을 것이다. 물론 대부분의 가정에 적어도 한 명 정도는 동성애자 가족이 있을 테니 우리 아이들만이 동성애 혐오에 대한 예방주사를 맞아두면 좋을 일은 아니었다.

지금까지 페미니스트의 자녀 양육에 대한 논의는 딸과 아들을 키우는 데에서 거의 차이가 없거나 아예 차이가 없었다. 나에게 유토피아란 성별 구분이 없는 세상이라는 비전을 고려한다면, 놀라운 일은 아니었다. 하지만 각 경우에 있어 우리가 대면하게 될 것이라고 생각했던 특별한 도전을 어떻게 마주하려 애썼는지, 열성적인 페미니스트 가정에서 남자 혹은 여자아이로 성장한다는 사실과 관련해 외부세상에서는 어떤 경험을 하는지, 우선 첫아이인 에밀리 이야기로 시작해보려 한다.

딸을 키우는 것에 관해 특별히 인식했던 단 한 가지 도전이 떠오른다. 아이가 태어났던 날과 마찬가지로, 항상 담대하고 강인하고 자신감 넘치고 제 목소리를 내며 자신의 요구와 욕망으로 가득 찬 상태를 지켜가는 일이었다. 다시 말해, 삶이 제공하는 모든 자원에 있어 자신의 공정한 몫을 위해 싸우는 결연한 투사이기를 포기한 채 공항에서 연결좌석에 앉을 때면 **양쪽** 팔걸이를 모두 쉽게 내어주는 사람이 되어, 아이라기보다는 여자아이, 인간이기보다는 여성을 앞세우는 관습적인 한계에 붙들려 자신에 대한 인식을 축소하지 말길 바랐다.

1978년 처음 이타카로 이사 왔을 때, 지역신문에 낮 동안 아이 봐줄 사람을 찾는다는 광고를 냈고 많은 지원자 중 전화 인터뷰를 통해 네 명을 선정하여 직접 만났다. 그중 한 사람으로부터 상당한 감정적인 동요를 느꼈는데, 지금까지도 그날 일을 기억하고 있다. 그 여성은 네 살 된 에밀리, 한 살인 제러미를 따뜻하게 챙겨주었고 나와 대릴은 물론 아이들 모두 그 여성을 좋아했다. 그는 똑똑했고 에너지가 넘쳤으며 자신감 있고 대학 교육을 받았고 아이들과 함께 지낸 경험이 있으며 창의적인 활동에 관한 다양한 아이디어를 지니고 있었다. 하지만 그 여성은 떠나기 전 우리가 생각보다 더 많이 아이들에게 제한을 둘 필요가 있으며 그런 사실을 우리가 알아야 한다고 생각했다고 말했다. 예를 들어 자신도 우리 부부처럼 아이들이 냄비나 프라이팬을 장난감처럼 자유롭게 사용할 수 있도록 해야 한다고 생각하지만, 주방 수납장 중 아이들에게 허락되는 것은 오직 한 칸뿐이고 나머지는 손대서는 안 된다고 했다. 특히 에밀리의 경우는 조금 더 '길들여야 할' 필요가 있다고 말했다.

'이건 아니야' 하고 나는 생각했다. 에밀리의 필요와 완전히 반대였기 때문이다. 에밀리가 여자아이고 바깥세상은 이미 여자아이들을 너무 많이 길들이고 있었기 때문이다. 에밀리가 좀 덜 길들여진 채로 있는 편이 나았다. 적어도 당분간은, 누군가가 왜 무엇을 할 수 없는지 설명해주지 않는 한 기본 전제가 '다 괜찮아'여서 무엇이든 할 수 있고, 다른 사람을 다치게 하거나 파괴하지 않는 한 하고 싶은 그 어떤 것이라도 할 수 있는 규제가 없는 세상, 우리가 늘 아이들에게 이야기한 그런 세상에서 사는 편이 낫다고 생각하고 있었다. 만일 오늘 밤 잠옷을 입고 잠드는 대신 옷을 입은 채로 잠들고 싶다면, 침대가 아니라 마룻바닥에서 자고 싶다면, 왜 안 되겠는가? 내일 아침 옷을 다 벗은 채 밖에서 뛰놀고 싶다면 그 역시 왜 안 되겠는가? 아이가 두 집 사이의 경계를 넘어갈 때 이웃집 사람은 적어도 속옷 정도는 입고 있기를 기대한다는 사실을 언젠가 배워야겠지만, 때가 되면 그걸 배울 시간은 충분히 있으리라. 당분간 덜 구속적인 세상에서 사는 경험을 통해 관료주의와 관습에 대한 반권위주의적인 무관용을 발전시킬 수 있다면, 내 생각으로는 그편이 훨씬 나았다.

벌거벗은 몸으로 야외에서 뛰어놀기 같은 예는 앞에서도 언급한 적 있지만 내가 할 수 있는 한 가장 수치심 없는 방식으로 '몸에 관해 가르치기'를 원했기 때문이다. 내가 이 점을 그토록 강조한 건, 첫아이가 딸이었고 이 사회에서는 여성의 몸에 근원적으로 문제가 있다는 문화적 메시지가 흔히 전해지므로 이에 대해 특별히 미리 예방 조치할 필요가 있었기 때문이다. 우리 여성들은 왜 그렇게 몸무게에 끊임없이 신경 쓰고 다리와 겨드랑이털을 세모하고 향수를 뿌리고 화장하고 가슴을 키우거나 축소하고 머리를 구불구불하게 만들거나 곧게 펴기도 하는 여러 가지 일을 지겹도록 해야 할까? 에밀리가 세 살 때쯤인가, 레스토랑에서 진하게 화장한 여성을 보고 왜 얼굴에 '그런 것을' 바르냐고 처음 질문했을 때, 나는 아무렇지도 않은 표정으로 "아마 광대처럼 보이고 싶었나 봐" 하고 대답했다. 지금 생각해도 좀 과도한 말이었지만, 그렇게 강하게 이야기한 이유는 어린 나이의 에밀리가 화장이 성숙한 여성의 필수적인 부분이라고 생각하지 않기를 바랐기 때문이다.

물론 여기서 중요한 건 그저 메이크업이 아니다. 여성의 몸, 특히 에밀리 자신의 몸은 과한 장식이나 꾸미기와 상관없고 물리적인 신체에 대한 권한과 힘과 자신감이 중요하다고 생각하기를 바랐다. 에밀리가 다른 아이들보다 더 잘 기고 오르고 밀고 당기고 무언가를 잡는 데 더 빠르고 더 강하고 신체적으로 조숙하지는 않았지만, 나는 할 수 있는 모든 면에서 에밀리의 신체적 발달을 자극하기 원했다. 아기였을 때에는 에밀리를 공중에 던졌다 받는 것부터, 걸음마를 배울 무렵에는 집 안에서 야단법석을 떨며 놀았고, 취학 전에는 '킨더짐'에 보내 트램펄린이나 그네용 링, 평균대 등을 하도록 했고 학교에 들어가서는 모든 종류의 팀 스포츠에 참여하도록 격려했다. 지금도 간직하고 있는 에밀리의 학교 스포츠팀 사진을 보면 여러 경기 그 자체에서 뛰어나지는 못하더라도 각 종목의 자세와 자신감 있는 포즈를 제대로 터득하고 있었음을 확인할 수 있다. 에밀리에 대해 제대로 판단하지 못해서, 자신 있게 축구공을 머리로 헤딩하는 것을 처음 보았을 때에야 비로소 에밀리가 그 이상을 터득했음을 깨달았다.

타이틀 9(미국 연방정부의 지원을 받는 모든 교육기관이 여학생에게 남학생과 동일한 교과목, 상담, 경제적 지원, 건강보험, 주거, 그리고 운동 기회를 제공할 것을 명시한 법률로 1972년 제정—옮긴이)가 공립학교에서 여성의 체육 활동을 장려한 덕에 많은 여자아이들이 공을 헤딩하는 법을 배우게 되었다. 하지만 놀랍게도, 남자아이에게뿐 아니라 여자아이에게도 중요하게 여겨지는 자유로운 이동을 허락받은 경우는 에밀리의 여자 친구 중 거의 없었다. 유치원에서는 이런 차이를 눈치채지 못했는데, 걸어서 하교하고 싶을 때면 아침 식사 때 부모에게 허가증을 받아 학교에 제출하는 대신 내킬 때면 언제나 스쿨버스를 타지 않고 걸어서 집에 돌아와도 된다는 포괄적인 허가를 에밀리가 요청했다. 중학교에 들어갈 무렵에는 에밀리가 그동안 당연하게 여겼던 이런 이동의 자유를 원하거나 허락받은 여자 친구는 소수에 지나지 않다는 사실이 확실했다.

에밀리가 8학년, 제러미가 6학년일 때, 대릴과 나는 1년을 하버드대학에서 보내게 되었고 그 기간 동안 우리 네 가족은 렉싱턴에서 살았다. 렉싱턴은 역사적으로 꽤 오랫동안 중상류 백인들이 주로 모여 사는 곳으로 알려져 있었다. 이 지역에서 가장 흥미로웠던 점은, 제러미가 알고 있던 6학년 소년들은 캠브리지시로 지하철을 타고 가서 하버드스퀘어 근처에서 시간 보내기를 좋아했지만, 에밀리가 알고 지내던 8학년 소녀들은 가까운 벌링턴 쇼핑몰로 가는 지역버스를 선호한다는 사실이었다. 여자아이들이 원했다면 캠브리지나 보스턴행 기차 타기를 허락받을 수 있었을지 모르겠지만, 우리가 그곳에 있는 1년 내내 에밀리는 친구들 중 오직 한 사람, 그것도 남자아이 한 명과만 '기차'를 탈 수 있었다. 나는 에밀리의 여자 친구 가족들이 대부분 렉싱턴 같은 마을로 가장 먼저 이사 간 이유가 대도시의 어두운 면으로부터 아이들, 특히나 딸을 보호하고 싶어 했기 때문이라고 생각한다. 이런 여자아이들은 8학년이 될 무렵이면 자기 부모의 불안을 스스로 내재화한다.

나는 안전하고 평화로운 뉴욕주 이타카에 사는 부모들의 걱정 때문에 정말 놀랐다. 고등학생이 된 에밀리의 여자 친구들은 너무나도 심하게 보호받는 탓에 미리 부모로부터 허락을 얻지 않으면 학교가 끝난 후 커먼스라 불리는 시내 번화가까지 걸어갈 자유조차 없었다. 부모들은 아이들이 시내버스를 타고 독립적으로 주변을 둘러보도록 권장하지도 않았다. 반대로 나는 에밀리가 언제 누구와 함께 무슨 일을 하건 어디를 가건 직접 결정하기를 바랐고 에밀리가 고등학교에 입학할 때 단 한 가지 규칙밖에 없었다. 오후 5시 반까지는 집에 돌아와 있을 것. 대부분의 경우 에밀리는 그보다 훨씬 일찍 집에 왔고 그럴 때마다 늘 한 무리의 남자, 여자 친구들과 함께였다.

에밀리가 다섯 살이 되었을 때, 유치원 교사는 에밀리가 같은 반 여자아이, 남자아이들 사이의 다리 역할을 해준다고 알려주었는데 에밀리가 아니었다면 아이들이 그토록 생산적으로 뒤섞여 놀기 어려웠을 것이라고 했다. 에밀리가 고등학교에서도 여전히 같은 역할을 하고 있는지는 모르지만, 적어도 유아원이나 유치원 때와 마찬가지로 여전히 여자 친구만큼이나 남자 친구도 많았다. 남자아이들과 잘 지낸 것이 신체 활동에 적극적이었기 때문인지 확신할 수는 없다. 에밀리가 친하게 지낸 남자아이들이 특히나 활동적인 스타일이라 할 수는 없었기 때문이다. 하지만 이유가 무엇이건 우리는 에밀리가 모든 나이대에 있어서 양쪽 성별과 충분히 잘 지낼 수 있는 커다란 자아와 사회적 세계를 구축해 기뻤다.

아이를 키울 때면, 양육 방식이 아이들에게 어떤 영향을 미칠지 미리 알 수 없다. 심지어 뒤돌아 생각해도 어떤 일은 반복할 가치가 있고, 어떤 것은 절대 되풀이하면 안 되는지 명확하지가 않다. 그래서 뉴올리언스 사육제 축제에서 스물한 살의 에밀리가 노상강도들로부터 피해 나올 수 있었던 것은 감사한 일이다. 나중에 에밀리는 유아원 시절에 엄마인 내가 반복해서 강조한 덕에 가능했다고 했다.

말썽쟁이 아이가 에밀리가 한창 갖고 놀고 있는 장난감을 빼앗았거나, 아니면 에밀리를 놀렸거나 밀치거나 때렸을 때일 것이다. "만일 이런 일이 다시 일어난다면, 네가 낼 수 있는 한 가장 큰 소리로 '안 돼' 하고 외쳐야 해. 그러면 네가 진지하고 심각하다는 걸 상대가 알게 되고 그냥 널 내버려둘 거야." 나는 에밀리와 함께 몇 번이고 크게 소리치는 놀이를 하며 연습했다.

　　에밀리에게 이 방법을 알려준 이유는 내 마음 한구석에서는 혹여라도 아는 사람으로부터 강간당하는 상황이 되었을 때, 아니면 어떤 남자아이를 겁줄 필요가 있을 때 도움이 될지 모른다고 생각했기 때문이다. 친구 둘과 함께 축제에 참여하던 중 터널 비슷한 곳에서 일련의 십 대들에게 둘러싸였을 때 에밀리에게 제일 먼저 든 생각은 가능한 한 큰 소리로 "안 돼" 하고 고함쳐야 한다는 것이었단다. 에밀리는 자신이 처한 상황에 맞게 "안 돼"라는 말을 변주했다. 고함치고 주먹을 날리고 상대를 밀어 넘어뜨린 후 그 자리를 빠져나왔다. 다른 두 명의 친구들은 에밀리보다 조금 더 괴롭힘을 당해서 그중 한 명은 돈을 빼앗기기도 했지만 다행히 그 어떤 무기도 사용하지 않았고 아무도 심한 상처를 입지 않았다.

　　내가 만일 길거리에서 이런 십 대 강도들에게 둘러싸인다면 에밀리처럼 행동할 수 있었을까? 축구공을 헤딩할 수 있을까 하는 질문과 마찬가지로 이 질문에 대한 답을 알 수 없다. 하지만 내 딸은 이런 일을 할 수 있어서 다행이었는데, 만일 에밀리가 좀 더 '얌전하게 길들여졌다면' 이런 일은 불가능했을 것이다.

이제 제러미의 이야기로 옮겨가보겠다.

지난 20여 년 동안 나는 페미니스트 엄마들이 자신의 아들과 관련해 세 가지 문제를 걱정한다는 사실을 알았다.

아이들이 어릴 때 "남자애들은 다 그래" 하고 이야기하는 현상을 어떻게 제대로 다룰 것인가. 다시 말하면, 다른 남자아이와의 격렬한 장난, 여자아이에 대한 무례함, 총기류에 대한 관심에 어떻게 대응할 수 있을까.

아이들이 조금 더 커서 (경멸적인 뜻에서) '**남자**'가 되지 않도록 어떻게 할 것인가. 다른 무엇보다 이 말은 다음과 같은 사실을 의미한다. 정서적으로 고립되지 않고, 자신이 다른 모든 사람보다 더 많이 안다고 생각하지 않으며, 선천적으로 자신이 주위 여성들보다 더 많은 권리와 혜택을 누리게 되어 있다고 믿지 않게 하려면 어떻게 해야 하는가.

아들이 고정관념에 갇힌 소년이나 남성이 되지 않도록 막을 수는 없어도, 이 아들을 어떻게 하면 계속 사랑할 수 있을까. 또 다른 말로 하자면, 어떻게 하면 이런 아들을 계속 사랑하면서 엄마 스스로를 페미니스트로 존중할 수 있을까.

둘째 아이가 아들임을 알았을 때 나는 이런 문제에 대해 걱정하지는 않았다. 대릴이 정말 괜찮은 남성이었고 아마 특히나 이런 환경에서 성장한다면 제러미 역시 그렇게 되리라고 생각했기 때문이다. 나중에 알게 되었지만, "남자아이들은 원래 다 그래" 하는 범주의 문제를 다루어야 했던 적은 한 번도 없었다. 총과 트럭과 영웅 캐릭터 인형과 전쟁놀이 장난감과 다른 남자애들과의 거친 몸싸움과 여자아이에 대한 무례한 장난이 남자아이에게 거의 필연적이라고 생각하겠지만, 실은 그렇지 않다. 생물학적 원인 혹은 환경적 원인, 아니면 이 둘의 결합 그 무엇 때문이건 간에, 모든 남자아이들이 이런 마초적인 것을 좋아하지는 않았고 제러미는 그런 소년 중 한 명이었다. 아버지와 배리 삼촌, 사촌 잭이 그랬듯이 말이다. 지금 생각해보면 제러미의 외할아버지와 친할아버지 모두 아마 비슷한 성향이었던 것 같다.

한두 살 무렵의 제러미가 특히 좋아해 자주 읽어주었던 그림책이 생각난다. 생일에 함께 놀 친구들을 찾아다니는 외로운 아기곰에 대한 이야기였는데, 그 곰이 찾아가면 친구들은 집에 없거나 다른 일로 바쁘거나 했다. 우리처럼 독자 역시 페이지를 넘기면서 실망할 터였다. 제러미는 자주 나에게 이 책을 읽어달라고 했는데 몇 번 읽은 후에는 특정한 방식으로만 읽어달라고 요청했다. 슬픈 페이지를 많이 건너뛴 후, 그러니까 책의 90퍼센트쯤을 넘겨버리고 마지막 행복한 두세 페이지를 읽는 방식이었다. 마지막 장면은, 작은 곰이 집으로 돌아와 보니 그날 바쁘다고 한 친구들이 모두 모여 깜짝 생일 파티를 준비했다는 것이었다.

돌이켜보면, 이 작은 곰에게 그토록 깊이 감정이입을 한 꼬마가 취학 전과 초등학교 저학년 무렵에 친구라고는 여자아이들밖에 없었다는 사실은 그리 놀랄 일은 아니었다. 가족적인 배경을 고려할 때, 제러미가 4학년 무렵 매주 화요일 오후 방과 후 수업 과정에서 테디베어 만들기를 6주 동안 배운 그 초등학교의 유일한 남자아이라는 사실이 놀랍지 않았다. 이렇게 수업 때 만든 로이샤라는 이름의 테디베어가 그 후로 죽 제러미가 사는 곳에 늘 함께 따라다녔다는 것도 놀랄 일이 아니다.

하지만 제러미를 소녀들과 테디베어에 둘러싸인 감정 풍부한 소년으로만 생각하는 것은 잘못이다. 그렇게 제러미를 바라볼 경우 그 아이의 가장 독특한 면을 놓쳐버리기 때문인데, 그것은 다름 아닌 수학에 대한 놀라운 관심과 적성이었다. 외로운 작은 곰에 대한 책을 몇 번 읽고 난 뒤 행복한 결말 부분만 읽어달라고 했던 것은 제러미의 공감 능력을 보여주는 증거일 수 있다. 하지만 다른 한편으로 이 책이 제러미가 관심을 보인 흔치 않은 책 중 하나라는 사실은 제러미의 수학적 사고방식을 보여주는 중요한 증거일지 모른다. 제러미는 다른 책들은 대부분 그저 페이지를 넘겨서 나와 같이 페이지 번호를 읽곤 했다. 서너 살 무렵 제러미가 하고 싶어 했던 일은《서양 세계에 관한 위대한 책》의 책장을 펴서 목차를 찾은 후, 로마숫자로 된 챕터 번호에 주목해 4페이지부터 시작한다고 하면 4페이지를 펴서 정말로 챕터 I이 그 페이지부터 시작하는지 확인하고 챕터 II가 67페이지부터 시작한다고 나와 있으면 67페이지로 가서 정말 그 챕터가 시작하는지 확인하는 것이었는데, 책 한 권을 놓고 전체를 이렇게 살펴보았다.

두세 살 무렵, 깨어 있는 제러미의 시간 대부분에 함께한 것은 여자아이들이나 테디베어가 아니었다. 제러미는 자기 머릿속에서 무언가를 생각했고 자주 컴퓨터를 사용하며 추상적인 상징체계를 갖고 놀았다. 이런 작은 꼬마가 어떻게 추상적인 체계를 다루느냐고 사람들이 질문하면 나는 이렇게 대답하곤 했다. "다른 아이들과 나와 당신에게 숫자는 그저 추상일 수 있지만 제러미에게 숫자는 친구랍니다."

나처럼 열성적인 페미니스트 엄마에게 제러미의 수학적인 재능은 악몽이 될 수도 있었다. 수학은 미국 여성이 아직 최상층에 진입하지 못한 분야 중 하나였고, 성적 불평등이 심각한 분야라 대부분의 소년이나 남성보다 여성의 지성이 못하다고 제러미가 쉽게 생각해버릴 수도 있었다. 제러미가 서너 살 때부터 칭찬을 많이 듣고 상도 많이 받아 수학적 재능에 대해 지나친 관심을 받다 보니 지적 허영이 너무 쉽게 커져서 여성뿐 아니라 지적이지 않은 다른 사람을 함부로 대하게 될 수도 있었다.

하지만 역설적으로 제러미의 수학적 재능은 남성 중심 사회에서 사는 다른 남성보다 그 아이를 덜 오만하게 만들어주었다. 여기에는 두 가지 이유가 있다. 첫 번째는, 수학이 제러미의 마음을 두 살 때부터 열정적으로 사로잡았고 아마도 모든 사람이 필요로 하는, 이 세상에서 자신이 어떤 존재인지에 대한 인식을 단단하게 만들어준 것 같다. 제러미는 살면서 자신을 높이 올리기 위해 다른 사람을 잡아 끌어내릴 시간도 없었고 그래야 할 심리적 동기도 없었다. 두 번째로 나와 대릴은 수학에 대한 제러미의 적성을 키워주기 위해 애쓴 만큼, 자신의 수학적 재능 때문에 다른 사람들이 느낄지도 모를 부족함에 대해 신경 쓰도록 가르쳤다. 아마도 제러미에게 이런 부분에 관해 괜찮게 가르쳤던 것 같다. 하지만 누가 알겠는가? 작은 곰에 쏟았던 제러미의 감정이입을 고려한다면 아마 스스로 이런 부분을 깨우쳤을 수도 있다.

앞서 다른 페미니스트 엄마들만큼 아들에 대해 걱정하지 않았다고 말했는데 그것은 내게 문제가 일어나지 않았기 때문이다. 하지만 제러미가 머릿속에서 수학 문제를 푸느라 너무 많은 시간을 사용하는 바람에 내가 보내는 페미니스트적인 메시지를 완전히 이해하기는커녕 듣지도 않을까 봐 걱정되었다. 나중에 알고 보니 이런 걱정 역시 할 필요가 없었다. 세상을 향한 제러미의 수신기는 많은 경우 꺼져 있었지만, 그럼에도 불구하고 우리 집의 페미니스트직인 메시지는 아이에게 구석구석 스며들어 있었고, **남자아이로서** 자신의 젠더 비순응성이 (예를 들어, 자신의 테디베어를 직접 만드는 일 등) 바깥세상과 충돌하는 때가 많았기 때문인지 초등학교에 들어갈 무렵에 이미 열정적이고 거침없는 페미니스트가 되어 있었다. '**남자아이로서**'라고 말한 것은, 우리 사회의 비관습적인 여자아이는 젠더의 경계선을 넘어설 수 있는 자유를 (예를 들어 스포츠를 하거나 바지를 입거나 짧은 머리를 해서) 꽤 많이 얻었지만 비관습적인 남자아이의 경우 자신의 경험에 근거해 젠더 구분의 세계가 여전히 감옥처럼 공고한 상태임을 발견하기가 쉽지 않기 때문이다.

남자아이긴 하지만 제러미는 이를 발견할 수밖에 없었다. 이 문화의 젠더 체계를 자신의 아이들에게 그대로 전해주는 역할은 절대 하지 않겠노라고 서약한 열성적인 페미니스트 엄마인 나조차 결국 기존 문화의 전달자일 뿐 아니라 감옥의 간수 역할을 하게 되었을 때를 이야기해보겠다. 캘리포니아에서 안식년을 즐기고 있을 때였다. 제러미는 에밀리가 입었던 분홍색 주름장식이 달린 (이제 에밀리에게는 너무 작아져버린) 무릎 길이의 원피스를 초등학교 1학년 수업에 입고 가겠다고 했다. 그때는 우리 가족에 대해 교사들도, 교장도, 다른 부모 들도 전혀 모르고 있을 때였다.

'아냐, 안 돼. 도대체 이 일을 어떻게 해결해야 하지? 만일 내가 이타카의 집에 있었다면 아마도 그렇게 하도록 할 수 있는 방법을 찾았겠지만 익숙하지 않은 장소에서 이런 예기치 않은 일을 다루고 싶지는 않고 분명 그 후폭풍이 찾아올 거야.' 나 스스로 이렇게 생각했다. 다리 사이에 꼬리를 말아 넣은 양 잔뜩 기가 죽어서 진보적인 메시지는 입안으로 삼켜버렸다. 대신 에밀리가 입었던 분홍색 주름장식이 잔뜩 달린 긴 옷을 입고 학교에 갔다가는 감당하기 어려운 큰 문제가 생긴다고 제러미에게 이야기하고 말았다. 만일 집에서 입겠다면 원하는 때에 언제든 입을 수 있다고 했다. 제러미는 이 옷을 한 번이나 두 번 정도 나이트가운으로 입었던 것 같다. 하지만 이런 대안이나 다른 어떤 것도 그날 제러미와 내가 잃어버린, 우리의 진정성을 보상해줄 수는 없었다.

어린 시절 제러미를 여자의 영역에서 떼어놓으려 애쓴 사람이 비단 나만은 아니었다. 결국 제러미는 이런 경계병에게 저항하는 방법을 모두 배우게 되었다. 2학년이 되어 학교에 스트로베리 쇼트케이크(1970년대 미국에서 선보인 분홍색 머리를 한 소녀 캐릭터─옮긴이) 캐릭터가 그려진 운동화를 신고 갔다가 놀림당했는데 아직 이런 현실에 저항할 준비가 채 되어 있지 않아서였는지 그 이후 얼마 동안은 이 운동화를 신고 등교하는 일을 포기했다. 하지만 4학년이 되어서 연한 하늘색 운동화를 사려다가 매장 직원이 이 색은 여자 사이즈로만 나온다고 말하자 제러미는 그래도 신어볼 테니 신발을 가져다 달라고 고집했다. 5학년이 되자 밝은 분홍색 백팩을 사서 메고 등교했다. 친구들이 너무나

놀려서 나도 결국 이 백팩이 문제가 되어 참을 수 없으면 새로운 가방을 사주겠다고 했다. 제러미는 "아니에요, 엄마. 내가 중요하게 생각하는 건 내 백팩의 색깔이 아니에요. 그 성차별적인 아이들이 내가 어떤 색의 백팩을 들고 다닐 수 있고 없는지를 명령하도록 결코 내버려둘 수 없기 때문이에요." 내가 말했다 해도 이보다 더 잘 말할 수 있었을까.

6

나의 특이한 커리어

《여자의 일생에 대한 글쓰기*Writing a Woman's Life*》에서 캐롤린 하일브런은 버지니아 울프의 남편인 레너드가 아내에 대해 의학적 결정을 행사한 사실과 그 방식을 두고 울프 연구자들이 분노할 정도로 비판적이었다고 전한다. 이는 정당한 비판이었겠지만 "레너드와의 결혼은 버지니아가 한 일 중 가장 현명한 것이었다. (…) 그가 있었기에 울프의 창작이 가능했다"고 주장했다. 하일브런이 인용한 나이젤 니콜슨Nigel Nicholson(버지니아 울프의 선기《버지니아 울프: 시대를 앞서간 불온한 매력》을 쓴 작가—옮긴이)도 비슷한 견해를 보였다. "[버지니아는] 무엇이 자신에게 가장 중요한지와 자신의 글에 대한 [레너드의] 판단을 깊이 존중했다. 자신에게 부족한 원대한 상상력을 버지니아는 갖고 있다고 판단했던 레너드는 버지니아를 보호했고, 요동치는 버지니아의 상태를 지켜보았으며, 그 천재성을 보살폈고, 버지니아가 자신만의 방에 머무를 수 있도록 내버려두고 자신은 그 옆 공간에 머물며 혹시 자신을 필요로 할 때면 언제든 옆에 있어주어야 한다는 것을 본능적으로 이해했다."

이 인용구로 이 장을 시작하기가 망설여졌던 것은, 한 사람의 독자라도 내가 내 일에 있어 천재성을 보였다거나 대릴은 상상력이 없다고 생각하기를 원치 않았기 때문이다. 결코 그렇지 않다. 하지만 이 인용구는 여전히 내게 깊은 울림을 준다. 왜냐하면 항상 내 곁에 있어주고 나를 지지하며 내 안에 자리한 독특한 창의성을 발견해준 대릴은 저자로서의 나의 삶뿐 아니라 전통적인 방식과 거리가 있는 나의 독특한 커리어를 가능하게 만들어주었기 때문이다.

내가 열아홉 살, 대학 3학년이었을 때, 학부 심리학 교수이자 자서전 쓰기 수업을 맡았던 밥 모건 교수가 나를 연구실로 부르더니 자신이 보기에 나는 훌륭한 정신과 의사가 될 수 있으며, 학부 졸업 후 의대 진학을 고려해보면 좋겠다고 말했다. 흥분을 겨우 억누르며 공중전화로 달려가 어머니에게 연락했다. 나는 왜 그렇게 흥분했을까? 그의 제안은 성별이나 계층에 지나치게 얽매이지 않고 나 자신에 대한 전망을 바꾸게 해주었고, 이를 통해 내 미래에 대해서도 다시 생각해보게 만들어주었다. 그 14개월 후에 대릴 벰을 만나 결혼하지 않았다면 내가 그런 미래를 만들어갈 수 있었을까? 이 질문에 대한 답을 나는 결코 알 수 없을 것이다. 하지만 모건 교수가 지나가듯이 했던 정신과 의사에 관한 이야기가 어쩌면 내가 이미 지니고 있던 지적이고 직업적인 성취의 깊은 샘을 이끌어냈듯 거의 30년 동안 이어진 대릴의 지원은 이런 욕망을 정의하고 실현시켜주었다.

최고의 심리학과에서 교육받을 기회를 원하던 나에게 대학원 교육은 지적으로 그다지 도움이 되지 않았다. 어떻게 이렇게 되어버렸을까? 나는 앤아버에서 16개월만 살았는데, 그중 10개월 동안 여동생과 지내며 그 아이의 모든 어려움을 함께해야 했다.

돌아보면 대학원 시절에 진정 가치 있는 경험은 딱 한 가지였다. 지도교수였던 데이비드 버치는 실험심리학자로, 그때까지 연구 대부분에 있어서 쥐의 행동 동기에 관한 실험을 진행하고 있었다. 그런데 인간의 동기, 더 구체적으로는 "언어적 자기통제"에 대해 연구할 수 있는 기금을 받게 되었다. 지도교수는 연구기금 제안서에 이미 설계한 연구를 포함시켰는데 그중 하나를 나의 대학원 첫 연구 프로젝트로 하길 바랐다. 심리학과 대학원은 대부분 이런 방식으로 작동하곤 했다. 하지만 나는 그 연구 프로젝트에 그다지 흥미가 생기지 않았고 버치 교수는 그다음

주 화요일까지 내가 하고 싶은 연구가 무엇인지 생각해오라고 했다. 나에게 한 가지 아이디어가 있었고 이에 대해 대릴에게 길게 설명했다. 그다음 주 화요일이 되었을 때, 우리 두 사람은 아이디어를 발전시켜 실행할 수 있는 연구과제 형태로 만들 수 있었다. 버치 교수는 승인했고, 그 순간 이후부터 버치 교수는 나를 창의적인 연구 아이디어가 있는 사람으로 대했다. 내가 정신과 의사가 되어야 한다고 말해주었던 학부 때 교수처럼 버치 교수는 나 자신이 특별한 잠재력이 있는 사람처럼 스스로를 인식하도록 이끌어주었다.

대학원 시절에 대해서는 그 밖에 어떤 것도 교육적으로 기억에 남아 있지 않다. 나는 심리학의 열 가지 분야를 다루는 필수과목을 수강했고 발달심리학을 선택하여 집중적으로 들었는데, 이 분야는 약간의 필요 요건을 추가적으로 충족시키면 1년 반 동안만 학교에 있다가 피츠버그로 돌아갈 수 있었다. 게다가 데이비드 버치 교수가 계속 나의 지도교수를 맡아주었다. 나는 학부를 졸업한 지 3년 만에 스물세 살이라는 나이로 박사학위를 취득할 수 있었다.

아직 광범위한 지적 기반을 닦거나 진지한 지적 프로젝트를 만들지는 못했지만, 나 자신의 아이디어에 기반한 두 가지 실증연구를 마쳤다. 하나는 대학원 첫해의 프로젝트였고 또 하나는 박사 논문이었다. 첫해 진행한 프로젝트는 이미 상당히 엄격한 학술지에 단일 저자로 출판한 상태였다. 대학원 박사과정 3년 차 중간 즈음이 되어서 일자리를 알아볼 때가 되자 대다수 동료들보다 최소한 논문에 있어서는 앞서 있었다. 그들 중 소수만이 대학원 다니는 중에 어떤 형태든 학술지에 출판한 상태였다. 이제는 더 이상 그렇지 않다. 요즘 심리학 대학원생이라면 최소한 교수와 공저자로 논문 하나를 발표하지 못하면 일자리 얻는 데 어려움을 겪는다.

그때와 지금의 또 다른 차이는, 1960년대 말에는 학계에 자리가 나도 공개적으로 채용하지 않았다는 점이다. 교수를 뽑아야 할 때면 학과의 남자 교수들은(당시 대학교수는 거의 남성이었다) 자신이 존경하는 다른 대학의 동료 교수에게 전화를 걸어 그해 졸업생 중에 주목할 만한 학생이 있는지 묻곤 했다. 아무리 훌륭한 학생이더라도 그 당시 교수 채용의 후보자가 되는 단 하나의 길은, 여러 학교와 학과로부터 추천 요청이 자주 들어오는 남자 교수를 통하는 것이었다. 남성 중심의 연고주의는 온갖 종류의 차별을 만들어냈다. 이런 이유 때문에 1970년대에 와서야 공개적인 공고를 통해 지원자가 자신이 원하는 학교 내의 일자리에 직접 지원할 수 있도록 하는 제도가 만들어졌다.

1968년 초, 데이비드 버치 교수는 나를 고용하고 싶어 할 만한 좋은 학과를 서너 개 떠올렸다. 그러나 어느 한 곳에서도 나에 대해 흥미를 보이지 않자 놀랐다. 정확히 문제가 무엇인지 결코 확신할 수 없었지만 한 가지 가설은 존재했다. 버치 교수는 추천서를 쓰면서 맨 마지막에 나에게 심리학 연구자인 남편이 있다는 점을 언급했다. 그에 따르면 자신이 추천했던 학교의 심리학과 어디에서도 오늘날 맞벌이 부부로 불리는, 당시에는 매우 이상하고 새로운 종족이었던 나를 원하지 않았으리라는 이야기였다.

어느 시점에 카네기공대 심리학과에 정식 교수 자리가 생겼다. 여기에 응모해 내 두 가지 연구 결과를 발표했고 하루 종일 모든 교수와 개별적으로 인터뷰를 진행했다. 결국 그들은 나를 채용했다. 물론 무엇보다 먼저 카네기공대는 결혼한 부부를 고용하지 못하게 하는 친족등용금지법이 없다는 점을 명확하게 밝혔고 실제로도 그랬다. 대릴과 나는 농담으로 앤드류 카네기 시대에는 여성이 지원한다는 생각 자체를 못했기 때문일 거라고 했다.

1968년 9월부터 1970년 8월까지 2년 동안 나는 카네기공대에서 정식 교수로 근무했다. 두 해 동안 학교와 나 모두 각자 정체성 위기를 겪었다. 카네기공대는 엔지니어링과 과학을 전문으로 하는 기술대학으로 남을지 아니면 종합대학으로 갈 것인지로 고민했다. 결국 이들은 후자를 택했고, 그렇게 해서 카네기멜론대학으로 이름을 바꾸었다. 나는 내가 정말 심리학 연구자가 되고 싶은지를 놓고 고민했다.

수업을 통해 학생들을 가르치는 일은 매우 좋았지만 연구는 전혀 하지 않는 게 고민의 중심이었다. 시간이 없어서가 아니었다. 시간은 오히려 많아서 대릴과 나는 4시가 되면 문을 닫는 가장 편리한 고속도로 출입로를 타기 위해 오후 3시 45분이면 연구실을 나서곤 했다. 문제는 내가 충분히 흥미롭게 생각하는 그어떤 연구 질문도 없었다는 점이다. 매일 아침 연구실에 도착해서 수업하고 학생들을 지도했다. 대릴과 함께 젠더에 대한 고정관념의 폐해와 평등주의의 미덕에 대해 대중 강연을 했다. 집에 오고 나면 4.5킬로미터 정도밖에 떨어지지 않은 채텀대학처럼 연구하지 않아도 되는 소규모 인문과학대학에서 일해야 하는 건 아닐지 대릴과 많은 대화를 나누었다.

채텀대학에서 가르치는 것에 대해서는 더 이상 생각하지 않았다. 카네기멜론대학에서 두 번째 해를 보낸 다음 수년에 걸쳐 나의 지적 열정을 쏟을 분야를 찾았기 때문이다. 페미니스트 정치학을 연구해야겠다는 생각이 언제 갑자기 들었는지는 더 이상 기억나지 않는다. 하지만 어느 시점부터인가 대릴과 내가 대중 강연에서 주장하는 것을 뒷받침할 만한 실증적 증거나 데이터가 없다는 사실이 불편하게 느껴지기 시작했다. 예를 들어 우리 사회가 여성성이나 남성성처럼 인간 특성의 거의 모든 분야에 길진 고정관념을 포기한다면 여성이나 남성 모두에게 얼마나 좋을지, 그러니까 만일 모든 사람이 자기 자신의 고유한 기질이나 행동을 드러내며 복합적인 제 자신의 모습으로 살아갈 수 있을 만큼 자유롭다면, 만일 모든 사람이 '양성의 특징을 가질' 수 있다면 얼마나 좋을지 보여주는 증거가 혹시 있을까.

그러다가 한 가지 생각이 떠올랐다. '스스로 관련 데이터를 모을 수 있지 않을까.' 전통적으로 성 구별을 짓는 사람들보다 흔히 말하는 양성적인 특징을 가진 사람들이 어떤 점에서 더 건강할 수 있는지를 질문으로 놓고 실증적 연구를 할 수 있겠다 싶었다. 이렇게 함으로써 양성성을 심리학 영역에 소개할 수도 있고, 성숙하고 건강한 정체성을 위해서는 여성은 여성다워야 하고 남성은 남성다워야 한다는 정신건강 체계의 전통적인 가정에 도전을 시작할 수도 있었다.

그 순간 이후 나의 정치적, 개인적, 그리고 직업적 열정은 서로를 보완하며 충족시키게 되었다. 나는 단순히 직장을 가진 것이 아니었다. 나에게는 사명이 있었다. 하지만 그 사명은 내가 정식 교육을 받은 분야도 아니었고 직접적인 배경지식이라고 할 만한 것도 거의 없었다. 카네기멜론대학 도서관에 스스로 격리되어 젠더에 대한 심리학적 문헌들을 파들어갔다.

내가 페미니즘 학문 분야로 외롭게 전환하는(나도 모르게 동시에 다른 많은 분야의 다른 많은 여성 학자를 접하게 되는 전환) 어디쯤에선가, 대릴과 나는 스탠퍼드대학의 필립 짐바르도Philip G. Zimbardo(스탠퍼드감옥 실험으로 유명한 사회심리학자로 저서에 《루시

퍼 이펙트》가 있음—옮긴이) 교수로부터 전화 한 통을 받았다. 그는 1970~1971년 학기에 우리 두 사람을 스탠퍼드대학 방문교수로 초빙하고 싶다고 했다. 우리는 짐바르도 교수에게 아마도 갈 수 있을 것이라고 답하면서 왜 우리를 초대하고 싶은지 물었다. 스탠퍼드대학 심리학과에서 단순히 우리를 방문교수로 초빙하는 것인지 아니면 방문 기간을 마치고 정식으로 교수 자리를 의뢰받을 수도 있는지 물어보았다. 필립은 가능성이 있다면서 무엇보다도 심리학과에서 부부 교수가 함께 일하는 것이 가능할지 먼저 확인해볼 필요가 있다고 대답했다.

미시간대학교 대학원과 카네기멜론대학에서 보낸 첫 5년 동안 대릴은 내가 커리어를 만들 수 있도록 많은 방면에서 도와주었다. 먼저 그는 카네기멜론대학에서 휴직하고 내가 미시간대학교 대학원에 다닐 수 있도록 구조적인 도움을 주었다. 오래전 대학원 첫해 연구 프로젝트에서는 나와 내 연구에 대해 흔쾌히 (그리고 심지어 열렬하게) 대화를 나눴고, 이런 과정이 실질적인 도움이 되었다. 내가 심리학 연구자로 남아야 할지 아니면 수업만 진행하는 교수가 되어야 할지 첫 번째 정체성의 위기를 겪었을 때에도 그는 늘 내 걱정에 귀 기울였다. 무엇이든 내가 하고 싶어 하는 것을 자기도 좋아한다는 점을 명확히 하였다. 이는 내게 큰 정서적인 지지가 되었다. 결국 내가 페미니스트 연구자가 되기로 결심했을 때, 그는 과학과 정치 사이를 뚜렷하게 구분하느라 걱정할 필요가 없는데 그 이유는 애초에 그러한 구분이 가능하지 않기 때문이라면서 이념적 지지를 보내주었다. 물론 페미니스트 연구에 대한 결심은 평등주의에 대한 합동 강연으로부터 시작되었으며 다시 돌아가 이 강연은 평등주의 부부로 함께 살아온 생생한 경험으로부터 나온 것도 사실이고 이는 그가 (혹은 하나의 구성단위로서 우리가) 인식론적인 지지를 제공했음을 뜻한다. 아직까지 내가 카네기멜론대학이나 그 이후 스탠퍼드대학에 어떻게 일자리를 얻게 되었는지는 언급하지 않았다. 이 이야기는 결국 대릴로부터, 더 정확하게 말하면 일자리와 관련해 대릴의 아내라는 사실로부터 받은 구조적 도움이 무엇인지 충분히 설명한다.

　스탠퍼드에서 우리가 보낸 8년 동안 모든 것은 어마어마하게 확대되었다. 미국 전체에서 최고 심리학과 두세 곳으로 꼽히는 스탠퍼드대학에서 대릴의 채용 가능성을 몇 번에 걸쳐 논의했으나 매번 대릴을 제외시켰던 것으로 드러났다. 첫 번째는 1964년으로 스탠퍼드대학이 대릴이 아닌 다른 사람을 더 선호했을 때였다. 마지막은 1969년이었는데, 그 시점은 대릴이 거침없이 공개적으로 '평등 부부'라고 주장하는 시기였다. 우리 두 사람 모두에게 정식 교수 자리를 제공해야만 대릴이 움직이리라는 사실을 알고 있었기 때문에 제외됐다. 이는 당시의 대다수 학자 부부와는 매우 대비되는 상황이었다.

우리의 거취를 두고 논의했던 사람 중에 스탠퍼드 교수진에 새로 합류한 교수이자 카네기멜론대학에서 우리의 동료였던 심리언어학자 허브 클라크가 있었다. 스탠퍼드대학 심리학과는 그해 두 명의 교수를 뽑을 계획이었다. 한 자리는 대릴의 영역인 사회심리학이고 또 다른 한 자리는 발달심리학이나 성격심리학 분야였다. 허브 클라크는 애초부터 나 역시 매우 훌륭하다고 하면서 스탠퍼드대학이 우리 부부에게 두 자리를 제공해야 한다고 주장했다. 하지만 우리가 부부라는 문제와 확신하건대 **나 스스로의 힘만으로는** 결코 스탠퍼드대학의 관심을 끌 정도가 아니었기에 그들은 허브의 주장을 비중 있게 고려하지 않았다. 적어도 그들이 뽑고 싶을 만한 후보자를 찾으려는 다른 시도가 실패한 그해 봄까지는 말이다. 허브 클라크는 다시 우리 부부에 대해 언급했다. 이때 초청교수 자격으로 초대하여 우리를 채용할지 안 할지 심리학과에서 보다 현명한 결정을 내려보자는 아이디어가 등장했다.

그해에 대릴과 나는 우리 부부를 고용할 가능성과 관련해 심리학과에서 논했을 많은 비합리적인 걱정에 대해 농담을 주고받았다. 우리가 공개적인 자리에서 열정적으로 사랑을 나누거나 당혹스럽게 싸우리라 생각했을까? 교수 회의에서 항상 함께 투표하는 권력 연합체를 만들어내리라고 생각했을까?

한편으로 이러한 농담은 우리의 걱정, 아니 그보다는 나 자신의 걱정을 피하기 위한 것이었을지도 모르겠다. 스탠퍼드라는 세계에 들어간다는 의미는 내가 그전에는 존재하는지도 몰랐던 출세 가도와 위험 부담이 많은 게임에 참여하는 걸 뜻했다. 심리학과가 있는 조던홀의 문을 열고 들어서서 내 좌측 벽에 걸린 스탠퍼드대학 교수진의 명단을 보는 순간 깨달았다. 소수를 제외하고는 모두가 유명한 이름이었다. 이는 우연이 아니었다. 나도 금세 알게 되었지만 이곳에서는 단지 두 종류의 심리학자만이 인정을 받았다. 학과가 판단하기에, 심리학 분야에서 중요한 이론적 개념과 질문의 패러다임을 설정한 소수의 주요 인물과 이들이 만들어놓은 심리학 분야라는 포도밭을 경작하는 다수의 인물들. 나는 이런 상황을 A⁺와 F, 단 두 가지 학점만 존재하는 학교에 비유하게 되었다.

수년이 흘러, 나는 이곳의 문제가 단지 이런 이분법에서 오는 오만함만이 아님을 깨달았다. 더 심각한 문제는 심리학에서 무엇이 중요한 개념이고 질문인지를 판단하는 힘을 누가 갖고 있는지였다. 과학과 정치가 서로 밀접하게 연관되는 복잡한 방식을 아직 이해하지 못하는 과학 전통에서 훈련받은 백인 이성애자 남성이 거의 모든 판단을 할 때, 특정 종류의 개념과 질문은 제외된다는 점이 더 중요했다. 하지만 당시에 나는 그저 A⁺를 받고 싶었다.

돌아보면 특별한 소수만을 소중하게 여기는 스탠퍼드대학의 가치관과 캘리포니아로 이주하기 전에 이미 내가 발전시켜나가고 있던 사고방식이 아주 잘 맞아떨어졌다. 내가 아인 랜드Ayn Rand(러시아에서 태어나 대학교수가 되었으나 미국으로 건너가 작가로 성공한 인물―옮긴이)의 개인주의적이고 능력을 중시하는 철학에 대학 때부터 깊이 공감했다는 사실과도 관련 있다. 하지만 더 중요한 사실은, 심리학계에서 지명도 높은 대릴과 그 정도의 위상을 갖고 있지 못하는 나 사이의 간극에 신경 쓰이기 시작했다는 점이다.

자신보다 훨씬 더 유명한 심리학 교수와 결혼한 여성 심리학 교수와 오래전 잠시 이야기한 적이 있다. 남편이 아니었다면 전혀 만날 수 없는 똑똑하고 유명한 사람들과 지적 대화에 참여할 수 있는 기회에 얼마나 감사한지 별 동요 없이 말하는 그의 모습에 놀랐다. 난 그저 친절하게 고개를 끄덕이며 웃음 지었다.

이 대화를 하는 동안 미국심리학회에 참석해서 대릴을 남겨놓고 행사장을 먼저 떠났던 때를 생각했다. 대릴이 친분 있던 다른 남성 심리학자들과 심리학에 대해 이야기하고 있을 때 그 옆에 있는(그 자리에 없는 듯한) 경험을 견딜 수가 없었기 때문이다. 대릴이나 다른 심리학자들을 성차별주의자라고 비난하는 게 아니다. 당시 나는 단지 대학원생이었지만 그들은 모두 교수였고 종종 함께 작업했으며 심지어 함께 출판도 했던 사이였다. 하지만 다른 잘나가는 심리학자들의 아내와는 달리 나는 단지 자리에 앉아 그들의 명석함을 관찰하며 학회장에 머물 수가 없었다. 대릴의 아내라는 이유만으로 전문적인 토론에 포함되는 경험이 너무나 불편했다. 내가 이렇게 반응하는 이유가 내 자아가 왜소하기 때문인지 비대하기 때문인지 수년 동안 스스로에게 물었다. 내가 낸 결론은, 두 가지 모두라는 사실이었다. 어찌되었든 캘리포니아에 이주하기 이전부터 내 안의 어떤 부분은 대릴을 따라잡고 싶어 했고, 적어도 대릴과 나 사이의 간극을 상당히 줄이고 싶어 했다. A⁺아니면 F라는 스탠퍼드대학의 사고방식은 이러한 내 열정에 기름을 부었다.

스탠퍼드대학의 사고방식은 또 다른 방향에서 나의 사고방식과 맞물려 들어갔다. 스탠퍼드에 이주할 즈음, 나는 내 소명을 찾았다. 바로 페미니즘이었다. 맹세코 나는 심리학 분야와 사회를 바꾸도록 돕고, 이를 위해 죽기 살기로 노력할 작정이었다. 따라서 새로운 패러다임을 만들어내는 사람이 아니라면 가치 없다는 스탠퍼드대학의 명확한 메시지는 많은 측면에서 내가 듣고 싶었던 메시지였다. 다른 대학에서 너무 대담하게 군다면 오히려 많은 충돌을 불러일으켰을 것이다. 그런 대학에서는 내가 더 조심스럽게 진행하고, 다른 사람의 연구를 이어가며, 잘 설계된 연구를 몇 가지 더 한다면 종신교수직을 그냥 얻게 될 것이었다. 하지만 스탠퍼드대학에서는 아니었다. 따라서 나는 여기에서 전력을 다하는 게 좋으리라는 결론을 내렸다. 그렇게 하지 않고는 종신교수직을 얻을 수 없었기 때문이다.

그렇다고 해서 당시의 내가 직업적으로나 정서적으로 스탠퍼드대학 교수로서의 역할에 잘 준비되었다는 의미는 아니다. 준비되어 있지 않았기 때문에 스탠퍼드대학 교수로서 8년간의 생활은 내가 상상할 수 있는 최고로 집중적인 현장 연수 경험인 동시에 내가 기억하려는 이상으로 많은 불안을 만들어낸 경험이었다.

대릴과 내가 아직 방문교수였던 첫해에, 나는 성격에 대한 대규모 학부 수업과 젠더에 대한 학부 세미나를 배정받았다. 과장하지 않고 이야기하자면, 이 두 과목은 관련 수업을 한 번도 들어본 적 없었기 때문에 수업에 제대로 준비되어 있지 않았다. 하지만 대릴이 성격심리학 수업을 준비하는 데 큰 도움을 주었고, 젠더에 대해 내가 읽어오고 있던 것을 통해 세미나에서 버틸 수 있었다. 하지만 한 가지 문제가 있었다. 내가 진행하는 세미나에 사람이 너무 많아 결국 여덟 명 정도 대학원생들을 따로 가르치게 되었다. 이 대학원생들은 나보다 심리학에 훈련이 훨씬 더 잘 된 사람이었다. 그 여덟 명의 학생들은 나와 내가 알고 있는 듯 보인 젠더 지식에 존경을 표하며 수업을 마쳤겠지만 매주 세미나를 앞둔 밤마다 내가 얼마나 무서웠는지 그들은 몰랐으리라.

무섭기는 성격심리학 수업도 마찬가지였다. 내용을 몰라서라기보다는(대릴의 도움으로 강연을 훌륭히 준비해놓았다) 대부분의 학생이 조용하게 앉아서 노트 필기를 하면서 보여주는 미묘한 피드백을 어떻게 해석해야 할지 몰라서였다. 학생들의 반응을 살피기에는 내가 너무 긴장했을 수도 있다. 한번은 학생들이 별다른 반응을 보이지 않아 내 수업이 너무나 지루했기 때문이라고 해석했다. 강의를 마치고 연구실로 돌아와 머리를 책상에 박고는 울었다. 역설적이지만 그 과목은 학생들로부터 높은 평가를 받았다. 결국 내 수업이 그리 나쁘지는 않았던 것 같다.

내가 가르치는 주제에 대해 대학원 교육을 받은 적이 없다는 사실을 제외한다면, 이런 고민은 새로 부임한 조교수들에게는 흔한 스트레스였다. 하지만 내가 하고자 계획했던 연구를 위한 훈련도 아직 받은 적이 없었다. 내 임무는 내 연구뿐만 아니라 대학원생들과 함께 도제식 관계를 맺고 그들의 연구를 훈련시키는 것도 포함되어 있었다.

내가 하려는 연구에서는 우선 전통적인 젠더 구분에 익숙한지 아니면 양성적인지 대상이 되는 사람의 특징을 밝힐 수 있어야 했다. 현실적인 목적으로는 내가 대규모 집단을 대상으로 남성성-여성성의 새로운 척도를 만들어야 하고, 측정한 뒤에는 앞으로 특정 사람들을 초청해 더 진전된 연구에 참여시켜 연구 기반으로 활용해야 한다는 의미였다. 성격검사나 검사 개발과 관련한 수업을 들어보지 못했기에 사람들이 새롭다고 생각할 만한 성격검사를 만들 수가 없었다. 하지만 어느 누구에게도 내가 얼마나 준비가 안 되었는지 알리지 않았다. 관련 있는 것은 무엇이든 읽었고, 대릴과 상의했으며, 말이 되는 듯 보이는 것을 찾아냈고 노심초사했다. 이렇게 벰 성역할 검사BSRI: Bem Sex Role Inventory가 탄생했고, 아직도 많은 연구자가 사용하고 있다.

그리고 나자 벰 성역할 검사를 통해 전통적인 젠더 성향과 양성적 성향을 갖고 있다고 판명된 사람들이 참여해야 할 '추가 연구'를 설계하고 진행해야 하는 문제까지 생겼다. 스탠퍼드대학 교수로 부임하기 전, 나는 성격검사에 관한 경험을 하거나 훈련을 받은 적이 없었을 뿐 아니라 이제 맡게 될 사회심리학 실험 연구에 대한 경험이나 훈련도 받은 적이 없었다. 대학원생이었을 때 두 가지 연구 프로젝트를 진행한 적 있었다. 그런데 그것은 모두 당시 발달심리학자들이 그 나이 정도에는 해결하기 어렵다고 했던, 지적 문제를 겪는 유아를 조심스럽게 가르치던 시도에 관한 연구였다. 이와는 달리 내가 하려던 연구는 조심스럽게 기획하고 연출한 쇼였는데 여기에는 세심하게 훈련받은 조수와 연구의 주요 부분에 대해서는 일시적으로 피험자들을 속일 수 있는 잘 만들어진 대본도 필요했다.

왜 나는 현실 세계로 나가 관습적인 성적 구분이 익숙한 사람과 양성적인 사람의 진짜 삶을 살피는 대신 실험 기반의 연구를 히기로 했을까? 사실을 말하자면, 스탠퍼드대학의 성격심리학자나 사회심리학자들이 대부분 이런 연구를 했고 양성적인 사람과 관습적 성 구분이 된 사람들을 실증적으로 비교해보려는 내 의도와 잘 맞았기 때문이다. 그래서 다시 한 번 내가 얼마나 살얼음을 걷고 있는지 누구에게도 털어놓지 않았다. 무엇이든 직접적으로 연관 있는 문헌을 찾아 읽고 대릴과 상의하고 말이 될 법한 것을 연구해나갔다.

마지막으로 중요한 사실을 덧붙이자면, 내가 불안을 느꼈던 것은 내 연구 관심사와 목표가 스탠퍼드대학 심리학과의 지적 구조와 맞지 않았기 때문이다. 양성성에 대한 연구를 시작하며 개인차에 관한 연구 분야라고 할 수 있는 성격심리학의 전통 패러다임을 따다 썼는데, 심리학과 사회 전반에 퍼져 있는 성차별주의적인 (오늘날에는 젠더 양극화라 부를 수 있는) 가정에 도전하기 위한 실증적 데이터를 모으기 위해서였다. 하지만 스탠퍼드대학 심리학과는 젠더 양극화에 대한 나의 관심사를 과학이라기보다는 정치적인 측면에서 이해하려고 했다. 또한 나에게는 과학적인 정통성으로 가는 일종의 통행증 같은 개인차의 패러다임에 대해 심리학과에서는 별 관심이 없다는 것을 알게 되었다. 개인차는 인간이라는 유기체의 보편적인 특성을 밝히는 일과는 크게 관련이 없기 때문이었다.

이제 나는 인간이라는 유기체의 잠재적인 가소성(경험이나 환경의 영향을 받아 변화될 수 있는 능력―옮긴이)과 다양성을 드러내는 연구에 훨씬 더 관심이 있다. 하지만 이러한 나의 관심사를 심리학과의 다른 여성 교수조차 이해하지 못했다. 이 여성 연구자는 성별 차이에 대한 엄청난 문헌 연구에 참여했으면서도 각각의 성별에 있어 다양성이 존재함을, 예를 들어 소위 말하는 여성의 모성처럼 어떤 남성은 모성을 가질 수 있다는 사실 입증이 왜 가치가 있는지, 혹은 입증 자체가 가능은 한지 이해하지 못했다.

그 여성 연구자는 어머니와 자녀 사이 애착에 대한 논문을 놓고 교수와 대학원생이 토론하던 연구 회의에서 의심하듯이 "어떤 종류의 남성/아버지에 대한 연구를 생각하는 것인가요"라고 내게 물었다. "슈퍼마켓 바깥에 돌보는 사람 없이 아기를 태운 유모차를 내버려두고 관찰한다고 쳐요. 다른 사람이 보고 있지 않아서 자신의 남성성이 의심받을까 걱정할 필요가 없는 상황이라면 어떤 남자가 다가와 유모차 안을 들여다보고 아기를 어르는지 살펴보는 연구인가요?" 당신이 맞았다고 말했으면 좋았을 텐데. 개인으로서 그리고 집단으로서, 여성과 남성이 할 수 있는 한 최고로 다양하게 살 수 있는 문화적 맥락은 우리가 지금 알고 있는 내용보다 훨씬 더 많은 것이다.

스탠퍼드에서 보낸 8년 동안 내가 경험한 불안감의 강도를 보여주는 두 가지 기억이 있다. 첫 번째는 대릴과 매일 대화할 때 특정 질문을 묻고 또 물었던 기억이다. "내가 종신교수직을 따고 나면 다르게 느껴질까?" 대릴은 재미난 오행시 형태로 낙관적인 대답을 주었다.

마코비Maccoby, 바우어Bower, 밴두라Bandura.

그들의 권위를 건디는 방법을 배우게 될 거야.

H. 로이든Roydn [학장]마저도

그다지 부담되지 않을 거야.

당신이 종신교수직을 얻게 된다면.

두 번째 기억은 종신교수직 여부가 결정 나기 1년 전 스탠퍼드대학 교내신문인 〈스탠퍼드 데일리〉의 헤드라인에 잘 나타나 있다. "샌드라 벰, '스트레스'를 이유로 사직." 이런 헤드라인이 등장했을 때는 이미 학과장에게 사직서를 제출한 상태였고 대릴과 나는 마음에 더 드는 곳이 있을지 찾기 위해 이듬해 샌프란시스코 베이 지역의 작은 여자 대학교에서 수업할 수 있도록 준비해놓았다. 학과장 우편함에 사직서를 넣은 후 느낀 희열은 스탠퍼드대학에서의 가장 강력한 기억이다. 하지만 그 희열감은 일주일만에 사직이 실수였다는 생각으로 바뀌었다. 나는 꼬리를 내리고 사직서를 철회할 수 있을지 학과에 물었다. 어쩌다가 이렇게 창피한 상황을 만들었을까? 적어도 나에게는, 어떤 결정에 있어서 미리 역할극으로 연습해보는 일이 불가능하다고 말하고 싶다.

대릴이 지속적으로 옆에 있어주고 도움 주지 않았다면 스탠퍼드라는 환경에서 내가 어떻게 생존했을지 상상이 가지 않는다. 대릴의 도움으로 나는 상당히 잘 대처해냈다. 1971년이 되었을 때 개발한 벰 성역할 검사는 금세 널리 활용되어서 내가 쓴 학회지 논문은 10년 만에 널리 인용되는 고전이 되었다. 1972년이 되었을 때 나는 국립정신건강의료원에서 양성성에 관해 연구하도록 첫 번째 연구 기금을 받았다. 1975년이 되었을 때는 국립정신건강의료원과 미국심리학회가 공동으로 주최한, 여성 연구의 필요성을 논의하는 학회에서 기조연설자가 되었다. 1976년이 되었을 때에는 심리학 분야에 기여한 젊은 연구자에게 수여하는 특별 과학상을 수상했는데 이는 미국심리학회가 성격심리학 세부 분야에서 3년에 한 번 선정하는 상이다. 1977년이 되었을 때 심리학 여성협회가 주는 주목할 만한 저작상을 수상했고, '양성성을 공언하다'라는 제목으로 〈인간 행동〉 학술지에 10페이지에 걸쳐 소개되었다. 1980년이 되었을 때 AAUW(미국대학여성협회)가 주는 젊은 연구자상을 수상했다.

1976년 미국 심리학회로부터 젊은 연구자상을 받은 일은 나에게 특별히 중요했다. 젠더에 대한 나의 연구를 평가했을 뿐 아니라 당시 떠오르고 있던 여성학 전체에 대한 평가였기 때문이다. 나의 학문적 성취와 페미니즘의 연결을 최소화하면서 안전하게 연구하려고 애쓰지 않았다. 사실은 그 반대였다. 로저 브라운Roger Brown(미국의 사회심리학자—옮긴이)이 사회심리학 교과서에 양성성에 대해 한 장을 할애하여 다음과 같이 소개했을 때 정말 기뻤던 이유기도 하다.

샌드라 벰은 다음과 같이 적던 날 활기를 느꼈을 것이다.

"나는 스스로를 실증과학자로 생각한다. 하지만 성역할에 대한 나의 관심은 솔직히 늘 정치적이었다. 나의 가설은 정식 이론으로부터 나오지 않았고 성역할에 대한 고정관념 효과의 약화라는 강한 직관으로부터 나왔다. 내게는 페미니스트적인 목적이 중요했다. 그 목적은 성역할이라는 고정관념의 감옥에 갇혀 있는 인간의 성향을 자유롭게 풀어주도록 돕는 것이다. 문화적으로 강요된 남성성과 여성성으로부터 자유로운 정신건강 개념을 개발하는 일이다.

소설가거나 시인이 아니라면, 정치적 열정으로는 설득할 수가 없는데, 직관이란 보통 다른 사람에게 매력적이지 않기 때문이다. 나는 실증과학자기 때문에 나에게 허용된 단 하나의 정당한 설득 수단을 쓰기로 했다. 실증 데이터라는 수단 말이다 (…)."

샌드라 벰은 페미니즘이라는 정치적 목적을 위한 설득의 수단으로 실증과학을 활용하겠다는 의도를 밝혔다. 이는 그가 데이터로 장난을 치겠다는 뜻이 아니라, 정치적 관련성에 주의하여 연구 문제를 고르겠다는 말이고, 실제 그렇게 했다. **자기 인식과 솔직함을 넘어선다는 점에서 문제될 것은 없다.**

너무 멀리 건너뛰어 온 것 같으니 1976년으로 돌아가야겠다. 대릴과 내가 12월에 있을 제러미의 탄생을 간절히 기다릴 뿐 아니라 내 일과 관련해 세 가지 큰 도박의 결과도 기다리고 있을 때였다. 내가 후보에 올랐다고 알고 있었던 미국심리학회의 젊은 과학자상을 받을까? 그랬다. 받았다. 국립과학재단National Science Foundation으로부터 향후 4년간 내 연구 기금을 뒷받침할 수 있는 두 번째 보조금을 받을 수 있을까? 그랬다. 받았다. 하지만 가장 중요한 문제는 바로 이것이었다. 내가 스탠퍼드대학 심리학과의 종신교수직을 얻을 수 있을까? 아니었다. 얻지 못했다. 학과 투표 결과는 만장일치였고 전반적으로 나에게 유리했지만, 학과의 많은 구성원을 개별적으로 살펴보면 공개적이고 공식적인 만장일치 속에는 내 연구에 대한 깊은 양가감정이 층을 이루고 있었다. 이러한 양가감정으로 인해 학과의 긍정적인 결정이 학과장에 의해 뒤집혔고, 학과장의 부정적인 결정을 학장과 총장 모두 승인했다. 학과에서 첫 번째로 만장일치 표결이 나왔을 때 대학원생들이 열어주고 싶어 했던 종신교수 기념 파티를 하지 않아 아쉽다. 모든 형식상의 절차가 끝날 때까지 기다려보자고 했었기 때문이다.

스탠퍼드대학 종신교수직이 거부되고 나서 몇 해 동안 나는 다른 페미니스트 학자처럼 성차별이 무엇이고, 어떻게 작동하는지를 보다 상세하게 이해할 수 있었다. 이번 장을 쓰기 위해서 관련된 문서를 다시 살펴보니 그때 느꼈던 것보다 훨씬 더 성차별적으로 보이는 내용을 발견할 수 있었다.

내가 코넬대학으로 온 지 얼마 안 되어, 스탠퍼드대학의 차별철폐조치 담당관이자 스탠퍼드대학 총장 보좌역으로서 차별철폐조치를 맡고 있던 책임자와 통화를 했다. 이 여성은 페미니스트로서 내가 오랫동안 알아온 사람이었다. 그는 내게 스탠퍼드대학에서 벌어진 일이 성차별이라고 생각하는지 물었다. 나는 아마 성차별은 아니었을 것이라고 대답했다. 왜냐하면 유사한 상황에 처한 남성 (즉, 내가 하던 연구와 정확히 똑같은 연구를 하는 남성) 역시 종신교수직을 얻지 못했으리라고 생각했기 때문이다. 그는 내 말에 동의했다.

어쩌면 우리 두 사람 모두 잘못 판단했을 수 있다. 어쩌면 나와 똑같은 연구를 한 남자 교수는 종신교수직을 받았을 수도 있다. **무엇이든** 남자가 한다면 통상 여성이 하는 것보다 더 가치를 인정받는다. 하지만 남성은 아마도 내가 했던 연구와 똑같이 하지 않았을 것이라는 점이 더 중요하다. 이런 사실을 통해 다시 1970년대에 내가 이해하지 못했던 여성(그리고 소수자 집단)에 대한 차별 중 한 가지를 이해하게 되었다. 만약 남성이 여성이 처한 상황과 유사한 상황에 놓였다면 어땠을까 하고 묻는 것은, 여전히 미국 사회에 존재하는 여성 차별 대부분에 대해 생각해볼 수 있는 적실한 방식이 아니다. 그 이유는 단순하다. 집단으로서 여성과 남성은 사회 내에서 유사한 상황에 처하지 않는다. 따라서 대다수 여성이 겪는 피해는 한쪽 성에 국한된 상처며 비교 기준으로서 유사한 상황에 처한 남성이란 존재하지 않는다.

요즘 가장 자주 들려오는 여성 관련 피해 가운데 두 개는 여성 구타와 성희롱이다. 하지만 가장 오래된 관습인 남성과 여성의 수입 차이를 생각해보자. 적어도 동일 상황에 놓인 남성이 특정 상황에 자리할 경우, 남성이 하는 일과 정확하게 동일한 일을 하는 상대적으로 소수의 여성만이 동일 임금을 약속받는다. 이제는 거의 일반적으로 인정받는 페미니스트 개념인 동일 노동에 대한 동일 임금제에 의해서다. 하지만 남성이 일하지 않는 분야에 종사하기 때문에 보잘것없는 임금을 놓고 동일 노동에 대한 평등하지 않은 임금이라고 주장할 수조차 없는 대다수 여성은 어떻게 할 것인가? 사정이 이렇기 때문에 페미니스트들이 '동일 가치 노동 동일 임금'이라는 개념을 만들어낸 것이다. 동일한 가치에 대한 판단은 쉽지 않은 문제다. 그 판단이 남성을 기준으로 삼는 남성 중심적인 시각에 근거한 것이라면 집단으로서 남성보다 집단으로서 여성은 여전히 적은 임금을 받게 될 것이기 때문이다. 또한 실제로 두 가지의 업무가 아무리 비교 가능하다고 해도 남성 중심의 시각은 여전히 남성의 업무보다 여성의 업무 가치가 덜하다고 판단할 것이다.

남성 중심 시각의 문제와 관련하여 종신교수직 관련 문서를 다시 읽을 때 두 번째 패턴에 눈이 끌렸다. 내가 이미 언급했던 심리학과의 여성 선배 한 사람을 빼고는 공식적 권위를 갖는 입장에서 내 업무를 평가한 스탠퍼드대학의 모든 사람은 남성이었다. (학과장, 학장 그리고 총장뿐만이 아니라 내가 있던 학과의 모든 구성원, 학과장 임명과 승진위원회의 모든 구성원, 총장 자문기구의 모든 구성원까지도.) 더 중요한 것은 전체 재심 과정이 한 가지 질문에 집중되었는데, 이는 학과장이 내 종신교수직을 거절한 이유가 "의사결정의 위치에 있는 사람이 합리적으로 내릴 만한" 결정이었는지 묻는 것이었다.

1977년에는 이 합리적인 '사람'의 기준에 대해 따져볼 생각이 전혀 나지 않았다. 그때부터 페미니스트 학자(페미니스트 법학자를 포함)들은 우리 사회에서 성, 인종, 계급, 성적 지향, 민족성과 같은 구조적 불평등에 영향받지 않은 시각이나 지위가 존재할 가능성에 도전하면서 정교한 비판을 제기했다. '합리적인 사람의 기준'을 제안하거나 지지하는 사람이 중립성과 객관성을 이야기하는 지점에서, 우리 같은 페미니스트는 남성의 시각(부유하고 백인이며 기독교인이고 이성애자인 남성의 시각)의 잘못된 보편화를 본다. 남성 시각의 잘못된 보편화는 강간 관련 법에서 가장 극명하게 드러나는데, 여성이 물리적으로 전력을 다해 싸우지 않는 한 여성이 이성과의 성적 관계에 동의한 것으로 간주하는 길 남자들은 오랫동안 합리적이라고 보았다. 나의 종신교수직에 의사결정을 내리는 사람들 중 한 명을 빼고 모든 사람이 남성이었다는 사실을 지적하려는 것이 아니다. 스탠퍼드대학의 재심 과정에서 '합리적인 사람'이라는 말을 사용하면서 객관성이라는 장막 뒤로 남성 중심의 시각을 숨기려 했다는 점이다.

비슷한 상황에 있는 남성이라면 종신교수직을 얻었을지 묻는 것 외에 스탠퍼드대학의 차별철폐조치 담당관은 새롭게 떠오르는 분야에서는 어느 누구에게나 비슷한 일이 벌어진다고 생각하지 않느냐고 물었다. 달리 말하면 여성에 대한 차별의 문제라기보다는 새로운 분야의 문제가 아닌지를 물은 셈이다.

다시, 나는 '그렇다'고 말했다. 당시에는 그렇게 생각했다. 이런 추론의 선상에서 나는 첫 번째 재심 청구에서 종신교수직 판정의 대상이 되는 대다수의 조교수와 달리 내 경우에는 성과를 평가할 만한 확실한 관련 전문가 그룹이 없었고 설사 그들이 내가 하고 있던 연구를 반기지 않더라도 자신이 속한 전통을 내가 계속 끌고 가는 것으로 볼 만한, 그리고 내가 하는 연구를 자신의 자부심이 담긴 전통 속에서 반길 만한 저명한 인물이 없었다는 점을 주장했다. 첫 번째 재심 청구 단계에서 나는 외부 평가자는 놀랄 정도로 다양한 시각과 계층을 동시에 대변하고 만족시킬 수 있는 사람들이어야 한다고 썼다.

이러한 주장은 아직도 적절하다고 믿는다. 다만, 이제는 페미니스트 심리학(보다 일반적으로 말하자면 여성학)이 단순히 어떤 새로운 분야가 아니라는 점을 더하고 싶다. 여성의 소외에 직접적으로 도전하는 분야일 뿐 아니라 객관적 지식이라고 주장하고 객관적 기관이라고 주장하는 모든 대상의 중립성에 도전하는 분야라고 할 수 있다. 다른 말로 하면 젠더, 지식, 권력의 상호연결성을 이론화하는 분야다. 조금 다른 방식으로 설명하면 오직 여성에 의해서 고안된 분야고 따라서 여성에 대한 차별 과정에서 여성이 겪는 억압이 핵심적인 분야다. 나는 유사한 분야인 흑인 연구나 레즈비언, 게이, 바이섹슈얼 연구, 그리고 미국 내에서 격렬하게 일어나고 있는 다문화 논의 역시 비슷하다고 생각한다.

거의 20년 만에 처음으로 파일 캐비닛에서 종신교수직 재심 관련 서류를 찾아보며, 1977년 브라운대학 동문 월간지에 나온 다음과 같은 헤드라인의 글을 처음 보게 되었다. "민사소송 75-0140: 루이스 램피어 대 브라운대학. 여성 교수에 대한 차별과 관련해 브라운대학은 유죄인가?" 루이스 램피어는 페미니스트 인류학자로 나처럼 종신교수직을 거부당한 사람이다. 하지만 그는 나와는 달리 자신이 다니고 있던 대학에 집단소송을 걸었고 법정 밖에서의 화해를 이끌어내어 자신뿐 아니라 다른 여성 교수들에게도 혜택이 가도록 만들었다. 나는 한 번도 스탠퍼드대학에 소송을 고려해본 적이 없었다. 아주 부분적으로만 생각했는데 그건 내가 여성에 대한 차별을 너무 좁게 정의하고 있었기 때문이다. 하지만 거기에는 다른 이유도 있었는데, 이 사건을 잊고 그냥 넘어가고 싶었기 때문이기도 했다.

　내가 이 트라우마를 넘어서도록 도와준 것은 1976년 12월 9일 제러미의 탄생이었다. 내게 종신교수직을 부여하기 위한 심리학과의 첫 번째 투표가 있기 딱 한 달 전이었다. 제러미를 임신하기 전 대릴과 나는 그 시점에 또 아이를 갖는 일이 현명할지 오랫동안 생각했다. 결국에는 아이를 갖는 것이 현명하다고 판단했다. 우리의 논리는 다음과 같았다. 우리는 둘째 아이를 원한다. 단지 문제는 종신교수직 논의가 주는 긴장이 끝날 때까지 임신을 연기할지 말지였다. 우리가 임신을 미루고 스탠퍼드대학이 내게 종신교수직을 부여한다면 임신을 미룬 선택이 괜찮은 결정이었을 것이다. 바로 그 시점에 임신하면 되기 때문이었다. 하지만 우리가 임신을 미루고 스탠퍼드대학이 내게 종신교수직을 주지 않아 우리가 미국 내 또 다른 지역으로 이사하고 각자의 새로운 일자리에 적응해야 한다면? 이렇게 되면 우리는 임신을 또 미뤄야 하고 결국에는 둘째 아이를 가질 수 없게 될 것이었다. 그럴 수는 없다고 결론 내렸다. 스탠퍼드대학은 나의 종신교수직을 거부할 힘이 있지만 우리가 둘째 아이를 갖는 것을 간접적으로라도 거부할 힘은 없었다.

　결국 우리 생각이 옳다는 게 드러났다. 제러미가 겨우 21개월이었을 때 우리 네 가족은 스탠퍼드에서 이타카로 이사했고, 나는 코넬대학 심리학과와 여성학과의 부교수(종신교수직), 그리고 여성학 프로그램의 디렉터가 되었고, 대릴은 심리학과 교수(종신교수지만 처음에는 반일제로 시작했다)로 새로운 일을 시작하게 되었다.

8년 전 우리가 스탠퍼드로 이사했을 때 나를 위해 기회를 열어주었던 사람은 당시 스탠퍼드대학 심리학과에서 먼저 교수로 고려하고 있었던 대릴이었다. 이번에는 내가 길을 열어주었다. 아니, 코넬대학의 여성학 프로그램이 우리 두 사람에게 기회를 주었다고 말하는 편이 더 적절하겠다.

심리학 여성학회의 연례 콘퍼런스에서 양성성에 대한 연구로 특별 논문상을 받고 기조연설한 1978년 3월이 시작이었다. 콘퍼런스에서 두 명의 또 다른 특별한 페미니스트 학자가 발표했는데, 이들은 자신의 대학으로부터 종신교수직을 거부당했다. 메리 브라운 팔리는 바나드대학(당시 이 대학은 막 종신교수직 결정에 대한 자율권을 컬럼비아대학에 빼앗겼다) 심리학과로부터, 주디스 롱 로는 코넬대 사회학과로부터였다. (바나드대학은 남성만 입학시키던 컬럼비아대학의 정책에 대한 반발로 1889년에 여성을 교육시키기 위해 만든 대학. 바나드대학은 독립적인 교육기관이면서 컬럼비아대학과 파트너십을 유지하여 바나드대학에서 종신교수직을 받은 사람은 컬럼비아대학의 종신교수로 간주됨. 바나드대 학생들은 바나드대학과 컬럼비아대학으로부터 모두 졸업장을 받게 됨—옮긴이.) 따라서 당시 분위기는 확실히 복잡했다. 만약 페미니스트 학자인 우리 세 사람이 종신교수직을 받을 수 없다면 누가 받을 수 있다는 말인가? 그리고 이것이 사회과학 분야에서 페미니스트 학자의 미래에 무엇을 의미할까?

콘퍼런스 마지막 날, 코넬대의 사회심리학자인 존 콘드리가 내게 다가와서 코넬대 여성학 프로그램의 디렉터 자리에 관심이 있을지 물었다. 나는 만약 나와 대릴 모두에게 종신교수직을 줄 수 있다면 관심 있다고 말했다. 그는 디렉터 자리는 종신교수직을 포함하지만 대릴을 위한 종신교수직은 새롭게 만들어야 하고, 만약 우리가 관심이 있다면 사람들과 방법을 찾아보겠다고 했다.

그다음 2개월 동안 여러 과의 많은 사람이 학과장과 학장에게 대릴을 위한 새로운 반일제 일자리를 만들도록 설득했다. 우리 두 사람은 5월 첫째 주 코넬대에 와서 교수 채용을 위한 발표를 했고, 스탠퍼드에 있던 집을 팔고 6월 중순 이타카에 새로 집을 샀다. 그리고 8월이 시작될 때 미국을 가로질러 이사했다(서부의 스탠퍼드에서 동부에 있는 이타카까지는 4,500킬로미터 이상으로 하루 여덟 시간씩 운전해서 가도 5일이 꼬박 걸리는 거리—옮긴이). 여기서 짧게 설명한 우리의 이사 과정은 대릴이 날씨 좋은 캘리포니아에 자리한 최고의 심리학과 종신교수직 포기를 포함해 당시에 늘 내게 필요했던 정서적, 구조적 지지를 보여주었음을 설명하는 또 다른 예다.

우리가 미국을 가로질러 그렇게 빨리 이사할 수 있었던 이유는 코넬대의 제안이 시의적절한(비통한) 순간에 찾아왔기 때문이었다. 나의 종신교수직 결정이 있던 해에는 다른 모든 것보다도 당시 유방암으로 고통받던 어머니 때문에 내가 종신교수직을 얻지 못하면 어떻게 이사할 수 있을지 걱정했었다. 부모님이 우리와 함께 이사하실까? 우리 없이 부모님만 캘리포니아에서 살아야 할까? 이사할 필요가 없는 샌프란시스코 베이 지역에 우리 두 사람이 일자리를 얻어야 할까? 결국 종신교수직 결정에 대한 나의 마지막 재심 청구 이전에 어머니가 돌아가셨고, 얼마 지나지 않아 아버지는 약혼했다. 1978년 8월 이타카로 이사할 때쯤, 아버지는 이미 재혼한 상태였다.

처음에는 여성학 프로그램 디렉터라는 업무가 낯설기 그지없었다. 기관으로서 코넬대학과는 그동안 어떤 연계도 없었고, 스탠퍼드대학에서 직업적 사회화를 거치면서 연구에 비해 행정적 업무의 가치를 절하하게 되었기 때문이다. 솔직히 말하자면, 내 안의 약간은 건방진 (그리고 방어적인) 자아로서 수상까지 한 학자며 연구자인데 여성학 프로그램 운영은 나의 소중한 시간에 대한 일종의 부담이라고 생각했었다.

하지만 시간이 흐르면서 생각도 바뀌었다. 여성과 젠더 분야에서 훌륭한 페미니스트 학풍을 만들 수 있도록 최고의 여성 학자들을 최대한 많이 채용하기 위해 노력했다. 또 임용한 여성학자들이 종신교수직을 받을 때까지 디렉터로서 남아 있도록 노력했는데, 이렇게 해야 그들의 미래 전망이 밝아지리라 믿었기 때문이다. 프로그램 책임자로 두 번의 재임 기간 동안 일곱 명의 페미니스트 학자를 여성학 프로그램에 채용했고, 결국 그 모두가 종신교수가 되었다고 말할 수 있어 자랑스럽다.

일곱 명의 교수 모두 종신교수직을 받을 자격이 있었다. 하지만 페미니스트 학자인 내가 실력으로만 종신교수직을 받지는 않았으며 내가 스탠퍼드대학에서 종신교수직을 거부당한 같은 해에 코넬대학으로부터 종신교수직을 거부당한 주디스 롱 로를 포함하여 내 세대의 많은 페미니스트 학자들이 실력만으로 종신교수직을 보장받는 것은 아니었다. 로 교수의 사례를 다시 언급했는데, 코넬대학에서 차세대 페미니스트 학자들이 종신교수직을 받게 된 이유 중 일부는 1979년 코넬대를 상대로 로 교수를 포함한 여성 교수진들이 집단소송을 제기했기 때문이다. 공식적인 해결은 1985년까지 이루어지지 않았지만, 이 소송으로 인해 코넬대학이 훨씬 진지하게 여성 교수진을 고용하고 대우하게 된 것은 확실했다.

여성학 프로그램 디렉터로서 보낸 몇 년 동안 내 마음속에는 또 다른 임무가 있었다. 다른 여성학 프로그램에서 발생했던 이성애자 페미니스트와 레즈비언 페미니스트 사이에 벌어진 분열을 예방하는 일이었다. 그래서 나는 자주 페미니즘은 여성의 사회적 소외에 대한 도전일 뿐만 아니라 성별, 정신, 섹슈얼리티 사이에 존재한다고 오랫동안 믿어온, 소위 자연적인 관련성에 대한 도전이라는 점을 강조했다. 남성은 자연적으로 남성적이고, 여성은 자연적으로 여성적이며, 모든 사람은 자연적으로 이성애자라는 문화적 신념에 도전한 셈이다. 코넬대학교에서 이런 성적 분열이 일어나지 않기를 원했던 것을 생각해보면 여성학 프로그램의 일부로 결국 레즈비언, 양성애자, 게이 연구 프로그램이 아무런 문제없이 생겨나게 되어서 매우 기뻤다.

같은 기간 중인 1978년부터 1985년 사이, 나는 양성성에 대한 연구를 새로운 방향으로 확장하고, 몇 가지 중요한 논문을 발표했으며 1981년에 정교수 지위를 획득했다. 하지만 코넬대에서 내가 정말로 만족했던 업무는 여성학 프로그램 디렉터로서 임기를 시작한 후 찾아왔다.

종종 "내 머릿속에 책 한 권이 들어 있다"고 말해왔는데, 오랜 기간 동안 정말 궁금했다. 만약 정말 내 머릿속에 책이 들어 있다면 그것은 내가 오랫동안 관심 가져온 젠더와, 역시 오랫동안 관심 가져온 성sex과 섹슈얼리티sexuality를 마침내 통합하는 (그 시점까지는 주로 수업과 아이 키우는 과정을 통해 표현해왔던) '큰 그림'의 책일 것이라고 생각했다. 하지만 그 통합을 어떻게 이루어낼지에 대해서는 아직 몰랐었다. 그래서 1987년에서 1988년까지 하버드대학에서 안식년을 갖는 동안 무엇이든, 심지어 약간이라도 관심이 가는 모든 것을 열정적으로 읽어댔다. 내가 읽은 모든 글 중에서 가장 중요했던 글은 아마도 캐서린 맥키넌 Catherine MacKinnon(미국의 급진적인 페미니스트 법학자—옮긴이)의 에세이인 〈차이와 지배Difference and Dominance〉일 것이다. 그 글은 나로 하여금 이 세상이 (부유하고, 백인이며, 기독교인이고, 이성애자인) 남성을 위한 보이지 않는 소수집단 우대 정책 그 자체임을 깨닫게 해주었기 때문이다. 이 글을 읽고 나서 성차별과 이성애주의가 세대를 거쳐 미국에서 어떻게 재생산되는지 설명하는 이론을 세울 수 있었을 뿐 아니라 내가 20년 이상 직장과 가정에서 가르치고 이론화했던 '전체' 그림을 잡아낼 수 있게 되었다.

하지만 그 전체 그림을 잡아내기란 쉬운 과정은 아니었다. 비전문가 독자가 쉽게 접근할 수 있도록 글로 적기도 쉽지 않았다. 결국 늘 그랬듯이 대릴과 상의했다. 《젠더의 렌즈》라는 책의 전반적인 틀을 잡기 위해 처음에 고생할 때나 그 이후 (내가 아이디어를 가져오려고 했던 몇 가지 분야만 예를 들면) 인류학, 생물학, 역사학, 철학, 법학 같은 분야에서 젠더에 대한 아이디어를 어떻게 요리해야 할지 고민할 때면, 대릴은 언제나 나를 뒷받침해주었다. 내게는 젠더와 성에 대한 독특한 접근방식이 있었다. 그래도 다시 한 번 내가 이 책을 써야 할지 확신이 필요할 때면 대릴은 항상 나를 안심시킬 준비가 되어 있었다. 아침이나 점심 식사를 먹거나 차를 마시며, 집이나 우리가 좋아했던 빵집이나 그 어디에서라도, 내가 원하는 만큼 내 생각을 듣고 자신의 의견을 나누어주는 역할을 했다.

이 시기를 떠올리면, 우리 두 사람이 테이블을 두고 마주 앉아서 나는 노란색 노트패드에 가득 적은 메모를 읽고, 대릴은 조용히 듣고 있는 장면이 등장한다. 그러고 나면 지적인 (그리고 때때로 감정적인) 불꽃놀이가 시작되었다. 대릴은 내가 한 말을 자신이 어떻게 이해했는지, 내 생각을 어떻게 더 낫게 구성할 수 있을지에 대한 자신의 의견을 말해주었다. 그가 내 생각의 중요한 부분을 제대로 이해하지 못할 때면 화를 냈지만 바로 가라앉히고 다시 명확하게 설명했다. 나는 대릴과 이야기 나누기 전에는 생각하지 못했던 부분을 재구성할 가능성을 찾아냈고, 이런 재구성의 의미에 대해서도 이야기 나누었다. 이런 대화의 끝에는 통상적으로 이제 내가 생각이나 글쓰기에서 앞으로 나아갈 수 있겠다는 느낌을 받았다.

돌이켜보면 종이 위로 옮기기 전에 최소 15년 동안 머릿속에서 《젠더의 렌즈》를 써왔던 것 같다. 내가 이 책을 쓸 운명이었다고 종종 느끼는 건 놀라운 일도 아니다. 또한 이 책이 상을 네 개나 받은 사실 역시 자랑스러운 동시에 놀랍지 않다.

그 책을 써서 또 다른 부가적인 혜택을 누렸다는 점을 보충하여 설명해야겠다. 책 쓰기는 나의 무의식 속에 묻혀 있던, 스탠퍼드대학 종신교수직이라는 오래된 욕구로부터 나를 자유롭게 만들어주었다. 《젠더의 렌즈》쓰기를 너무나 좋아했기에, 내가 스탠퍼드대학 심리학과에서 일했다면 이 책을 쓰지 않았으리라는 확신이 들었다. 뿐만 아니라 스탠퍼드에 있었다면 가족의 자서전과도 같은 이 별난 책을 쓸 생각조차 나지 않았을 것이다. 예상대로 대릴은 이 책에 대해 언급한 순간부터 나를 지지해주었다.

수년 동안 대릴이 늘 함께하고 늘 도움을 주었지만, 여기에는 부정적 측면과 숨어 있는 문제가 존재했는데 특히 이 장의 초고를 써야 할 때 경험했던 갈등을 통해 가장 잘 설명할 수 있을 것이다. 보기에는 별로 유해하지 않지만 나를 괴롭혔던 질문은 "여기서 어떤 화법의 틀을 사용해야 하는가"였다.

내 작업을 훌륭하게 도와주는 촉진자로서의 대릴이라는, 내가 처음부터 사용하려고 했던 틀을 결국 도입했다. 이것이 내가 취할 수 있는 유일한 합리적인 입장이었기 때문이다. 하지만 나는 대릴의 지지에 대해 다소 양면적인 입장에 서 있었다. 그 이유는 우리가 각자 도움을 필요로 하는 면이 많은 부분에서 비대칭적이었기 때문이다. 이런 양가감정은 내가 책을 쓰기 위해 자리에 앉으면 표면 위로 드러났고, 과거 종종 등장하던 또 다른 이야기 구조가 나를 괴롭히기 시작했다. 정신분석에 의존하지 않더라도, 이것이 자기 만족감의 결여로 인한 깊은 내적 갈등을 드러내는 또 다른 틀임을 알아차리기란 별로 어렵지 않았다. 예를 들어 정서적으로나 지적으로 궁핍하고 또 너무 의존적이어서, 대릴 없이는 교수이자 창의적인 학자로서 기능할 수 없다는 틀을 나에게 씌워놓은 셈이었다. 또 다른 틀에서는 나 자신이 대릴의 창작물까지는 아니지만, 같은 맥락에서, 대릴의 도움 없이는 영향력 있는 페미니스트 학자가 될 수 없었던 인물로 조명했다.

이렇게 더욱 악몽 같은 시나리오가 머릿속을 돌아다니자, 나는 강박적이고, 극도로 불안한 상태가 되어서 대릴의 지지가 저자로서 나의 능력을 약화시킨 것은 아닐지 고민했을 뿐 아니라 스스로를 별볼일 없고 하찮은 존재로 여겨 나의 성취를 나보다는 대릴의 것이라고 생각해야 하지 않을까 고민했다.

이런 고민에 빠지면 빠질수록 더욱 불안하고 우울해졌다. 그러다가, 거의 30년 가까이 빠져 있던 나의 글쓰기에 대한 이런 생각에 어떤 순간이 찾아왔다. 늘 해왔던 대로 하자는 생각이 퍼뜩 들었다. 대릴에게 전화해야겠단 생각이 들었다. 정확하게 말하면 이제 대릴은 더 이상 내 남편이 아니었기 때문에 내가 책 쓰는 데 그의 도움이 필요하다는 생각은 우리가 잘 지내던 시절보다 내 안에 더한 갈등을 만들어냈다. 생각을 잠시 제쳐두고 대릴의 협조에 대한 나의 양면적인 관계에 대해 한 챕터 정도 쓸까 하는 가능성을 떠올렸다. 하지만 **상호**의존의 가치를 믿는 페미니스트로서, 이 이야기를 책 한 챕터의 토대로 삼는 것 이상의 필요가 있다고 본능적으로 깨달았다. 그래서 결국엔 여전히 친구처럼 지내는 대릴에게 전화해서 점심을 함께 먹으며 내가 쓸 책에 대해 토론할 의사가 있는지 물었다. 대릴은 기뻐했다. 단 한 시간이라도 우리가 지난 수년 동안 나누지 못했던 친밀감을 나눌 수 있는 기회기도 했기 때문이다.

이렇게 '칼리지타운 베이글 & 애피타이저'라는 가게에서 서로 마주 보고 앉아 나는 노란색 노트를 보면서 읽고, 대릴은 이야기를 들었다. 그리고 그가 말했다.

"샌디, 내가 보기에 당신이 해야 할 것이 있어. 좋은 것에 대해 먼저 이야기하고, 다음에 그 아래쪽에 자리한 보이지 않는 부분으로 옮겨가는 거야. 그 감춰진 부분에 대해서는 당신이 했던 특별한 방식으로 전문 분야에서 성장한 결과로 생각해. 말하자면 어떤 성향이라고 생각하는 대신 상황으로 바라보는 거지. 당신은 정말이지 독특한 존재였어. 당신에게는 멘토도 없었고, 지적인 유산도 없었고, 새로운 방향으로 확장할 수 있는 리서치 프로그램을 만들어준다거나 하는 지도교수도 없었어. 당신의 아이디어는 모두 실제 삶과 그 삶을 바라보는 당신만의 고유한 약소자의 시선에서 비롯됐지. 그 아이디어들은 창의적이었고 지금도 그래. 하지만 당신은 늘 항상 홀로 외롭게 자기 길을 개척해왔잖아. 그래서 당신은 내 도움이 필요했고."

그는 이야기를 이어갔다. "그건 다른 학자들이 혼자서 일하는 방식과는 달랐어. 특히 심리학에서는 대부분의 학자들이 지도교수와 멘토링 관계로 학계에 들어와 그 교수가 만들어놓은 결과를 특정 방식으로 확장하고 또 동료나 공저자들과 많은 이야기를 나누지. 당신이 몇 년 동안 나에게서 도움을 받았듯이 아마이들도 사람들로부터 가능한 한 많은 지적인 (또 정서적이기도 한) 지원을 받게 될 거야. 그들은 당신보다 훨씬 규격화된 대본을 따라야 하기에 이런 지지를 더 당연하게 여기고 있어."

내가 말을 받았다. "비단 그뿐이 아니야. 당신으로부터 받은 지지에 대한 고민, 그리고 그것을 동료 의식이라기보다 의존으로 틀 지어 생각하는 나의 경향은 당신이 극도로 자기 충족적이라는 사실과 확실히 관련 있어. 아직 언급하지도 않았지만 여성으로서 그리고 페미니스트 심리학자로서 나는 당신보다 직업적으로 훨씬 힘든 환경에 대처해야 했어. 적어도 당신이 초감각지각extrasensory perception에 관심 갖고 연구하며 시간을 보낼 때까지 그랬지. 그때 당신은 이미 정교수였고, 그래서 그런 것은 중요하지 않았지."

우리가 떠날 때쯤 그가 말했다. "아무튼 가장 중요한 것은, 당신의 아이디어는 항상 당신의 것이라는 사실이야. 난 그저 약간 정돈만 더했을 뿐이지."

그날 대릴에게 연락하는 것에 대해 양가감정을 느꼈지만, 우리가 점심을 먹고 떠날 때에는 그런 복잡한 감정이 남아 있지 않았다. 때때로 강박적인 자기 폄하를 통해 스스로에게 정신적 상처를 주던 머릿속이 이 대화로 개운해졌을 뿐만이 아니라 28년 동안 내 연구를 가능하게 만들어준 지지를 다시 경험할 수 있었다. 그래서 이번 장을 머릿속으로 그릴 때부터 내가 하고 싶었던 주장을 재확인할 수 있었다. 대릴과의 결혼을 통해 새로운 가족 공동체를 만들었고, 평등한 결혼이라는 형태를 발명했으며, 젠더로부터 해방되고 동성애혐오에 반대하며 섹스에 대해 긍정적인 태도로 아이들을 기를 수 있었다. 대릴과의 결혼은 내가 특이한 커리어를 만들어가는 것을 가능하게 해주었다.

An
Unconventional
Family

3

우리의 실험 평가하기

7

평등한 파트너로서의
삶 되돌아보기

1965년 대릴과 나는 결혼하면서 우리만의 젠더해방 실험을 시작했는데 여기에는 궁극적으로 두 가지 극단적인 목표가 있었다. 오늘날 사용하는 언어로 써보자면 첫 번째 목적은 젠더의 대립과 남성 지배적 사고로부터 자유로운 관계를 만드는 것이었다. 두 번째 목적은 우리 아이들이 젠더에서 해방되어 동성애를 혐오하지 않으며 섹스에 대해 긍정적으로 사고하도록 키우는 것이었다.

다른 작업과 마찬가지로 혁신적 실험을 되짚어 검토해보고 이 장과 다음 장에서 보다 분석적으로 어떤 점에서 이 목표를 달성했는지 그리고 또 어떤 점에서 달성하지 못했는지를 보려고 한다. 한 걸음 더 물러나 이 두 개의 장에서는 페미니스트 가치에 따라 대안적인 가족을 만드는 일이 가능할지 또 그 가치는 무엇일지 우리의 경험을 통해 살펴보려 한다.

대릴과 내가 헤어진 지금에 와서 이 질문에 집중하기란 쉽지 않다. 자꾸 무엇이 잘못되었기에 결국 우리가 헤어지게 되었는지 주제를 좀 다른 질문으로 바꿔보려는 유혹을 느낀다. 헤어졌다는 사실은 잠시 제쳐놓고, 우리가 진행한 페미니스트적인 실험의 실행 가능성과 가치에 대해 물어보는 편이 나에게는 (아마독자들에게도) 더 쉬울 것 같다. 그 실험이 평생 가지 못했다는 사실과 관계없이 말이다. 언뜻 보기에는 이런 방식이 이상하겠지만 "죽음이 우리 두 사람을 갈라놓을 때까지"라는 사실이 우리가 목적을 달성했는지 아닌지를 평가하는 유일한, 혹은 가장 중요한 잣대는 아닐 테니까.

사회학자 로버트 코넬Robert Connell은 자신의 책《젠더와 권력Gender and Power》에서 (가족을 포함하여) 어떤 제도의 젠더 구조를 제대로 분석하기 위해서는 노동, 통제, 그리고 심적 부착cathexis이라는 세 가지 별도의 무대를 고려해야 한다고 주장했다. 노동은 누가 어떤 종류의 일을 하며 그 가치가 어떻게 평가되는지를 가리킨다. 통제는 누가 권위 혹은 권력을 갖고 있으며 그것이 어떻게 나타나는지와 관련된다. 부착이란 정서적인 연결에 대해 누가 책임을 갖고 있으며 정서적 연결을 어떻게 활성화하고 억제하는지와 관련 있다. 가족 내 젠더 양극화에 있어서는 이 세 가지 무대 모두가 중요하지만 통제 혹은 권력과 관련해서 남성 우월주의를 가장 손쉽게 발견할 수 있다.

이 분석틀은 바버라 리스먼Barbara Risman의 1998년 책《젠더 버티고Gender Vertigo》에서 대릴과 내가 한 것처럼 자신의 삶을 평등하고 젠더해방적으로 만들려고 노력한 소수의 이성애자 부부를 분석하는 데 효과적으로 쓰였다. 이 분석틀은 어떤 면에서 대릴과 내가 평등하고 젠더해방적인 파트너와 부모가 되기 위해 노력했는지, 어떤 면에서 그러지 못했는지를 분석하는 데에도 유용하다고 생각한다. 물론 우리 관계에 대한 분석은 아이 양육과는 별개로 이루어진다. 아이 양육과 관련해서는 다음 장에서 이야기하겠다.

4장에서 나는, 평등한 관계의 궁극적인 기준은 어떤 이유로도 파트너든 나든 어느 누구도 상대방보다 지속적으로 우선시되지 않는 것이라 말했다. 이는 통제 혹은 권력에 대한 코넬 교수 주장의 핵심이며, 전통적인 이성애자 가족에서는 남성 우월주의의 핵심과 연결된다.

파트너로서 우리 관계에 있어 대릴과 나는 평등을 위해 노력했다. 따라서 우리 삶의 거의 모든 중요한 분야에서 남성 우월주의의 관습적인 문제는 피할 수 있었다. 평등하지 못했던 영역에서는 여성 위주로 방향을 바꾸곤 했다. 부분적으로 이런 문제에서 대릴보다 나의 선호가 더 강했고, 내가 그런 선호를 보다 적극적으로 표현하려는 쪽이었기 때문이다. 이렇게 기본적으로 공평한 관계에 바탕을 둔, 약간은 여성 주도적인 패턴을 30년 전 평등의 원칙을 처음 만들었을 때에는 정확히 마음속에 그리지는 않았다. 순진하게 또 더 완벽하게 (아마도 로봇처럼) 대칭적인 관계를 상상하고 있었다. 이 방식은 우리에게는 잘 맞았고, 성격에도 맞는데, 우리 각자가 독립적인 커리어뿐 아니라 별개의 정체성을 갖도록 해주었다. 한번은 어느 친구가 죽기 전 하고 싶은 가장 중요한 열 가지를 만들 때 대릴의 첫 번째 항목은 "자신이 원하는 것을 스스로 정하기, 샌디가 그를 위해 결정해주는 것이 아니고"가 되어야 한다고 농담한 적이 있다. 실제 삶에서는 우리 둘 다 자신이 원하는 것은 무엇이든 할 수 있고 될 수 있는 자율성을 상당히 갖추고 있었다. 우리 둘은 흔쾌히 절충에 나섰고, 권력게임을 벌이거나 숨겨진 의도가 있거나 하지 않았다. 대릴이 (자신의 아버지처럼) 상당히 상대방의 의견을 잘 수용하고 협조적이었고 지금도 그렇다는 점도 절대 과소평가할 수 없는 요인이었다.

4장에서 나는 평등한 결혼이라면 룸메이트 사이처럼 노동을 나누어서 해야 한다고 말했다. 각자의 선호나 동의, 동전 던지기나 도움받을 사람 고용하기 혹은 대다수가 그렇지만 아예 하지 않고 내버려두기처럼 말이다. 달리 말하면 전통적인 결혼처럼 성별에 의해 일을 나누지 않는다. 부모로서의 노동에 대해서는 잠시 미뤄놓고 살펴보면, 이 방면에서도 대릴과 나는 계획한 대로 평등한 파트너가 되려고 했고, 커다란 힘겨움 없이 해냈다. 둘 다 집 밖에서 종일 일했고 집에서 하는 일 중 누군가를 고용하지 않는 일은 절반씩 나눠서 둘이 했다.

상상의 나래를 펼치지 않더라도 우리가 집에서 정확히 똑같은 종류의 일을 하지 않았음을 알 수 있다. 성인 남성으로서 대릴은 나보다 자동차에 대해서 더 많이 알았고 그 부분에 있어서 더 책임을 맡는 편이었다. 이후 그는 컴퓨터에 관심이 생겼고 내 컴퓨터가 원하는 대로 작동되지 않을 때마다(처음에는 매우 자주 그랬다) 내가 의존하는 기술자가 되었다. 그리고 '아내 없이는 아무것도 하지 못하는 사람들'과는 현저하게 반대로 남편의 글쓰기는 더할 나위 없이 훌륭했기에 대릴은 항상 그리고 언제나 나의 글에 대해서 의견을 주는 사람이자 편집자 역할을 맡았다. 그는 나 혹은 다른 사람으로부터 도움받을 필요가 없는 듯 보였다. 반대로 나는 신체 움직이는 것을 좋아해서 잔디를 깎거나 나뭇잎을 갈퀴로 쓸고, 눈을 치우는 일을 수로 맡았다. 우리가 함께 한 많은 세월 동안, 아이 양육과 관련 없는 다른 일들은 서로 다른 시간에 서로 다른 방식으로 나누어 했다. 하지만 두 사람 중 어느 한 사람이 공평한 분량 이상을 한다고 다투거나 그렇게 느낀 적은 없었고 어떤 일이 다른 일보다 더 가치 있다거나 하는 문제를 두고 성별을 따진 적은 없었다.

평등주의를 이론화하는 과정에서 대릴과 나는 코넬 교수의 세 번째 분류인 부착 혹은 정서적 노동에 대해서는 이야기하거나 생각해본 적이 별로 없었다. 따라서 평등한 관계에서 중요할 수 있는 이 영역에 대해 별로 인지하지 못했다. 페미니스트 이론가들이 이 문제에 대해 상당히 오랫동안 논의해왔는데도 말이다. 하지만 우연인지는 몰라도 이 영역에서도 우리의 노동은 거의 평등하게 나누어졌다. 이처럼 의도하지 않게 평등주의가 된 것은 내가 보기에 파트너로서 우리가 서로 다른 종류의 정서적 노동을 했기 때문인데, 내가 무엇인가 정서적인 노동을 할 때 대릴은 다른 종류의 정서적 노동을 했다. 전통적인 방식으로 젠더화된 여성처럼 나는 대릴과 나의 관계를 포함한 우리 핵가족의 모든 관계를 도맡아 중재했다. 대릴은 내가 찾을 수 있는 최고의 치료전문가처럼 무언가 지시하기보다는 나를 힘들게 만드는 모든 것에 대해 끝없이 이야기 듣고 공감해주었는데, 내 걱정을 진정시키고, 내 불안을 누그러뜨리며, 내게 자신감을 불어넣어주었다.

평등주의자가 되려는 사람들을 괴롭히는 젠더화된 죄책감이나 고마움을 포함하여 전통적인 남성 중심의 이성애주의자 결혼에서 문제가 되는 대부분의 덫으로부터 대릴과 나는 빠져나올 수 있었다. 여기서 말하는 것은 살림에 대해 전통적인 여성이 갖는 보다 큰 책임감과, 생계 부양과 관련해 전통적인 남성이 갖는 더 큰 책임감이다. 대릴과 나의 시각에서는 아내 자신의 가사뿐 아니라 남편의 가사기도 한데, 전통적인 여성이 집안일을 도와주는 남성에게 느끼는 감사한 마음에 대해서도 생각하게 되었다. 당연히 우리 직업이 갖고 있는 유연성이나 몸담고 있는 대학, 살고 있는 동네의 정치적으로 진보적인 분위기가 우리 과제를 쉽게 만들어주었다. 하지만 어떤 이유로도 어느 한 사람이 다른 사람보다 지속적인 이득을 누리지 않아야 한다는 원칙은, 30년 전과 마찬가지로 오늘날에도 어느 커플을 위해서라도 옹호해야 한다고 생각하고 있다.

오래전 강연에서 어떤 사람은 조소하듯이 우리의 페미니스트적인 평등주의는 아이가 없는 동안에는 잘 작동되겠지만 아이를 갖고 나면 금방 전통적인 성역할로 돌아갈 것이라 말했다. 이러한 비판이 정확히 맞지는 않았다. 왜냐하면 대릴은 우리 아이들이 어렸을 때나 좀 더 컸을 때 아이들의 삶에 깊이 그리고 매일 관여했기 때문이다. 심지어 그들이 다 성장한 후에도 제러미와 수학과 과학, 컴퓨터에 대해서 열정적으로 대화했고 음악과 드라마, 창작 글쓰기에 대해 에밀리의 열렬한 지지자가 되어주었다.

아이들의 활동에 대한 대릴의 헌신에도 불구하고, 아이들이 십 대가 되자 우리 가족은 유별나게 관습적인 젠더 분류에 의해 셋으로 쪼개어졌다. 엄마와 아이들, 남편과 아내, 그리고 아버지와 아들.

대릴이 보기 드물게 아이들의 삶에 일찍부터 참여해왔다는 점을 고려할 때, 우리의 가족 구조는 어떻게 해서 결국에는 젠더 구분의 특징을 반영하게 되었을까? 내가 보기에는 아이 양육과 관련된 다양한 이슈를 어떻게 다루어야 할지에 대한 유아기의 작은 갈등에서 시작되었다. 이 문제들 자체가 특별히 중요하지는 않다. 아이들이 잠자다 울 때 그대로 내버려두어야 하는가? 이제 막 걸어다니는 아이에게 접시에 있는 음식을 다 먹도록 시켜야 하는가? 에밀리가 잠옷을 입는 대신 그냥 옷을 입고 오늘 잠을 자도 괜찮은가? 침대가 아니라 마루에서 자는 것은? 제러미가 열은 없는데 사나흘 동안 기침한다면 지금 의사를 불러야 하나 아니면 며칠 더 기다려봐야 하나? 우리 아이 중에 하나가 오늘 아침 약간 아파 보이는데 그래도 학교에 보내야 하나? 아이가 있다면 이런 일들은 일상적이다.

하지만 일상적이든 아니든 대릴과 나의 직감은 자주 달랐고, 시간이 지나면서 우리 두 사람의 의견을 모두 꺼내놓고 협상하기보다는 대릴은 내게 결정을 맡겼다. 그렇게 하면서 그는 (그리고 또 나는) 아이들과 관련된 부분에 있어서는 자신보다는 나의 영역으로 정의하기 시작했다.

대릴은 다른 상황에서 거의 똑같은 이유로 이런 맥락에서도 내게 결정을 맡겼다. 의견을 말할 때 나는 고집 있고, 강렬하며 확신을 담아 이야기한다. 아마도 그는 어차피 자신이 이기지 못하리라 생각했고 갈등을 대면할 뱃심이 적거나 없었을 것이다. 대릴은 멀어져갔다. 그는 스스로에게 이렇게 말했다. "이것은 싸울 만한 내용이 아니야. 어쩌면 나는 너무 융통성 없고 당신(샌디)이 아마도 더 전문가니까. 어쨌든 나보다는 당신에게 분명히 훨씬 더 중요한 일이야." 그 당시 우리는 이러한 반응이 그가 완벽하게 평등한 부모로서의 자기주장을 포기한다는 의미임을 알았을까? 그렇지 않다.

완전히 다른 이유로 유아기부터 만들어지기 시작한 엄마와 아이의 가족 집단화는 아이들의 유년 시절 중반쯤 되자 더 확고해졌다. 내가 어린이였을 때에는 스케이트 혹은 스키 강습처럼 우리 아이들이 당연히 누린 중산층의 풍요로움을 그 어느 것도 경험하지 못했다. 성인이 되어서도 이러한 활동을 경험하기에는 일과 집안일로 너무 바빴다. 일정이 허락하는 한 나도 즐기기 위해 아이들의 과외활동을 이용했다. 예를 들어 초등학교에서 수요일 오후 스키 프로그램에 참여할 때 성인 몇 명이 함께 가야 한다면 나는 아이들과 함께 신청해서 셋이서 스키를 배웠다. 코넬대학에서 일요일 저녁에 저렴한 비용으로 피겨스케이팅 클럽을 운영할 때도 똑같이 했다. 이때에는 대릴을 (결국에는 코넬대학 동료 전부를) 끌어들였다. 하지만 그들 중 누구도 내가 아이들과 한 만큼 오랫동안 지속하지 않았다.

내가 말하려는 것은 유년 시절 중반쯤의 시기에 대릴보다는 내가 훨씬 더 많은 시간을 아이들과 보냈고 대릴을 가족의 중심으로부터 멀어지게 할 의도는 전혀 없었지만 에밀리와 제러미 그리고 나를 둘러싸고 선이 그어지게 만들었다는 점이다.

아이들의 일상생활에서 벌어지는 사소한 일들에 대해 잘 몰랐기 때문에, 대릴은 아웃사이더가 되어가기 시작했다. 드문 일은 아니었다. 예를 들어 저녁을 먹고 나면 대릴은 즉시 텔레비전이 있는 방으로 가서 뉴스를 보았고 그동안 나는 아이 중 한 명이나 둘 모두와 식탁에 남아 무엇이 되었든 그들이 생각하고 있는 것에 대해 이야기 나누었다. 이것이 모두 대릴의 잘못이라고 생각하지 않는다. 왜냐하면 아이들이나 그 친구들의 삶에 관한 사소한 이야기 듣기를 나는 정말로 즐겼는데, 어쩌면 내 삶에 필요한 어떤 부분을 채우기 위해 이런 시간을 이용했을 수도 있다. 아이들이 십 대가 되었고, 첫째가 그리고 그다음에는 둘째가 심각한 십 대의 문제를 겪기 시작하자 대릴의 위치는 아웃사이더로 점점 더 굳어져갔다. 오늘날 십 대처럼 이런 문제는 젠더화된 우리의 가족 구조에도 영향을 미쳤다.

돌아보면, 아이들이 십 대였을 때 만들어진 이런 상황은 그 이전부터 우리 가족의 역학 관계를 살펴보면 충분히 예측 가능했다. 나는 이미 당시 대릴보다 아이들의 삶에 훨씬 더 관련되어 있었는데 그때는 더욱, 어쩌면 너무 많이 관여되어 있었는지도 모른다. 나의 정서적인 개입이 거의 아이들에게 집중되면서 나는 정서적으로 대릴에게서 더 멀어졌다. 아이들의 내면에서 어떤 일이 벌어지고 있는지 이야기할 언어를 배우지 못한 대릴은 더더욱 아이들로부터 멀어졌고 설령 그들의 문제에 대해 대화한다 해도 그런 일은 극히 드물었다. 아이들의 깊은 내면에 자리한 생각과 감정에 대해 그가 알게 될 때는 아이들이 내게 무언가 이야기하고 내가 다시 대릴에게 이야기할 때나 가능했다.

시간이 흐르면서 이러한 상호작용 과정은 우리 가족을 변화시켜놓았다. 더 이상 우리 둘은 그리 행복하지 않았고 제대로 기능하지도 않았다. 지나치게 젠더화되어 소단위로 움직였다. 우리는 엄마-아이들이라는 소단위가 되어 애썼는데, 때로는 잘 돌아가기도 했고 때로는 삐걱거리기도 했다. 주의를 필요로 하는 문제가 등장하면 남편과 아내라는 소단위가 표면적으로는 여전히 작동했지만 수면 밑으로는 별거라는 문제가 곪아가고 있었다.

부모로서 우리가 어떻게 기능했는지는 코넬 교수가 제시한 권력-노동-부착 모델에서 크게 벗어나지 않았다. 권력의 관점에서 우리는 점차 평등주의로부터 멀리 빗겨나가 조금씩 여성 우위에 가까워졌다. 아이들이 자라나며 노동과 관련해서는 내가 맡아야 하는 절반보다 훨씬 더 많은 부분을 하는 것으로 바뀌었다. 부착과 관련해서는 아이들의 생각과 감정에 거의 나 혼자 깊이 관여하는 방향으로 크게 바뀌었다. 다시 말하지만 대릴이 아이들에 대해 아무런 신경도 쓰지 않았다고 이야기하는 것이 아니다. 아웃사이더로 지낼 때도 그는 제러미와 수학, 과학, 컴퓨터에 대해서 계속 이야기했고, 에밀리의 활동을 지지해 에밀리가 뮤지컬 공연을 위해 솔로 부분을 연습할 때면 피아노로 반주해 주곤 했다.

어떻게 우리가 전통적으로 젠더화된 부모가 되었는지에 대해 설명하더라도 여전히 **왜** 그랬는지가 의문으로 남는다. 우리 각자의 정신 속에서 무엇인가가 상대적으로 바뀌지 않았기 때문일까. 만일 그랬다면 우리의 젠더 때문인가 아니면 보다 개인적인 무언가, 각자 원래 가족의 정서적 분위기 혹은 심지어 개인적인 생물학적 특징 때문일까? 그렇지 않다면 우리가 전통적인 부모로 젠더화된 것은 우리 정신세계 안에 깊숙이 자리한 무엇 때문이 아니라 성인의 삶에 있어 경험하는 상황적인 어떤 것 때문이고, 따라서 성인임에도 불구하고 변화시킬 수 있지 않았을까?

답은 위에서 이야기한 모든 것이다. 생물학적 특성 때문이건 우리 각자 원래 가족의 정서적 분위기와 **남성과 여성이라는 차이 때문이건** 벰 가족과 립시츠(샌드라의 원래 가족 성—옮긴이) 가족은 세상에서 매우 다른 존재 방식을 가졌다. 벰의 가족은 더 자율적이고 더 질서 있고, 더 활동 중심적이며 혼자서의 시간을 더 원하는 쪽이다. 립시츠 가족은 보다 내성적이고 더 감정적이며, 개인적인 관계에 더 얽매이는 편이다. 대릴과 내가 성별이 같았다 하더라도 각자 원래 가족이 갖고 있는 이런 차이점으로 인해 대릴과 아이들의 관계보다 나와 아이들이 더 강하게 정서적으로 연결되었을 것이다. 하지만 우리의 성별은 달랐고 여성 혹은 남성으로서 각자의 사회화 과정은 각자 자라난 가족적인 배경의 차이와 완벽하게 맞물려갔다. 어쨌거나 성인이 될 때까지 이런 요인으로부터 분리될 수는 없다. 대릴과 나는 정서에서나 관계에서나 달랐고, 어머니와 아버지라는 전통적인 역할에 맞물려 들어가는 방식에 있어서도 달랐다. 우리 정신에 깊이 박혀 있는 그 차이는 젠더화된 구분은 물론이고 비젠더화된 힘에 따른 부산물이었다.

이런 이야기가 남성은 '엄마'가 될 수 없다는 의미일까? 만일 벰 가족이 남성 엄마가 될 수 없다면 세상에 그 어떤 누가 될 수 있겠는가 하는 논의로 연결된다.

돌아보면 1960년대 말이나 1970년대 초 강연에서 청중에게 들려주었던 조언을 스스로에게 적용했는지 우리가 깨달았다면 더 잘 대처할 수 있었을지도 모르겠다. 남자도 요리, 청소, 기저귀 갈기 등을 할 수 있다고 말했는데 그렇다면 남성은 아마 십대 아이들이 겪는 문제에 대해서 그들과 터놓고 이야기할 수도 있다. 그런 일을 할 필요가 있다는 걸 남성이 알아차리기 전에 여성이 먼저 해버리면 남성은 그 일을 하지 않을 것이며, 남성이 그런 일을 하는 동안 여성이 어깨너머로 감시한다면 남성은 다시 그 일을 하지 않을 것이라고 이야기했다. 우리 가족에게 이런 일이 발생하고 있다는 걸 깨달았다면, 우리의 정서적 차이가 부모 역할에 있어 의미하는 바를 좀 더 생각했더라면 그러한 차이를 상쇄시키기 위해 가족 기능의 구조를 바꿀 수도 있었을 것이다. 하지만 우리는 그 어떤 것도 알아차리지 못했다. 그리고 성격 중에서 젠더화된 부분과 젠더화되지 않은 부분은 별생각 없이 구축한 가족의 상황과 더불어 우리의 의도보다 부모로서 훨씬 더 젠더화되는 쪽으로 옮겨갔다.

그렇다고 해서 일반적으로 남성이 아이를 돌보는 부모 역할을 할 수 없다는 뜻은 아니다. 예를 들어 제러미는 대릴보다 그런 역할을 훨씬 더 자연스럽게 느낄 거라 확신한다. 또한 바버라 리스먼의 평등한 커플 연구에 참여한 몇몇 남성은 더 자연스럽게 느꼈을 것이다. 이러한 커플들과 집중적으로 인터뷰한 후에, 리스먼은 이들을 세 가지 부류로 구분했다. 첫 번째 그룹은 대릴과 나를 떠올리게 만들었다. 리스먼에 의하면, 어머니가 정서적 전문가로 분류되었는데, 특히 아이들과의 관계에서 더욱 그러했다. 다른 두 개의 그룹에서는 어머니와 아버지가 아이들과의 정서적 교감을 나누어 맡거나 (정서적으로 더 강렬한 가족에 있어서) 아이들과 정서적 교감을 두 배로 늘려서 결과적으로 어머니가 아버지보다 정서적으로 아이들에게 더 많이 얽매이거나 연결되는 일이 일어나지 않았다. 아마도 어머니 역할을 하는 남성을 찾으려 한다면 대릴과 내가 자란 가족보다는 이러한 페미니스트 가족에서 찾아야 할 것이다.

다른 한편에서 보면(발전하는 이야기에는 항상 또 다른 면이 있기 마련이다), 이러한 전체적인 분석은 평등주의를 동일함과 혼동하게 만들지도 모른다. 그리고 그 동일함은 나, 샌드라 중심적인 관점에서 정의될 수 있다. 더 깊은 원인으로는, 대릴이 수년에 걸쳐서 양육에서 점점 멀어져간 것은 다른 사람과 관계 맺는 그의 방식으로는 당시 우리가 바람직한 육아 방식에서 필수 요소라고 정의 내렸던, 아이들과 정서적으로 깊숙이 친밀한 관계 맺는 것이 힘들었기 때문일 수 있다. 차이와 다양성에 대한 나의 모든 이야기에도 불구하고, 나의 화법, 대릴과의 평등한 관계 둘 다에서 파트너인 대릴에게 나와 똑같은 종류의 부모가 되라고 지나치게 요구했을지도 모른다.

8

페미니스트의
자녀 양육 되돌아보기

마지막으로 젠더로부터 해방되고, 동성애혐오에 반대하며, 섹스에 대해 긍정적이 되도록 의식적으로 키운 것이 우리 아이들에게 어떤 결과를 가져왔을지에 대한 질문과 마주해보자. 우리 목소리가 주변 문화의 힘에 파묻혀서 결국 아이들이 되려던 모습과 별 차이를 만들지 못한 것은 아닐까? 우리의 특이한 양육 방식이 예상치 못한, 어쩌면 극복 불가능한 어려움과 갈등을 아이들에게 부여하지는 않았을까? 우리 아이들은 자신이 양육된 방식에 대해서 긍정적으로 느끼고 (만약 자녀를 갖게 된다면) 자신의 아이도 우리와 비슷한 방식으로 키우려고 할까? 그리고 아마도 가장 중요한 질문일 텐데, 성장하면서 젠더와 섹슈얼리티에 관해 우리 부부가 마음속에 지녔던 목표를 달성할 수 있도록 아이들을 키웠을까? 이때의 목표란 대략 다음과 같았다.

첫째, 20년 전에 내가 썼던 말을 가져오면, 우리는 아이들이 양성적이길 바랐고 성역할에 구애받지 않기를 바랐다. 지금의 언어로 풀어보면 (가능한 선에서) 아이들이 자신이나 다른 사람 혹은 전반적으로 세상을 양극화된 젠더의 렌즈를 통해 바라보지 않기를 바랐다. 우리 아이들이 (혹은 다른 사람 누구라도) 되려고 하는 종류의 사람과 생물학적인 성별이 아무 관련 없다고 여기기를 바랐다. 자신의 감정이나 스스로에 대한 비전을 구체화하는 데 젠더를 중심에 놓지 않기를 바랐다. 우리는 아이들이 남성다움이나 여성다움, 남성성 혹은 여성성이라는 문화적 관습을 자아나 정체성에 대한 인식의 근거로 삼지 않기를 바랐다. 그리고 우리는 이 문화에서 어떻게 정의하든 여성은 여성다워야 한다거나 남성은 남성다워야 한다고 아이들이 생각하지 않기를 바랐다. 다른 말로 하면, 젠더와 관련해 자유롭지 못한 세상에서 가능한 한 자유롭기를 바랐다.

둘째, 우리는 아이들이 (가능한 선에서) 자신이나 다른 사람들 혹은 일반적인 세상을 바라볼 때 남성 중심적이지 않기를 바랐다. 남성 혹은 남성의 경험에 특권을 주거나 여성 혹은 여성의 경험을 하찮게 만들지 않기를 바란다는 의미다. 사회적 삶이라는 드라마에서 남성은 중심인물이고 여성은 보조 역할로 생각하지 않기를 바랐고 우리 문화가 남성을 중시하고 여성을 하찮게 보는 것을 그 자체로 역사적이고 사회적인 불의로 인식하기를 바랐다.

셋째, 오늘날 이야기하는 이성애중심주의자가 되지 않기를 바랐다. 동성 간의 사랑이나 섹슈얼리티를 이성 간의 사랑이나 섹슈얼리티보다 부자연스럽게 보지 않길 바랐다. 동성 관계를 악마화하고, 이성 관계에 더 특권을 부여하는 미국의 문화를 인종차별과 관련한 역사와 마찬가지로 비도덕적으로 인식하기를 바랐다.

넷째, 자기의 몸과 다른 사람의 몸 모두 자연스러운 상태로 인식하기를 바랐다. 다이어트 때문에 굶지 않고 애써 체모를 면도하지 않고, 화장으로 꾸미지 않고, 근육이 없는 상태를 있는 그대로 존중하길 바랐다. 성적 욕망을 포함하여 육체의 욕망을 기꺼이 즐기되 책임감을 가지며 섹스에 대해 개방적으로 소통할 수 있어서, 친밀감과 쾌락을 극대화하면서 모든 종류의 신체적, 심리적 위험을 최소화할 수 있기를 바랐다.

마지막으로 그리고 일반적으로 우리는 아이들이 일탈할 수 있는 힘, 좌파 진영 비평가들이 신념에 대한 용기라고 부르는 것이 있길 바랐다. 우리 아이들이 자신이 사는 사회의 편협함과 불평등을 직시하고 불편하게 느끼기를 바랐다는 의미다. 또한 우리 아이들이 관습에 얽매이지 않는 신념이 옳다고 느끼고 도덕률을 갖고, 그러한 신념을 부모와 나누기 바랐는데, 규범과 다르다고 해도 자기 자신에 대해 편안하게 느끼고 뜻이 비슷한 사람들과 함께 관대하고 공정한 사회를 위해 기꺼이 싸우려고 하고 싸울 수 있기를 바랐다.

페미니스트적인 방식의 양육이 어떤 결과를 가져왔는지 제러미와 에밀리가 직접 이야기하는 것보다 더 좋은 방법이 있을지 모르겠다. 이어 나오는 내용은 1996년 12월 23일 우리 아이들이 각각 스무 살, 스물두 살이었을 때 별도로 한 인터뷰다. 이 인터뷰는 상당 부분 편집했는데, 처음에는 내용을 줄이기 위해서였고, 그다음에는 공개하기에 적절한지를 고려해 제러미와 에밀리가 직접 편집했다. 이 인터뷰를 통해, 나는 우리 아이들에 대해서 그리고 우리와 비슷한 방식으로 다른 아이를 키울 때의 장점과 문제점에 대해 상당 부분 깨달을 수 있었다.

제러미

제러미, 우리의 페미니스트적 양육의 중요한 목표는 네가 (가능한 만큼) 젠더를 문제 삼지 않도록 하는 것이었단다. 네가 보기에 스스로 젠더를 넘어섰다고 생각하니?

— 그렇기도 하고 그렇지 않기도 해요. 나의 활동이나 미적감각, 신념이나 사람과 상호작용하는 방식에 있어서는 특별히 생물학적 성별에 얽매이지 않는다는 점에서는 그럴 거예요. 제가 남자 친구들과 컴퓨터의 내부 작동 방식에 대해 보통의 남성적인 방식으로 이야기하는 것을 보게 될 수도 있고, 또 다른 순간에는 여자 친구들과 우리 삶의 내적 작동 방식에 대해 흔히 여성처럼 이야기하고 있는 저를 보게 될 수도 있을 거예요. 어느 날에는 그저 남자처럼 보이는 옷을 입고 있다면, 또 다른 날에는 여자처럼 보이는 옷을 입고 있을 거예요. 뭐 이런 식이지요. 남성이나 남성성이 나의 정체성에 중요한 부분은 아니라고 해도 양성적인 **존재**라는 사실이 제 정체성에 중요한 부분이기 때문에 제가 성별을 초월했다고 말할 수는 없어요. 정말 성별을 초월했다면, 어떤 특정 영역에서 내가 여성적이기보다는 보통 더 남성적이라고 깨닫게 되는 것이 불편하지는 않겠지요. 예를 들어 나는 남성보다는 여성에게 성적으로 더 끌리는 성향이 있는데, 그런 제 모습이 불편하게 느껴지거든요.

네가 어떤 면에서 젠더에 대해 비관습적이었는지 좀 더 이야기해줄래?

— 내가 하는 거의 모든 것이 비관습적인 젠더에 기반을 두고 있어요. 내가 좋아하는 대화 방식은 내적이고 세세한 삶의 모습에 대

해 정서적으로 강렬한 토론을 나누는 거예요. 이런 모습은 그날 무얼 했고, 어떤 음악을 좋아하고, 어떤 프로젝트를 하고 있는지와 같은 삶의 외형적 특성을 더 편하게 여기는 남자아이들보다는 여자아이들에게 흔한 방식이지요. 이제 저는 두 가지 종류의 대화를 모두 할 수 있어요. 때로는 '사내아이들처럼' 말할 때 긴장이 더 풀리고 재미나게 느껴요. 하지만 그런 모습이 진짜 내 모습을 반영하지는 않아요. 그런 모습이 제가 가진 전부라면 불만족스러웠을 거예요.

얼마 전에 있었던 일인데, 전화로 자기 어머니와 싸웠던 상황을 아주 세세히 이야기해준 여자 친구와 같이 있었어요. 그 친구는 화가 나서 평상시와는 달리 자기 속에 있는 것을 강하게 말한 순간에 대해 이야기했고, 자신을 통제하지 못했다고 후회했어요. 전에는 왜 자기 어머니에게 화내는 걸 두려워했는지 이야기를 나누다 보니, 그 사건을 건강한 해소로 재해석할 수 있었어요. 이런 순간이 바로 제게 인간의 상호작용이 어때야 하는지 보여주는 순간이에요. 이런 대화의 순간은 제게 이 우주에 왜 한 사람이 아닌 수없이 많은 인간이 존재하는지 이해하게 만들어주지요. 제가 보기에 대다수 남성들은 누군가와 정서적 삶에서 이런 세세한 부분까지 이야기하기를 좋아하지 않는 것처럼 보여요.

네 자신의 정서적 삶은 어떠니? 네가 스스로의 감정을 잘 알아차리는지, 네가 감정을 다른 사람과 잘 공유하는지 궁금해. 정형

화된 남성들은 그렇지 않거든.

— 저는 정서적 자아를 숨기려고 하지 않아요. 어머니와 제가 어떻게 이야기하는지 생각해보세요. 나의 가장 무의식적인 존재 방식은 아들이 통상 자기 어머니와는 하지 않는 방식으로, 모든 느낌을 나누는 것이에요. 나는 모차르트 음악을 들으며 우는 사람이라고 스스로를 설명할 수 있으면 좋겠어요. 실제로 모차르트를 들으며 운다는 건 아니지만, 내가 그럴 수 있었으면 좋겠다는 표현이지요. 내가 정서적으로 애정을 갈구하는 걸 부끄럽게 생각하지 않아요. 작년에 내가 정말 관심 있었던 여자아이에게 차여서 부끄럽고 상처받았어요. 그걸 속으로 담고 있는 대신 나 자신을 정말 잘 돌봐주고 내가 괜찮아질 때까지 러시아어로 부드럽게 대화해주던 친구와 하루를 보냈어요. 그 일은 친구와 나 사이에 일어났던 가장 좋았던 순간 중 하나였어요. 앞서 소개한 사례는 내가 다른 누군가와 그들의 정서적 일상을 이야기한다는 말이지, 그 반대로 내 정서적 일상에 대해 이야기하지는 않는데, 그건 우연이 아니에요. 나는 누군가의 도움이 자주 필요하지는 않아요. 어쩌면 관습적인 남성성일 수 있어요. 그렇다 해도 그런 종류의 관습이 불편하지는 않아요.

지금까지 한 이야기에 더해 젠더에 대해 비관습적인 너의 모습을 보고 친구들은 뭐라고 이야기할까?

— 우선, 내가 이미 이야기한 대로 친구들도 이야기하기를 바라요. 그들이 관대하다면, 자신은 그러지 못하지만 내가 자유롭고 얽매이지 않는 모습이 멋지게 보인다고 말할 것 같아요. 특별히 젠더에 관한 건 아니지만, 어떻게 행동해야 하는지, 같은 성별의 사람들이 보여주는 기대 때문에 망설일 거예요. 가장 가까운 친구 중 한 명을 보면 아버지가 사람들과 사교하는 방식이 떠올라요. 그 친구는 매우 정확하고 격식을 따르는 편인데 지식을 나누는 수단으로서 대화에 집중하고, 자신에게 기대하는 바가 무엇인지 명확한 분위기에서는 편하게 느끼는 반면 아무 제약 없이 열린 분위기에서는 그렇지 않은 편이에요. 그 친구가 나를 좋아하는 건 내가 여러 가지 다른 대상이 기꺼이 되어보려는 의지 혹은 능력이 있기 때문일 거예요. 나는 그 친구처럼 진지한 수학자가 될 수도 있지만 치료 전문가가 될 수도 있고, 방 안에서 미친 듯이 춤출 수도 있고, 어린아이처럼 위아래로 점프할 수도 있어요.

너의 젠더에 관해 친구들은 뭐라고 이야기할까?

— 모르겠어요. 아마도 그 아이들은 내가 괴짜라고 생각할 거예요. 하지만 내가 좋아하는 친구들은, 그렇게 생각한다고 해도 아마 다정하게 받아들여주겠죠.

275

괴짜라니, 무슨 뜻이니?

— 나는 때때로 치마를 입어요. 그리고 나는 친구들에게 '너무나' 다정해요. 파티에서 예전 룸메이트와 춤춘 적 있는데 마루 위에서 신나게 데굴데굴 굴렀고, 서로 얼마나 자주 터치하고 어디를 터치하는지 크게 신경 쓰지 않았어요. 또 다른 친구는 불편하게 느꼈어요. 그 파티에는 친구들이 알지 못하고, 반응이 어떤지 알 수 없는 사람들도 있었으니까요.

남자와의 이런 애정 표현이 동성애자의 특징 중 일부인 걸까? 너는 스스로를 동성애자라고 표현하니?

— 아니요. 나는 스스로를 동성애자라고 말하지 않아요. 아까 여자 친구에 대해 이야기했는데, 그때 어머니는 내가 스스로를 이성애자라고 표현하는지 물어보지 않았어요.

네 말이 맞다.

— 내가 대부분의 친구보다 더 자유로운 또 다른 한 가지는 동성애자나 이성애자, 동성애와 이성애라는 것을 정체성으로 보지 않는다는 점이에요. 이런 것들은 어디에나 존재하는 역동성이지요. 내가

마룻바닥에서 동성 룸메이트와 뒹굴거린다고 해서, 이런 모습이 내가 동성애자라는 의미는 아니지만, 동시에 이런 모습이 나의 섹슈얼리티와 아무 관련이 없다고 말하고 싶지도 않아요.

네가 치마를 입는 것에 대해 더 이야기해줄래? 왜, 언제 입는 거지?

—— 먼저 왜 그런지 이야기할게요. 적어도 두 가지 이유가 있어요. 하나는 미적인 것인데, 제가 보기에 여성의 옷과 몸은 남자의 옷과 몸보다 더 자연스럽고, 더 우아하고, 더 매력적이고, 더 흥미로워요. 당연히 여성의 옷이 제한이 덜하고 더 다채롭지요. 치마라고 부르는 이 훌륭하고 여유 있는 옷 입기가 재미있다고 느끼는데 두 다리를 단단히 감쌀 필요가 없지요. 사회적 함축과 완전히 별도로 말하자면 치마 안에는 우리 몸을 담아두는 열린 공간이 있어요. 저는 그게 미학적으로 좋다고 생각해요. 치마를 입으면 사람들에게 약간 충격을 주는데, 그들의 반응을 보는 것을 좋아한다는 점도 부인하지 않을게요. 보통 공공장소에서 모든 사람들은 좀 재미없어 보이고, 거기에 어떤 종류의 사람이 있는지 구분할 수 없거든요. 그런데 치마를 입고 나가면 내가 알고 싶거나 말거나 그들이 어디에 속하는지 사람들의 표정으로 반응을 알 수 있어요.

대학 캠퍼스에는 젠더에 대해 관습적이지 않은 사람도 많은 편인데, 그런 사람 대다수는 우리와 비슷한 가족 배경에서 자라나지 않았어. 그런 사람과 네 자신이 다르다고 생각하니?

—— 나에게는 새롭지 않은 방식이 그들에게는 완전히 새로울 수 있을 거예요. 제가 기숙사에 살 때 좋아하던 일 중 하나가 야외 어린이용 수영장에서 알몸으로 헤엄치는 거였거든요. 따뜻한 물을 채워 넣고, 장막으로 가려 경찰이 뭐라 하지 않도록 했어요. 제게는 그게 재미있었고, 긴장을 풀 수 있는 활동이었는데 자신에 대한 기대나 부모의 기대로부터 과격하게 벗어나야 했기 때문이 아니라 그 자체로 즐거웠기 때문이에요. 그래서 이봐, 여기 우리가 옷을 다 벗고 놀고 있어, 하는 것 이상의 이야기를 하고 싶었어요. 저와 함께 살던 친구들에게는 이런 일이 새롭고 특별해서 그 자체로 그들의 관심을 끌었지요.

이제 다음 중요한 질문으로 넘어갈 때인 것 같구나. 네가 자라난 방식에도 불구하고 전통적인 의미에서 젠더화되었다고 느낄 때가 있을까?

—— 어떤 방식으로도 전혀 그렇지 않으니 다음 주제로 넘어가죠! 아니에요, 인정할게요. 나의 지적 관심은 확실히 전통적으로 젠더화되었어요. 제일 관심있는 분야는 수학과 컴퓨터 프로그래밍, 물리예

요. 하지만 문학과 언어도 사랑하는데, 이런 것을 좋아한다고 하면 보통 남성적이라 느끼지 않지요.

그런 지적인 관심사의 젠더화에 대해 어떻게 생각하니? 이런 이슈에 대해서는 약간 부끄러워하는 것 같은데.

— 약간 부끄러워요. 지적으로 열정을 갖는 분야와 저의 젠더가 이렇게 나란히 정렬되지 않았다면 좋았을 것 같아요. 제가 지금의 관심사를 그대로 유지한 채 성별이 여성이었다면 정말 재미있었을 거예요. 만약 제가 정형화된 방식대로 정렬되지 않도록 무엇인가를 바꿔야 한다면 저는 제 관심사보다는 성별을 바꿀 거예요.

이쯤에서 네가 너와 에밀리의 차이에 대해서 어떻게 생각하는지 궁금하구나. 네 주 관심사는 수학, 과학, 그리고 컴퓨터고, 에밀리는 음악, 연극, 그리고 창작이지. 당연히 누군가 이처럼 전통적인 젠더화를 보고 '이런, 젠더해방적으로 아이들을 키웠다고 하더니 실패'라고 말할 수도 있을 것 같아.

— 솔직히 말할게요. 에밀리나 저는 각자 잘하는 분야에 있어서 약간 재능 있는 정도가 아니에요. 저는 확실히 수학에 재능이 있고, 에밀리는 확실히 글쓰기를 잘해요. 이것은 우연히 선택된 재능도,

문화적으로 정의된 열정도 아니지요. 그러니 우리가 자라는 데 실패는 없었어요. 다른 한편으로 볼 때, 만약 제가 여자였다면 지금 제가 수학에서 성취한 만큼 이루기는 훨씬 어려웠을 거라고 생각해요. 세상이 어떻게 반응하는지 차이가 있었을 테니까요.

스스로 생각하기에 전통적인 젠더에 따른다고 생각될 때는 없었니?

── 네, 저는 거의 이성애자라 할 수 있는데, 이런 점이 불만이긴 해요. 주장이 명확한 편이기도 한데, 이런 것은 별로 신경 쓰이지 않아요. 자기주장이 확실하다는 건 어려서 양육받는 것과 마찬가지로 자연스러운 방식인데 어떤 소녀들은 사회적 조건형성에 의해 이렇게 단호하게 행동하는 것을 거부당하지요.

다음 중요한 이야기는, 양육 과정 때문에 잠재적으로 불리한 점이 있었는지, 젠더나 섹슈얼리티와 관련한 양육 방식이 네가 성장한 후 문제가 되지는 않았는지 하는 거야. 원한다면 과거로 돌아가서 이야기해도 좋아. 기본 질문은 이렇단다. 부모의 양육 방식 때문에 어떤 걱정이나 갈등이나 문제를 겪은 적은 없는지, 남자로서 아니면 그 어떤 존재로서 친구나 부모나 혹은 너 자신에 대해 느낀 점과 관련해서 말이야.

── 이런 부분에서 친구들과의 갈등은 문제 되지 않았어요. 내가 훨씬 어렸을 때 학교에서 시달린 적은 있어요. 하지만 그게 분홍색 가방을 메고 있어서인지 혹은 그저 머리는 좋지만 좀 답답한 아이여서 그랬는지 누가 알겠어요? 괴롭히는 아이들 자신도 대상을 어떻게 왜 고르는지 모르고 있다고 생각해요. 요즘 동료집단으로부터는 일종의 소외를 경험하게 돼요. 진보적인 사람들로부터도 소외당한 일이 있는데, 그들은 나이 든 세대 혹은 더 보수적인 동료들이 지닌 성의 정치학에 의식적으로 저항해야 했기 때문이지요. 하지만 핵심은 훨씬 일반적인 거예요. 저는 일상적인 만남에서는 다소 내향적인 편인데, 정치적으로 잘 어울리지 못할 것이라는 기본 전제를 스스로 깔고 있기 때문이지요. 그래서 존재의 사회적 방식을 다르게 입증받을 때까지는 자동적으로 소외감을 느껴요. 그게 문제라고는 생각하지는 않아요. 사실이니까요. 주어진 사회적 맥락에서 나의 진정한 자아를 표현할 것인가 말 것인가의 문제가 자동적으로 등장하는데, 결국 해결하게 되지요. 일반적으로 내가 함께하는 사람들과는 정치적으로 다르다는 사실을, 특히 성과 젠더에 관련해서는 정치적으로 의견이 다르리라는 사실을 알기 때문이지요.

양육 방식 때문에 보통 사람과 조금 다르게 성장했을 뿐 아니라 수학과 과학에서 탁월함을 갖추게 되었다는 사실은 서로 관련이 있을까? 두 가지 측면에 있어서 네가 남과 다를까?

— 네, 적어도 그 두 가지 점에서 그럴 거고, 아마 더 많은 점에서도 그렇지요.

부정적인 면에 관해 좀 더 물어볼게. 페미니스트들은 남성이나 남성다움에 대하여 편향이 있게 마련이지. 이런 점이 네게 어떻게 영향을 미쳤을까? 그런 점으로 인해 남자가 된다는 것이 어떤 의미인지 알아가는 데 있어 너를 힘들게 하지는 않았을까?

— '남자가 된다는 것'이라는 표현을 들으니 어머니 친구가 몇 주 전에 해준 말이 떠오르네요. 이제 목도 훨씬 두꺼워져서 더 남자답게 보인다고 했지요. 나는 소심하게 '아, 기가 막히는군, 내가 원하는 게 [미녀와 야수의] 가스통처럼 두꺼운 목이라니' 하고 생각했지요. 이 이야기의 핵심은, 내가 스스로를 남성으로 규정하는 걸 그리 좋아하지 않는다는 것이고, 남성다워짐이 궁극적 지향은 아니며, 남자다운 남자를 찬사하는 문화에 대한 페미니스트의 반감이 완벽하게 내 안에 장착되어 있다는 의미지요.

그 정도로 안 좋았니? 내재화된 동성애혐오와 어떤 면에서 맥락이 닿는 내재화된 남성혐오manophobia와는 다른 것일까?

— 저의 성적인 정체성이 부정되는 어떤 방식이 있기 때문에 당연

히 그 질문이 나오겠죠. 예를 들어 근육이 있다는 걸 깨달았을 때 왠지 좀 이상한 방식으로 멋지다는 생각이 들어요. 남성다운 두꺼운 목을 갖게 되었다고 느낄 때와 비슷해요. 하지만 남성다움에 대해서는 양가적인 감정을 느끼기 때문에 보다 넓은 의미가 있어요. 대부분 눈치채지 못하다가 그런 특징이 없는 사람을 볼 때 깨닫게 되지요. 예를 들어 내 가장 친한 친구 중 한 명은 세상에서 가장 다정한 사람이고 정치적으로는 나와 크게 다르지 않지요. 하지만 그는 남성과 남성다움에 감탄하는 세계에서 성장해왔어요. 그래서 내가 갖고 있는 아이러니나 거리감, 양면성을 갖고 있지 않아요. 이런 특징은 인종, 계급, 국가 등 다른 영역과 맺는 관계로도 확장되는데, 나와 달리 그는 미국과 일반적인 정치적 상황에 상반되는 감정 없이 만족해요. 그의 삶은 멋지고 꽤 괜찮은 상황이며 돈도 충분하니까 세상이 모든 사람에게 괜찮은 곳이라고 확신하지요.

회의적이며 비판적인 맥락에서 자라면 깃발을 흔들, 말하자면 맹목적으로 추종할 만한 부분이 아무것도 없다는 의미일까?

── 깃발을 흔든다는 표현이 좋네요. 친구와는 반대로, 서는 세 시각이 단지 하나의 시각에 지나지 않으며 특권을 갖고 있는 시각이라는 점을 너무나 잘 알고 있어요. 제 친구는 세상에 대한 자신의 시각이 맞다고 확신하고 착각하는데, 때로는 나도 그런 확신과 착각을

가졌으면 할 때가 있어요.

상당히 많은 사람들이 대학에 들어가 자신의 시각이 극히 제한 적이라는 사실을 발견하게 된단다. 그런데 너는 그 이전부터 이런 사실을 알았는지 궁금해. 이의 요정(침대 머리맡에 빠진 이를 놓아두면 동전을 놓고 이를 가져간다는 상상 속의 요정—옮긴이)이 돈을 가져다준다거나 미국이 세계에서 최고의 국가라거나 젠더라는 것이 실재한다거나 이성애가 자연의 섭리를 따른 것이라고 한 번도 믿은 적이 없니?

—— 글쎄요. 때로는 성별, 국가, 종교 등에 대해 양가적이지 않고 명확한 관계에 있는 편이 위로가 될 수도 있어요. 명확한 관계란, 편파적인 시각을 바탕으로 한다는 것을 깨닫지요. 그래서 나는 그들처럼 확신을 가질 수는 없다고 해도 그들이 갖고 있는 확신에 대해 확신을 갖고 비판할 수 있어요.

불리한 점에 대해 조금 더 물어보자. 양육 방식 때문에 부모와의 관계에 문제가 생기지는 않았니?

—— 이렇게 말하는 게 약간 우스꽝스러운데, 내 친구들이 자기 부모와 싸우던 그 시기에 저도 저항할 수 있는 무언가가 있었다면, 불

평할 수 있는 무언가가 있었다면 좋았을 거예요. 하지만 없었어요. 전반적으로 좋았어요. 엄마가 정말 좋은 사람이었거나 엄마가 운이 좋았을 거예요.

다른 불리한 점은 생각나지 않니?

— 글쎄요. 만약 어머니가 다시 아이를 키우게 된다면 평범하지 않은 욕망뿐 아니라 평범한 욕망을 가져도 괜찮다고 아이들에게 명확하게 이야기하라고 조언드리고 싶어요. 제가 어렸을 때, 여자아이들에 대한 낭만적인 관심에 대해 솔직하게 이야기하지 않았어요. 여자아이에 대해 이야기하는 남자아이가 되기 싫었거든요. 나이 들면서 여자에 대한 관심을 두고 어머니와 이야기하는 게 편해지기는 했지만, 여전히 남자 친구들과 여성에 대해 이야기할 때면 내 안에서 불편함이 느껴져요. 만약 여자에 대해 너무 많이 이야기한다고 느끼면, 특히 여성을 대상화하는 방식으로 이야기한다고 조금이라도 느끼면 나는 그 대화를 금방 끊어버리게 돼요. 하지만 이제는 그런 제 모습이 문제라고 더 이상 이야기하지는 않을 거예요. 그저 나의 일부이지요.

아주 심각하지는 않지만 한 가지 문제는, 남자가 여성에게 섹스에 대한 압력을 가하는 역사적인 공통점과 의미를 잘 알고 있기 때문에 사회생활을 하면서 내가 누구에게 약간이라도 압력을 행사한다고 느낄 때에는 즉각 물러나게 돼요. 일반적이지 않은 젠더 의식을 갖고 있고 남성적이 되기를 원치 않는다는 점이 저의 데이트를 힘들게 만들어요. 다른 누구의 기준이 아닌 제 자신의 기준을 어기지 않고서는 데이트 진도를 나갈 수 없기 때문이에요.

그렇다면 여성과 데이트를 해보거나 성관계를 갖지 못했다는 뜻이니?

— 아니에요. 단지 일이 천천히 진행된다는 뜻이에요.

이제 단점에 대해서는 그만 이야기하자꾸나. 지금까지 이야기했던 것에 더해 젠더나 섹슈얼리티에 관련해 우리의 양육 방식이 네 삶을 좀 더 낫게 만들어준 면이 있을까?

— 완전한 사람이 된 것이요. 결국 그것으로 요약할 수 있어요.

후속 질문 한 가지 더. 너와 같은 성이나 나이대의 사람들과 비교할 때 섹스나 젠더 관련해 네가 겪지 않아도 되었던 곤란한 문제가 있었을까?

— 커밍아웃을 하는 과정에서 엄청난 고통을 겪었던 사람을 알고

있어요. 제가 어느 시점에 동성애자거나 양성애자라는 사실을 알려야 했다면, 삶에서 만난 어떤 사람들보다도 편하게 그 시간을 맞이했을 거예요. 사실 우리 가족은 이성애를 기본이라고 가정한 적이 없기 때문에 제가 동성애자였다 하더라도 예외적이라고 느끼지 않았을 거예요.

다음 질문. 우리는 너를 젠더해방적인 방식으로 양육하며 동성애혐오 반대와 섹스에 대한 개방성을 매우 강조했어. 젠더해방적인 양육에 이런 요소가 꼭 포함되지는 않는데, 이런 점은 네게 어떤 영향을 미쳤을까? 이 문제에 대해 어떻게 생각하니?

── 동성애혐오 반대에 대해 먼저 말해보지요. 내가 아는 거의 모든 사람과는 달리 내게는 동성애자가 완전히 정상적으로 보였어요. 직관적으로도요. 내가 태어날 때부터 그랬기 때문이지요. 제 친구 대부분이 비이성애에 대해 편하게 느끼겠지만, 그런 입장을 취할 때 의도적으로 심사숙고하는 경향이 있어요. 저는 그런 의도적인 노력 없이 그 자체로 편안하게 느끼지만요. 그 점에 대해 좀 더 따져봐야 하는데 두 남자의 키스를 역겨워한다는 것이 무슨 의미인지 상상할 수 있었던 시기를 희미하게나마 기억하거든요. 이제는 상상할 수 없지만 제 어딘가에 그런 기억이 있다는 건 동성애혐오 반대의 기질이 내 삶의 모든 순간에 자동적으로 존재하지는 않는다는 말이에요. 그

때 나는 20세기 미국에 사는 어느 누구와도 크게 다르지 않았을 거예요.

섹스에 대한 긍정적 태도와 관련해서 말하고 싶은 요점은, 이런 태도가 사회적 이유뿐 아니라 건강과 안전의 이유로도 훌륭하다는 거예요. 섹스와 관련해 많은 사람들이 위험한 상황에 처하게 되고, 문제가 생겼는지 깨닫지 못하거나 그 문제를 어떻게 처리해야 할지 모르는 경우를 보아왔어요. 내가 섹스에 대해 교육을 받았고 편안하게 느끼다 보니 그 결과 내 친구들에게 도움 줄 수 있는 자원을 갖추게 되었어요. 친구들이 어떻게 피임해야 할지, 성병 테스트를 어디에서 받을 수 있는지, 관련해 읽기 좋은 책이 무엇인지 잘 알고 있으니까요.

이번 질문은 네가 잘 아는 사람들에게 한정될 텐데, 섹스와 몸에 대한 너의 태도와 경험이 주위 사람들과 어떻게 다른지 말해줄 수 있니?

── 제게(새로운 생각은 아니에요), 섹스가 어떤 행동을 의미하지는 않아요. 특별한 하나의 방법이나 목표가 아니라 서로의 몸을 탐험하는 것이지요. 그리고 필연적으로 섹스는 어떤 종류의 육체성과 연관되어 있어요. 섹스는 사람들이 서로 거칠게 놀거나 남자들이 종종 그렇듯 서로 몸싸움하는 방식과 완전히 분리되지 않아요. 그래서 저는

섹스를 따로 분류하지 않아요.

이 문제와 관련해 전반적으로 제 친구들은 저와 다르다기보다는 비슷해요. 그래서 예기치 못하게 고루한 태도를 지닌 친구를 만나면 놀라게 돼요. 그래서 제가 친구 중 한 명에게 누군가와 섹스했는데 확신이 서지 않는다고, 우리 사이에 육체적으로 일어난 일을 표현하는 최선의 표현인지 잘 모르겠다고 말했는데, 제 친구는 너무나 단순하게, 내가 오르가슴을 느꼈으면 섹스고, 오르가슴이 아니었다면 섹스가 아니다, 이렇게 말해서 놀랐어요. 저는 섹스와 오르가슴을 그렇게 보지 않거든요. 이 이야기를 기억하는 이유는 이런 태도를 친구들로부터 자주 발견하지는 않기 때문이에요.

육체적인 쾌락과 육체의 성적 쾌락에 대해서는 어떻게 생각하니? 너와 비교했을 때 다른 사람들은 어떤지, 그리고 네가 길러진 방식이 이 문제에 어떤 영향을 주었는지 알고 있니?

―― 섹스에 대한 우리 가족의 긍정적인 태도 덕에, 나에게 섹스란 이 세상에서 놀라운 종류의 쾌락을 추구하기 위해 완벽하게 용인되는 방식이 되었어요. 그래서 저는 다른 사람들에 비해 섹스에 대해 극복해야 할 불안감이 거의 없어요. 우리 가족의 페미니스트적인 성향은 대부분의 경우 남성이 파트너보다 더 쾌락을 느끼는 것에 문제가 있다는 사실을 알려주었어요. 그래서 섹스할 때 쾌락을 느끼기보

다는 주는 것에 더 집중하려는 경향이 있어요. 다른 사람에 비해 즐거움을 덜 느낄 가능성이 있겠지요. 하지만, 어떨지 모르겠어요.

만약 아이가 있다면 젠더나 섹슈얼리티에 대해서 어떻게 키우겠니? 네 부모와는 어떤 점에서 비슷하고, 또 어떻게 다를까?

—— 저를 양육한 방식에는 몇 가지 빠진 점이 있어요. 예를 들자면 부모님이 명확하고 일관성 있게 제게 섹스에 대한 긍정적 태도를 가르쳐주지는 않았어요. 이론상으로는 훌륭했지만, 부모님이 사람들은 단지 아이를 갖기 위해서만이 아니라 쾌락을 위해서도 섹스한다는 사실을 처음에 말하지 않은 건 우연이 아니에요. 다른 말로 하자면, 어머니는 과학적 측면에 지나치게 집중해 설명했기에 저는 섹스가 즐겁다는 것을 늘 확신하지는 못했어요. 그래서 자라며 섹스가 성인들이 하는 멋진 행위라고 생각했던 기억이 없어요. 펩시콜라에 대해서는 그렇게 생각했지만요. 저는 제 아이들을 보다 전인적으로 섹스에 대해 긍정적으로 키웠으면 해요.

전반적으로 어머니는 훌륭하게 저희를 키웠어요. 제가 아이를 키운다면 그 방식을 모범으로 삼고 싶어요. 그림책에 등장하는 모든 경찰관에게 가슴을 다시 그려 넣는 일을 실제로 할 수 있을지 상상하기 어렵지만요. 사실 내 아이들의 '젠더 교육을 늦추려고 할지' 잘 모르겠어요. 이는 전략적인 결정이지 철학적이지는 않아요. 어머니는 우리가 젠더에 대해 알기를 원했지만 다만 분별연령(만7세 정도를 가리킴—옮긴이) 정도에 배워서 젠더를 비판적으로 볼 수 있기를 바랐죠. 하지만 전략적으로 이 결정에 동의할 수 있을지 잘 모르겠어요. 제 직감으로는 우리 문화가 젠더화된 기대치를 갖고 있다는 사실을 가능한 빨리, 가능한 한 모든 것에 대해 완벽하게 아이들에게 알려주고, 동시에 그에 대한 비판도 가르칠 것 같아요.

아이를 갖고 싶니?

— 네, 아이를 원하는 마음은 매우 깊고 현실적이어서 이 문제에 대해 어떻게 이야기해야 할지조차 모르겠어요. 아이를 원치 않다니, 상상할 수 없어요. 여기에는 수많은 구체적인 이유가 있어요. 하나는 제 안에 보살핌에 대한 강렬한 욕구가 있어서 이를 쏟을 출구가 필요하기 때문이에요. 또 하나는 내가 부모가 되었을 때 아이가 어떤 사람이 되어갈지 궁금해요. 하지만 이러한 이유만으로 제 욕망의 깊이를 제대로 설명할 수 없어요. "어린아이는 실재하는 유일한 존재"라는 말을 들은 적이 있어요. 그 말이 다른 어떤 것보다 더 잘 제 욕망을 설명해요. 똑같이 느끼지 않는 누군가에게 이런 말이 일리 있게 들릴지는 모르겠어요.

단지 아이를 원하는 정도가 아니라 임신하고 싶어요. 저에게는 정말 자궁에 대한 선망이 있어요. 아이를 갖는다는 건 먹거나 숨쉬고 섹스하는 것처럼 인간의 몸이 하는 가장 기본적이고 근본적인 행위 중 하나예요. 그러니 저는 완전한 인간의 경험을 갖지 못하지요. 남성이 역사적으로 보다 완벽한 존재라고 여겨져왔다는 사실이 저에게는 좀 이상해요. 왜냐하면 남자야말로 인간됨의 가장 근본적인 측면 중 하나를 놓치고 있기 때문이지요. 남성을 더 완벽한 존재로 생각하는 것은 남성이 아이를 가질 수 없다는 사실에 대한 보상 심리 때문이라고 생각해요. 역사적으로는 이렇게 믿지 않겠지만 상징적으로는 제게 타당한 주장이에요. 어느 면에서는 제가 경험주의자기 때문에 임신하고 싶어요. 신체적 경험이란 멋진 것이지요. 그것을 참기 힘들어요. 감각차단탱크(커다란 통 안에 피부와 같은 온도의 소금물을 채워서 안에 사람을 띄우고 빛과 소리를 차단하는 장치인데 긴장 완화와 치유 목적으로 사용되기도 함—옮긴이)에 대해서 듣자마자 저도 그 안에 들어가고 싶었어요. 마리화나를 피우는 것에 대해 듣자마자 그건 어떤 느낌일지 궁금했어요. 그런데 이런 것보다 훨씬 더 깊이, 9개월을 꼬박 채우는 커다란 경험이 있어요. 그게 어떤 것인지 알고 싶어요.

결혼하고 싶니?

—— 실제로 결혼하는 것 말인가요? 아니면 제가 한 사람의 파트너와 삶을 보내는 모습을 마음속에서 그리는지 물어보시는 건가요? 잘 모르겠어요. 그에 대해서는 아무것도 아직 확실하지 않아요.

아이를 갖는 것에 대해서는 더 확신하는 듯 들리는구나.

— 당연하죠. 제가 확신하는 몇 안 되는 것 중 하나지요. 세계는 삶이 어떻게 되어야 한다는, 사전에 만들어진 규범 같은 게 하나도 없어요. 그래서 욕망으로서 결혼을 원하는 것과 특정한 사람과 결혼하는 걸 떨어뜨려 이해할 수 없어요. 따라서 질문은 제가 삶을 함께 공유하고 싶은 누군가가 있느냐가 되지요. 제게는 아직 그런 사람이 없어요.

젠더나 전반적인 성 문제와 관련해서 너는 정치적인 활동가니?

— 그랬다면 좋았을 거예요. 하지만 아니에요. 그렇지 못하지요. 전반적으로 이런 이슈를 정서적으로는 이해하는 일이 지적으로 이해하는 것만큼 급박하게 느껴지지 않았어요. 아마도 제 삶에서 불평등으로 인해 자극받은 적이 없기 때문일 거예요. 많은 이들을 정치적 활동으로 이끄는 에너지의 상당 부분은 부모나 지인들이 그 사람에게 끔찍한 행동을 했기에 나오겠지요. 그런데 어떤 문제가 시급하다는 자신의 논리적인 인식으로 인해 활동가가 되려는 강한 에너지를 얻기는 힘들어요. 결코 쉬운 에너지의 원천이 아니지요. 그래서 지금까지 그동안 정치적으로 활동적이지 못했지만 앞으로는 좀 더 정치적 활동을 하고 싶어요.

너는 페미니스트니?

— 맞아요.

그게 네게 의미하는 바는 무엇이니?

— 어떤 주의자가 된다는 것이 무엇을 의미하는지부터 말을 시작해도 될까요? 어떤 주의를 따르는 건 사람을 움직이게 만드는 가장 기본적인 요소 중 하나예요. 제가 어떤 '주의자'라고 주장할 만한, 혹은 제가 지지한다고 강조할 수 있는 '주의'라고 할 만한 건 그렇게 많지 않아요. 경험주의는 아마도 유일한 예외일 거예요. 그래서 페미니스트가 된다는 건 제가 세상을 바라보는 가장 기본적인 방식 중 하나고, 저의 가장 기본적인 인식론 중 하나예요.

역사적으로 어디에 유리한 점과 불리한 점이 있는지, 그리고 평등하고 공정하게 보이는 상당 부분이 본질적으로 어떻게 왜곡되어 있는지를 통찰하는 것이지요.

에밀리

에밀리, 우리의 페미니스트 양육 방식의 중요한 목표 중 하나는 네가 가능한 한 젠더에 제한받지 않도록 하는 것이었단다. 네가 실제로 젠더를 초월해 성장했다고 생각하니?

— 머릿속에서 늘 젠더를 초월해 생각하고 있어요. 저는 다른 사람들을 남자나 여자로 보지 않아요. 그들의 입장에 서서 그들이 어떻게 느끼고 있고, 어떻게 생각하며 왜 그런 방식으로 행동하는지 생각해요. 내 자신에 관해서라면, 겉으로 볼 때는 여자아이처럼 보이겠지만 내면을 본다면 저는 스스로를 남성성과 여성성을 둘 다 가졌지만 어느 것도 특별히 따르지 않는 사람으로 느껴요.

젠더와 관련해 스스로 비관습적이라고 느끼는 방식에 대해서 더 이야기해줄래?

— 데이트할 때의 스타일을 놓고 보면, 저는 종종 공격적이었어요. 누군가에게 관심이 생기면 제가 먼저 행동에 옮겼지요. 말로든 성적으로든 혹은 다른 어떤 방식으로든 말이에요. 누군가의 로맨틱한 판타지 대상이 되기보다는 항상 직설적이고 쫓아가는 쪽이었어요. 다른 말로 하면 어떤 가게 창문 안에서 하염없이 기다리며 그들이 제게 오기를 기다리기보다는 누구든 제 욕망의 대상이 되면 제가 먼저 사귀려고 했어요.

그렇게 행동한 결과는 어땠니?

— 아주 잘 되었어요! 잘 먹히더라고요! 만약 내가 로맨틱한 관계를 만들기 위해 노력하지 않으면 그들이 과연 내게 올까 의아해하며 당황스럽기도 했지요. 하지만 시간이 지나면서 일련의 성공적인 로맨스를 경험했는데 끝날 때에도 매우 좋은 친구로 관계를 맺곤 했어요.

비관습적인 젠더의 특징을 보여주는 사례가 또 있을까?

— 저는 몸에 난 털을 면도하지 않아요. 다른 여자들보다 훨씬 체모가 많다 보니 사람들이 눈치채고 그에 대해 언급하지요. 여성의 체모를 그렇게 많이 본 적이 없거나 체모를 면도하지 않은 여성을 본 적이 없거나 면도하지 않은 여성에 대한 지지를 표현하고 싶지 않거나 충격받았기 때문이지요. 사람들의 반응이 다 다르지만 항상 어떤 반응을 보여주지요.

신체 어느 부위에 털이 있니?

— 제 다리 모두와 겨드랑이요. 무릎과 가랑이 사이 부분의 체모에 사람들이 가장 놀라지요. 면도하지 않는 젊은 히피 여성들도 겨

드랑이나 종아리에만 털이 난 편이어서 남성들처럼 허리 아래 부분에, 특히 비키니를 입었을 때 체모가 있는 여성에 익숙지 않아요. 그리고 이것이 많은 사람에게 동성애혐오를 가져오게 돼요. 저를 매력적인 여성이라고 생각한 사람들이 내 다리를 보았을 때, 남자의 다리라고 상상하기 쉽지요. 남자처럼 보이는 다리에 매력을 느낄 수 없다고 생각하는 남자아이라면 이런 모습에 익숙해지는 데 시간이 걸리지요.

제모하지 않기로 결정한 이유는 무엇이니?

— 부분적으로는 면도할 때에 수반되는 끔찍한 요소 때문이에요. 면도날로 인해 상처가 나고, 발진이 생기고, 어떤 종류든 매끈한 상태를 유지하기 위해 자주 면도해야 하지요. 내 신체의 자연스러운 존재 방식에 대해 미학적으로 무슨 잘못이 있는 것처럼 사회가 말하도록 내버려두는 건 나의 정치적 견해나 천성에 맞지 않아요. 다른 사람들에게 모범이 되기 위해서도 면도하지 않아요. 면도하는 많은 여성이 면도하지 않은 내 다리를 보면서 자신도 수줍음을 극복할 수 있으면 좋겠다고 말해요. 하지만 그들도 자신이 면도하지 않으면 매력적이지 않다고 느껴요. 이들은 나처럼 몸에 털이 많지 않은 사람들이에요. 그들이 내 다리를 보고 괜찮다고 느끼면 아마도 자신의 원래 다리를 더 편하게 받아들이게 될 수도 있겠지요.

이렇게 할 수 있게 되기까지 어떤 과정을 겪었니? 너도 수줍음을 극복했어야 했니?

— 사춘기 때 처음, 아버지의 오래되고 낡은 면도기를 사용해 겨드랑이와 다리를 면도하며 양면적인 감정 때문에 두려움에 가득 찼었어요. 면도 크림은 고사하고 심지어 물이나 비누도 사용하지 않았어요. 내가 하고 있는 일이 어머니의 원칙을 배반하는 것이라는 점을 알았거든요.

고등학교에 들어갈 때쯤 겨울에는 면도를 안 하려 했어요. 하지만 여름에는 짧은 바지가 끝나는 데까지 제모했고 수영복을 입을 때는 상체까지 제모했어요. 하지만 그러다가 혼잣말로 "오늘은 짧은 바지를 입지만 제모하지 않은 채 외출할 거야"라고 말하기 시작했어요. 대학에서 마사지 수업을 들었는데 사람들이 오일을 바르고 제 다리를 마사지할 때 처음에는 정말 힘들었어요. 하지만 면도하지 않고 다니는 것을 목표로 삼았어요. 심지어 지금도 내 몸의 털에 대한 사람들의 반응을 마주하고 싶지 않을 때에는 탱크탑 대신 소매가 짧은 셔츠를 입고, 짧은 바지 대신 긴 바지를 입어요. 하지만 그건 일시적일 뿐이고 어떻게 내 몸에 대해 편안하게 느낄 수 있을지를 찾아내야 해요. 이는 지속적인 과정이에요. 몇 년째 면도하지 않았는데, 그런 시간이 더 오래되고, 면도하지 않은 상태로 노출되는 상황이 더 많아질수록 더 쉬워지고, 이런 제 다리가 진짜 제 다리처럼 보여요. 시간이 지나면서 조금씩 더 둔감하게 되었어요.

이제는 너 스스로를 완전히 섹시한 여성이라고 생각하니?

── 당연하지요. 면도를 전혀 하지 않은 채 여름 내내 짧은 바지를 입고 돌아다닐 수 있고, 비키니를 입고 수영할 수 있어요. 많은 사람들이 이런 제 모습을 괴짜라고 느끼겠지만 저는 스스로 완전히 섹시하다고 느껴요.

젠더와 관련해 스스로를 비관습적이라고 느끼는 또 다른 영역이 있니?

── 글쎄요. 저는 이성애자가 아니에요. 대부분 남자애들과 데이트하지만 제가 여자에게도 매력을 느낀다는 점을 당연히 알고 있어요. 저는 일부일처제에 쉽게 동화되지 않고, 결혼하는 많은 사람들이 믿는 방식으로 일부일처제를 믿지 않는 사람이에요. 절대로 결혼하지 않겠다거나 일부일처의 관계를 갖지 않겠다는 뜻은 아니에요. 내 미래에는 여러 가지 새로운 형태가 가능하겠지요. 고정관념에 따르면 여성이 정착해 결혼하고, 남성은 그 여성에게 헌신하기 힘든 것이 상당히 전통적인 모습인데 적어도 지금까지 헌신이라는 문제를 놓고 보면 제가 데이트하던 사람보다는 저 자신에 대한 헌신이 훨씬

더 중요했어요.

대학 캠퍼스에는 젠더에 대해 관습적이지 않은 사람도 많을 텐데, 그런 사람들 대다수는 우리와 비슷한 가족 배경에서 자라지는 않았어. 너는 그런 사람들과 네 자신이 다르다고 생각하니?

— 네, 그런 사람들은 자신의 정체성이나 신념을 보통 스스로 찾아 나서는데, 나는 당연하게 여기던 것들을 그들은 종종 모르는 상태에 있다가 깨닫게 되지요. 달리 말하면 제게는 직접적으로 주어졌던 도구, 흔히 분석적 도구를 그들은 아직도 만들어가고 있어요. 여전히 새롭게 배워야 할 것이 많이 있지요.

이제 다음 주요 질문으로 넘어갈게. 어떤 면에서 젠더를 넘어서지 않았을까? 양육 방식에도 불구하고 여전히 관습적으로 젠더화된 부분이 있다면 어떤 점일까?

— 음, 외적으로는 당연히 여자처럼 보이지요. 내가 여자라는 걸 보여주는 관습적인 표시를 지니고 있어요. 때로는 화장하고, 머리를 길게 기르고, 키가 작은 편이기도 하고, 가슴이 있잖아요.

취미, 열정, 흥미는 어떻니?

—— 저는 상당한 수준으로 인형과 종이인형을 수집했어요. 다과회를 위해 찻잔도 수집했고요. 모두 여성적이지요. 저는 늘 연극 의상과 옷을 갖고 놀았는데 이런 것도 여성적이거나 혹은 연극적이라 부를 수 있겠지요. 연극에 대한 관심이 더 커지기 전에는 축구, 소프트볼, 필드하키 등도 했었어요.

어떤 사람은 너의 관심사는 여성적이고, 제러미의 관심사는 남성적이라고 쉽게 분류할지도 모르겠어. 더 나아가 부모가 젠더 해방적인 방식으로 양육했지만 실패한 예라고 말할지도 몰라. 아들은 남성적인 관심사를, 딸은 여성적인 관심사를 보여주었으니까. 이에 대해 너는 어떻게 반응하겠니?

—— 왜 우리의 관심사를 그런 방식으로 피곤하게 구분하는 걸까요? 누가 어디에 재능이 있는지는 명백하게 드러나요. 만약 제가 노래하는 것을 듣는다면 "저 여자아이는 대단한 목소리를 가졌군" 하고 말할 수밖에 없을 거예요. 공부하는 제러미를 보면 그가 수학적 '천재'임은 명백하지요. 사람들은 자기가 잘하는 분야에 재능을 갖기 마련이에요. 목소리가 좋지 않은 여자가 오페라를 심각하게 고려하지 않듯 수학을 싫어하는 남자가 훌륭한 수학자가 되려고 하지 않잖아요. 제러미가 남자고 내가 여자기 때문에 그런 것을 잘하는 게 아니에요. 재능을 살려 흥미를 갖고 열정을 품은 아이를 키운 것을

두고 어떤 종류의 양육 방식이 실패했다고 말한다면 터무니없지요.

관습적인 젠더에 따라 스스로를 바라보게 되는 분야가 있니? 관습적인 젠더화를 따르는 게 어떻게 느껴지는지 말하고 싶은 것이 있니?

— 내가 여자라는 사실이 너무 확실하지 않았으면 할 때가 있어요. 그랬을 때 어떻게 제 현실과 정체성이 바뀌는지 알고 싶어요.

다음은 양육 방식 때문에 잠재적으로 어떤 점이 불리했는지에 대한 질문이야. 젠더나 섹슈얼리티에 관한 양육 방식이 네가 성인으로 살아가는 데 문제가 되지는 않았는지, 원한다면 과거로 돌아가서 이야기해도 좋고, 그러니까 양육 방식 때문에 걱정이나 갈등을 느낀 적이 있었는지 묻고 싶구나.

— 제가 예쁜 여자라고, 매력적이고 섹시하다고 느끼기까지는 많은 시간이 걸렸어요. 이 과정은 제게 중요했어요. 내적으로 충분히 자신감 있었지만 이것이 매력적이라는 느낌으로 연결되지는 않았어요. 여자아이인 걸 부자연스럽게 느낀 것과 관련이 깊어요.

여자임이 부자연스럽게 느껴졌다는 건 무슨 뜻일까?

— 젠더해방적으로 자랐다는 것은 특정한 방식으로 젠더에 의문을 갖고, 젠더의 토대를 약화시키고, 젠더를 해체하고 가치 절하한다는 걸 뜻해요. 하지만 선천적으로 남자 혹은 여자로 태어나며 신체적으로 성별이 정해진 현실은 그대로지요. 글쎄요. "의사가 나더러 여자라고 말했어" 하고 이야기할 수 있는 게 아니에요. 의사가 무엇을 알까요? 커가면서 젠더를 넘어서려고 노력하는, 젠더를 믿지 않으려는, 관습적인 젠더가 아닌 다른 무언가를 믿으려는 젠더화된 개인들이 여기 존재하는데, 가기 힘든 길이지요. 남자와 로맨틱한 관계 맺기를 원해서 기를 쓰고 노력하는 젊은 이성애자 여성인 동시에, 나를 기다리고 있다가 잡아먹어버리고 분홍색 리본만 뱉어낼 젠더의 관습적인 덫을 알기에 그저 여자아이로 존재해야 하는 문제와 여성성에 대한 문제를 불편하게 느끼는 젠더 비순응주의자인 미운 오리 새끼기도 하거든요.

그래서 나를 있는 그대로 사랑하는 사람을 찾아야 해요. 로맨틱한 성적 에너지에 대해서 말할 때에는 먼저 자기 자신을 있는 그대로 사랑할 수 있어야 해요. 자신이 섹시하다고 느껴야 하지요. 내가 편안하게 느끼는 곳, 내가 매력적인 인간이라고 느끼는 곳에 서는 방법을 알아가는 것이 성장하면서 중요했어요.

그래서 어떤 점이 어렵거나 힘들었니?

— 예쁜 여자가 되고 싶은 욕망과 타협 본 것이요. '예쁜 여자'를 이상적으로 받아들이기가 제게는 어려웠어요. 그건 너무 좁고 제한적인 목표거든요. 하지만 제가 매력적인 사람이 되기를 원한다는 점, 그리고 제가 여성이라는 사실을 받아들여야 했어요.

이미 다룬 이야기일지도 모르겠는데, 네게 물어보려고 써놓았던 질문이 하나 있단다. 여성다움에 대한 페미니스트들의 편견이 있어. 그런 편견이 네가 어떤 여성이 되어야 하는지 의문을 품게 만들었니?

— 바로 그 부분이, 페미니스트의 유토피아가 어떤 모습이어야 할지 제 생각을 보여주었어요. 저는 사람들의 판타지를 부정하지 않고 받아들여야 한다고 생각해요. 남성성과 여성성의 구축에 있어, 그에 대한 페미니스트들의 편견이 무엇이든 완전히 없어지지는 않을 거예요. 그보다는 사람들로 하여금 어느 쪽이라도 혹은 양쪽 모두에 손대볼 수 있도록, 또는 무언가 완전히 새로운 것을 발명하도록 초대하는 편이 나아요. 우리가 어느 한쪽의 생식기에 집착하지 않는다면 양측에 있어서 본질적으로 잘못된 것은 없어요.

불리했던 점에 관련해 약간 주제를 바꿔 이야기해보자. 양육 방식으로 인해 동료나 부모가 걱정하거나, 그들과 갈등이나 문제를 겪었던 적이 혹시 있었니?

—— 많은 이들이 정체성의 핵심으로 여기는 젠더를 해체하려는 전통 속에서 태어난 일은 때로는 힘들기도 했지요. 신체적인 성별과 심리적 젠더가 본질적으로 그리고 자연적으로 연결되어 있다고 믿는 사람들에게 나의 관점을 설득하는 일은 매우 어려워요. 저를 있는 그대로 바라보도록 하는 것은 말할 것도 없지요.

부모와의 갈등이라면, 제 삶이 정말 절망적이어서 사는 게 힘들게 느껴질 때에도, 그 원인에 절대 이념적인 부분이 작용한 적은 없었다고 말하고 싶어요. 단 한 번도 내 부모가 나를 다른 가족처럼 관습적으로 키우기 바랐던 적은 없어요. 제 삶을 힘들게 만든 것이 저의 정치적 신념이나 젠더 혹은 섹슈얼리티에 대한 신념 때문이라고 느꼈던 적은 없어요. 사실 저는 우리 부모처럼 트인 분들에게 자라서 늘 특권처럼 느꼈어요. 특정 순간에 어떤 사안을 대변했을 어머니의 방식과 양육의 모든 세세한 부분에 동의하지는 않지만, 저는 늘 옳은 양육 방식이었다고 느꼈어요.

양육 과정에서 안 좋았던 측면에서 좀 눈을 돌려볼까. 시금까지 한 이야기 외에 젠더와 섹슈얼리티라는 측면에서 양육 방식이 네 삶을 향상시켰다고 생각되는 부분이 있니?

—— 어머니와 아버지가 했던 것 중 가장 멋지고 성공적인 일 하나는 관습적인 사회의 편협한 성향이나 신념을 제러미와 내가 아주 구체적이고 교양 있게 무시할 수 있도록 만들어준 거예요. 예를 들어, 내가 다섯 살 때 가장 친한 친구인 세라와 손을 잡고 있었다는 이유로 누군가의 큰형이 우리를 '레즈비언'이라고 해서 나는 바깥세상의 동성애혐오와 맞닥뜨리게 되었어요. 그때까지 사람들이 동성 파트너가 개입된 관계를 이성 파트너 사이의 관계와는 달리 차별한다는 (동성 파트너를 냉대했다는 점은 미뤄두더라도) 점을 내가 말 그대로 알지 못했다는 점이 맘에 들어요.

네가 아이가 있다면 젠더나 섹슈얼리티와 관련하여 어떻게 키우겠니? 부모가 너를 키운 방식과 어떤 점에서 비슷하고, 어떤 점에서 다를까?

—— 저는 부모님 두 분과 매우 다르다고 생각해요. 하지만 내 신념은 여전히 부모님에게서 왔다고 생각해요. 따라서 제게는 다른 방식으로 나타나겠지요. 예를 들어 식료품점에서 화장이 진한 여성을 만나도 그 사람이 광대처럼 보이려고 화장했다고 이야기하지는 않을 거예요. 본질적으로 그렇게 이야기하는 것이 잘못되었다고 생각하지 않지만, 제가 직접 그렇게 이야기할 것 같지는 않아요. 저도 같은 생각과 이상을 갖고 있지만 세부적인 면에서는 다르리라 생각해요.

더 하고 싶은 이야기가 있니?

— 두 분은 제가 젠더를 넘어서 행동하고 움직일 수 있는 다양성을 주었고, 그에 대해 감사해요. 젠더에 대해 관습을 따르지 않는 친구들에게는 부모로부터 독립하는 과정이 가장 끔찍하고 때로는 자기 삶에서 가장 비극적인 순간 중 하나였어요. 저는 그런 일을 마주하지 않을 테니 행운이라고 느끼지요. 오히려 부모님은 제가 세상에 나가도록 준비해주었지요.

아이를 갖고 싶니?

— 그럴 것 같아요. 최소 한 명은요. 하지만 관습적으로 보이는 핵가족에 꼭 속하고 싶지는 않아요. 부분적으로 제가 일부일처제의 관계를 원하는지 모르기 때문이에요. 아이들에게는 어떤 종류의 안정성이 중요하다고 생각해요. 그것이 유동적인 안정성이라 하더라도요. 그래서 이 모든 것에 대해서 제가 어떻게 할지 아직은 모르겠어요.

네 자신을 페미니스트라고 소개하겠니? 그리고 그건 네게 어떤 의미니?

── 네, 여성의 권리를 위해서, 남성과 여성의 평등을 위해서, 성차별, 성적취향에 따른 차별에 반대하는 교육과 이러한 차별의 철폐를 지지하고 나선다는 의미예요.

똑똑하고 자유로운 제 친구들이 스스로를 페미니스트라고 부르기 꺼리는 것을 볼 때마다 늘 큰 충격을 받아요. 몇 년 전 오벌린칼리지의 여성학 수업에서조차 페미니스트냐는 질문에 대해 대부분의 여성들은 그렇다고 답하기를 멈칫거렸어요. 그 이유요? 상당 부분에 있어 페미니즘이 너무나 많은 다른 것을 의미하게 되었기 때문이에요. 그러다 보니 어떻게 그 모든 것을 지지할 수 있겠어요? 제가 보기에 모든 페미니스트를 '브래지어를 태우는 레즈비언 동성애자'라고 보는 것과 우리에게 오벌린칼리지에 다닐 수 있도록 기회를 준 이 학교의 대의명분(오벌린칼리지는 미국에서 가장 오래된 남녀공학 인문대학으로, 1837년 최초로 여성을 받아들인 진보적인 대학임─옮긴이)을 회피하는 자리 사이의 간격은 단 몇 발짝뿐이에요.

결론

우리 가족이 젠더의 모든 흔적을 쉽게 없애며 기능할 수 있으리라는 순진한 믿음으로 대릴과 내가 오래전 평등한 부부와 부모의 실험을 시작했듯, 우리는 젠더가 결국엔 아이들의 정신 속에서 그리 중요하지 않고, 아이들이 결국 젠더를 초월할 수 있을 것이라는 순진한 믿음으로 페미니스트 양육 실험을 시작했다. 에밀리와 제러미는 우리보다 똑똑했다. 아이들은 개인적 경험을 통해 타당한 정체성의 근원으로서 전통적인 젠더의 범주가 사라지게 되면 (그래도 심각하게 젠더화된 문화 속에서 살아야겠지만) 자신만의 혁명적인 방식으로 헤쳐나가야 할 새로운 정체성의 문제가 생겨난다는 사실을 알고 있다. 다소 변형된 형태긴 하지만 오래된 정체성 이슈 일부는 여전히 주변에 남아 있다. 그래서 여성인 에밀리는 남성인 제러미보다 신체적인 부분에 더 얽매여 있다.

우리 아이들의 정신 속에 젠더에 관한 고민이 더 오래 머물 수 있으리라. 분명한 건, 내가 하는 그 모든 말과 행동은, 대릴과 내가 30년 동안 경험해온 유형의 페미니스트적인 파트너 역할과 부모 역할, 자녀 양육의 전폭적인 후원자로 남아 있으리란 것이다. 우리의 실험이 우리 부부는 물론 아이들에게도 잘 작동했기 때문만은 아니다. 더 넓은 시각에서, 우리 사회가 어디로 나아가고 있는지에 대해 내가 젊었을 때보다 지금이 오히려 더 걱정되기 때문이다.

마침내 우리는 젠더와 섹슈얼리티라는 영역에서 임신중절의 권리, 산아제한, 학교에서의 성교육, 에이즈 교육, 동성애자 부모의 양육권, 게이와 레즈비언에 대한 차별금지법 등 지금까지 만들어온, 지금도 만들어가고 있는 많은 개선에 격렬하게 대항하는 보수적 종파와 도덕적 공황의 한가운데에 서 있다. 보수 종파는 너무나 자주 싸움을 붙이고 승리를 가져가곤 했다. 오히려 1960년대 문화는 젠더의 경계를 넘어서는 모든 것에 대해서 문을 열고 있었다. 예를 들어 유치원에 더 많은 남성 교사를 두는 것을 포함해서 말이다. 오늘날에는 전반적인 섹스, 특히 아이들의 성적 학대에 대해 엄청난 히스테리가 있어서 아이의 초기 교육에 남성이 점점 환영받지 못하는 실정이다. 유치원 보험제도는 아이 기저귀를 갈 때마다 성인 두 명이 그 자리에 있도록 설정해놨을 정도다.

시스템이 너무나 완고하게 보이기 때문에, 때로 학생들은 이러한 투쟁이 과연 신경 쓸 가치가 있는지 묻는다. 나는 그 대답으로 대안을 생각해보라고 한다. 우리와 같은 사람이 개인적으로 그리고 집단적으로 사회제도를 더욱 다양화하고, 젠더와 성에 관련해 훨씬 더 개방하도록 만들지 않는다면, 우리 문화의 전통적인 사회제도에 있던 관성 때문에 그동안 당연하게 여겨온 개방성과 비전통성의 상당 부분은 사라질 것이다. 흐르는 강물처럼 문화적 흐름은 우리 모두를 자신의 목적지로 데려갈 준비가 되어 있다. 우리가 만약 개인적으로나 집단적으로 그곳으로 향하기를 원치 않는다면, 싸우는 선택을 할 수밖에 없다. 그러한 문화적 흐름의 최소한 일부라도 다시 방향을 바꾸도록 최선을 다하는 수밖에 없다.

쉽지 않을 것이다. 그리고 그 투쟁은 우리가 살아 있는 동안 당연히 끝을 보기는 힘들다. 하지만 철학자 주디스 버틀러Judith Butler(퀴어이론을 만든 미국의 철학자로《젠더 트러블Gender Trouble》은 그의 대표적 저서—옮긴이)의 한 문장을 빌려, 어떤 영광스러운 '젠더 트러블'을 갖게 되는지가 그동안에 우리 사회의 방향을 이끌 것이다.

에필로그

이 회고록을 쓰는 과정에서 대릴과 나는 그의 의견을 포함시켜
야 할지, 포함한다면 어떤 형태가 되어야 할지 여러 번 이야기
나누었다. 하지만 원고를 거의 마칠 때까지 해결책을 찾기 어려
웠는데, 그 목소리의 부재는 결국 숨어 있는 커다란 존재감처럼
보이기 시작했다. 내가 아이들과 했던 인터뷰 형식은 대릴에게
는 딱 맞게 느껴지지 않았다. 우리 사이의 대화를 녹음한 뒤 편
집하는 방식도 생각했는데 결국 대릴 혼자만의 에세이 스타일
로 소개하자고 결정했다. 다음 글은 대릴의 에세이다.

우디 앨런의 영화 〈맨해튼〉에서는 어떤 남자의 아내가 그와 이혼한 뒤 다른 여성과 로맨틱한 관계에 들어선다. 그러고는 우디 앨런이 연기한 전남편과 실패한 결혼에 대해 노골적으로 모든 것을 까발리는 책을 집필한다.

나는 그 전남편보다 운이 좋다. 샌디의 회고록 원고를 읽은 뒤 나는 내 목소리의 부재가 애매한 존재처럼 글을 맴돌고 있다는 점에 동의했고 내가 어떻게 반응해야 할지 고민하다가 독자들이 스스로의 생각을 너무 쉽게 투사하는 로르샤흐 잉크 반점 검사(스위스 정신의학자 로르샤흐가 개발한 심리검사 기법으로 잉크 반점 그림을 보여주고 이에 대한 반응을 분석하는 방식으로 이뤄짐—옮긴이)를 떠올렸다. 독자들은 내가 고뇌에 찬 우디 앨런 캐릭터 역할을 재연할지 아니면 이야기를 '내 입장'에서 말하려 들지 궁금한 채로 떠날 것이다.

하지만 우리가 함께한 삶에 대한 샌디의 기억, 인식, 그리고 해석은 나 자신의 그것과 상당히 유사하다. 이 회고록은 개인적인 스크랩북이나 앨범으로, 내가 늘 소중히 여길 삶의 중요한 부분을 떠올리게 해줄 것이다. 더 나아가 이 책의 출판에 대해 양면적인 감정은 없다. 결국 나는 우선 우리 결혼 생활에 대한 공개를 권했고, 33년 전 우리가 마음속에 그렸던 그대로 되지 않았다는 점을 특히 고려해 광고 속에서도 진실이 요구되듯 우리 이야기를 업데이트할 필요가 있다고 생각한다.

내가 생각하기에 독자들은 타당한 호기심으로 이 회고록에서 다루지 않은 채 남아 있는 우리의 이야기, 즉 왜 샌디와 내가 거의 30년 동안의 결혼 생활 후에 헤어졌는지에 대해 의문이 남을 것이다.

이 질문에 대한 나의 개인적 답을 제공하기 전에, 샌디가 프롤로그에서 말한 점을 먼저 강조하고 싶다. 우리의 이별은 성적 지향의 문제로 인한 것이 아니라는 점이다. 우리가 헤어진 뒤로 샌디와 나 모두 동성과 관계를 가졌기 때문에 우리 결혼이 어떤 중요한 면에 있어서 성적으로 불완전했거나 진정성이 없었다고 (잘못) 추측할 수도 있겠다. 특히 이성 결혼을 한 모든 게이들은 속내를 드러내지 않고 살아야 하고 불행하고 억압된 성생활을 견뎌야 하거나 은밀한 이중생활로 연결되리라는 믿음이 대중의 상상 속에 강하게 각인되어 있다. 이성 결혼을 한 게이 남성들이 그렇지 않을 수 있다는 사실을 많은 이들이 믿기 어려우리라. 인간의 섹슈얼리티란 현재의 제한적인 범주가 암시하는 것보다 훨씬 더 유동적이라는 사실을 우리 사회는 배워야만 한다.

사실 그렇지 않았다. 우리가 이별한 이유는 성적 지향보다 더 깊고 보다 일상적이었다. 우리의 이별은 우리를 함께하도록 만들고 30년 가까이 유지시켜준 정확히 바로 그 보완적인 성격 스타일에 의해 촉발되었다. 이 회고록에 나왔듯 샌디는 삶의 혼돈으로부터 자신을 구해줄 수 있는 안정되고 견고한 사람을 찾았고, 나는 내 자신의 감정적 부분을 이끌어낼 수 있고, 샌디와 내가 종종 "도가 넘치는 자족감"이라고 부르는 나의 특징으로부터 탈출시켜줄 수 있는 사람을 찾았다. 샌디는 성인으로서 나의 삶에 있어 정서적으로 기댈 수 있는 첫 번째 사람이었다.

1970년대 말 샌디가 스탠퍼드대학에서 종신교수직을 얻지 못했을 때, 매우 미묘하게 우리의 관계가 바뀌기 시작했다. 종신교수직 획득의 실패, 성공적이지 못했던 재심 과정, 이후의 구직활동, 제러미의 탄생, 이 모두가 샌디에게 많은 스트레스를 주었고 나는 흔쾌히 정서적인 양육자 역할에 들어갔다. 그 자체로는 아무런 문제도 없었다. 하지만 샌디의 '심각한' 스트레스에 비해 나 자신의 스트레스는 사소하게 여기기 시작했다. 결과적으로 나는 나를 괴롭히는 문제로 샌디에게 '부담 주는 것'을 더더욱 피하기 시작했다. 내가 맡은 세심한 배려자의 역할이 또 다른 감정적 후퇴의 형식이라는 사실도 쉽게 가려버렸다. 끊임없이 치료사 역할을 계속하는 것은 연인에게 최선의 모습은 아니다. 내안의 감정적인 면을 이끌어내기 위해 더 이상 샌디에게 의지하지 않게 되었고 나는 샌디를 만나기 전으로 돌아가서 감정적으로 자족하는 스타일이 되었다. 결국 이후 우리 사이의 거리를 점점 멀어지게 만든 계기가 되었다.

우리 둘 다, 어느 한 사람이 또 다른 사람의 요구 모두를 충족할 수 있다는 순진한 시각의 피해자였다. 우리 자신과 아이들의 삶이라는 단위에 너무나 단단히 갇혀 있었다고 생각한다. 미국 가족계획연맹 일에 관여하고 피아노 연주 혹은 마술쇼를 하듯 내가 여러 가지 활동에 참여했다는 건 사실이다. 하지만 샌디는 그러지 않았다. 직업적인 부분을 빼면 샌디의 삶에서 아이들과 내가 거의 전부를 차지했다. 좀 더 보편적으로 말하면 가족 단위의 삶 외에 샌디와 내가 함께 그리고 서로 독립적으로 활동하며 결혼 생활에 활기를 불어넣을 정도로 창의적이지 않았다고 생각한다. 우리 둘이 공유하고 있는 내향성이 문제를 악화시켰다. 나는 항상 고독한 편이었고, 따라서 우리의 보호막을 벗어나려고 거의 노력하지 않았다.

최종적으로 갈등을 회피하려는 나의 성향, 오랜 기간 우리가 평등한 관계를 유지하기 쉽게 만든 바로 그 특성이 우리의 거리를 점점 더 멀어지게 만드는 중요한 요인이 되었다. 아이들의 십대 시기와 성장의 문제에 포함된 복잡성이 더 중요해지면서, 샌디의 '명백한' 전문성에 모든 것을 맡기는 나의 의향 심지어 열망은 우리 가족을 엄마와 아이들, 그리고 아빠라는 단위로 나누어버렸다. 샌디가 자기 혼자만 부모인 것처럼 느꼈다는 탄식은 무엇인가가 잘못되어가고 있다는 피할 수 없는 신호였고, 이러한 사건에 대한 나의 개인적 이해에 따르면 이는 결국 샌디가 이별을 제안하게 만들었다. 우리의 평등한 관계가 이처럼 틀에 박힌 젠더 문제로 좌초하다니 얼마나 역설적인가.

하지만 여기 우리의 이별로부터 생겨난 두 번째 더 낙관적인 역설이 있다. 우리는 헤어진 이후로 더 나은 그리고 더 동등한 부모가 되었다고 생각한다. 이제 우리는 좋은 양육을 위해 서로 다른 모델을 받아들이려고 노력하며, 샌디가 규정한 어떤 일관된 기준을 충족하는 데 실패했다고 느끼지 않으면서 나의 개인적 스타일에 더 잘 맞는 부모의 역할을 보다 자유롭게 수행하고 있다. 마지막 역설은 서로 다른 부모 역할을 샌디와 나보다 아이들이 늘 더 잘 수용해왔다는 점이다. 때로 샌디가 한부모처럼 느꼈을 수 있지만 아이들은 자기가 한부모만 가졌다고 느낀 적은 없었다고 생각한다. 대가를 보다 덜 치르고 우리가 이런 기초적인 교훈을 배웠다면 좋았을 것이다.

결국 이런 질문으로 다시 이어진다. 지금 알고 있는 것을 알고 있었다면 나는 이 모든 과정을 다시 밟고 싶을까? 그렇다. 무엇인가 다르게 해보고 싶을까? 물론이다. 결국 우리의 이별로 끝나긴 했지만 나는 그 모든 것을 다시 해보리라. 우리 네 사람은 여전히 가족이다. 샌디와 나는 여전히 가깝다.

감사의 글

그 어떤 회고록도 온전히 저자의 삶만 담아내지는 않는다. 내가 이 회고록에서 이야기를 소개할 수 있도록 허락해준 사람들에게 감사를 표하고 싶다. 더 이상 함께 살지 않지만 오랜 세월을 함께한 남편 대릴 벰, 내 아이들 에밀리 벰과 제러미 벰, 자매인 베브 립시츠, (법률적으로도 그렇지만 다른 방식으로 나에겐 남매와 마찬가지인) 시동생 로빈과 배리 벰, 사촌인 잭 톰보스키와 세상을 떠난 나의 어머니와 아버지, 대릴의 부모님께도 마찬가지다.

이 회고록을 통해 자신의 목소리를 들려준 대릴과 에밀리, 제러미에게는 특별히 더 고마운 마음이 든다. 에밀리와 제러미는

8장의 긴 인터뷰를 함께해주었고 대릴은 에필로그에 소개된 짧은 에세이를 써주었다. 이들의 목소리가 책을 더할 나위 없이 풍요롭게 만들었다.

다른 많은 사람들 역시 이 책을 풍성하게 만들어주었다. 질커 콘웨이, 마크 프리먼, 찰스 그렌치, 캐롤린 하일브런, 바버라 리스먼은 나를 전혀 알지 못하거나 잘 안다고 말할 수 없는 사람의 입장에서 고맙게도 이 책의 초고를 읽고 건설적인 비판을 해주었다. 캐런 길로비치, 메리 카젠스타인, 샐리 맥코넬지네, 베스 포비넬리는 나를 너무나 잘 아는 사람의 입장에서 역시 건설적인 비판을 해주었다.

마지막으로 메리 로스 월시의 소개로 만나게 된 예일대학교 출판부의 담당 편집자 글래디스 톱키스에게 감사를 전한다. 글래디스는 뉴헤이븐에서 맨해튼으로 가는 기차 안에서 내 원고의 1, 2부를 읽었는데 이 원고가 너무 마음에 든 나머지 그랜드센트럴역에 도착해 나에게 전화를 걸 뻔했다고 1996년 6월 내게 솔직하게 털어놓았다. 하지만 마지막 부분을 읽어보니 내가 불행히도 이혼하거나 별거하는 대부분의 사람들처럼, 지적이고 감정적으로 이 문제를 탐구하는 '평범한' 모습으로 변해 있었다고 말했다. 내가 정말 쓰고 싶은 내용이 이렇다면, 자신은 이 책을 출판하는 데 관심이 없다고 했다. 그보다는 대릴과 나의 경험을 돌아보면서 이것이 앞으로의 평등한 결혼과 성차별로부터 자유로운

자녀 양육에 대해 무얼 의미하는가라는 질문에 진지하게 답변
해볼 생각이 있다면, 관심이 있다고 했다. 갈 길을 잃고 헤매는
저자에게 방향을 다시 잡아줄 수 있는 보기 드문 편집자에 관해
가끔 듣곤 한다. 내게는 글래디스가 바로 그런 보기 드문 편집
자다.

이 책은 회고록이니만큼 샌드라 립시츠 벰(이하 샌드라)이 어떤 사람이었고 어떻게 살았는지는 여기에서 길게 설명할 필요는 없겠다. 다만 "샌드라가 이 책을 출판한 뒤에 어떻게 되었을까"에 대한 이야기를 들려드리고 싶다. (이 이야기는 로빈 마란츠 헤니그가 쓴 〈그의 인생 마지막 날The last day of her life〉이라는 글을 참고하여 요약, 재구성했다. 2015년 5월 15일 자 〈뉴욕타임스 매거진〉에 실렸다.) 우리(옮긴이)가 샌드라에게 관심 갖고, 책을 읽고 번역하여 소개하게 된 출발점이기 때문이다.

이 책을 출판한 1998년, 샌드라는 54세였다. 그로부터 11년이 흐른 2009년, 65세가 되던 해에 그는 경도인지장애mild cognitive impairment 판정을 받는다. 당시 의사는 10년 이내에 알츠하이머병으로 발전할 가능성이 매우 높다고 말했다. 사회심리학자로서 코넬대학 여성학 연구의 기반을 닦았을 뿐 아니라 벰 성역할 검사 척도를 만들어 젠더 연구 분야에 기여한 이 똑똑한 학자는 60대 중반에 찾아온 건망증이 머지않아 치매로 이어질 것을 알게 되자 이듬해인 2010년 코넬대학에서 은퇴한다.

이 책을 읽어본 독자라면 이미 느꼈겠지만, 그는 학문이론뿐 아니라 매일의 삶 속에서 페미니즘에 기초한 평등주의를 실천하며 '전통적인' 성역할에 대한 고정관념과 싸우며 살아온 사람이다. 그것도 1960년대부터 그렇게 살아오며 페미니즘을 부부관계와 자녀 교육 분야에서 선구적으로 실천했으며, 남편과 함께 이를 미국 사회에 널리 전파시키려 노력해왔다.

자신이 조만간 치매환자가 되리라는 사실을 안 순간, 그는 진단받은 병원에서부터 이 심각한 질병이 자신을 덮치기 전에, 달리 말하면 주변 사람은 물론 자신이 누구인지도 모르는 상태가 되어 더 이상 "샌드라 립시츠 벰 자신으로서" 살아가기 힘들어지기 전에 스스로 삶을 끝내는 방법에 대해 고민하기 시작한다.

그때부터 샌드라는 언제 어떻게 죽을지 고민하기 시작했다. 죽음을 선택할지 말지의 여부는 고민이 아니었다. 그는 의사에게 "내가 나 자신으로 살아갈 수 있는 동안에만 살아 있기를 원한다"고 명료하게 이야기했다.

그는 주변 사람들, 남편이었지만 헤어진 뒤에도 친구와 가족처럼 지냈던 대릴 벰과 특히 친하게 지냈던 대릴 벰의 여동생 로빈, 당시 30대였던 딸 에밀리와 아들 제러미, 친구였던 캐런, 동생 베브 등에게 자신이 정한 일정에 따라 총을 사용하거나 다리에서 뛰어내리는 것 말고 폭력적이지 않은 방식으로 삶을 끝낼 것이라고 이야기했다. '샌드라'가 마음먹고 나면 결코 바꾸지 않으리라는 것을 알았던 주변 사람들은 결국 이를 받아들였다.

샌드라가 살던 뉴욕주 이타카에서 두 시간 정도 떨어진 로체스터대학병원, 네 시간 떨어진 맨해튼에 치료를 받으러 갈 때면 대릴이 늘 동행했다. 그들은 함께한 여정을 돌아보면서 많은 이야기를 나누었을 것이다.

아침에는 베이글, 점심에는 샌드위치, 저녁에는 연어를 주로 먹곤 했던 그는 2012년 딸 에밀리가 출산하면서 손자가 생겼고, 정원에서 노는 손자를 기쁘게 지켜보았다. (이 책에서 샌드라가 신경질적이었던 자신의 어머니가 손녀인 에밀리와 장난치며 재미난 시간을 보내는 것에 놀라는 장면이 나온다. 똑같이 에밀리는 자신의 어머니인 샌드라가 손자와 지내며 '전통적인' 할머니 역할을 하는 모습에 놀랐다고 한다.)

2014년이 되자 그는 자기 동생 베브와 자신이 어떻게 부모가 똑같을 수 있는지 모르겠다고 말하기도 하고 가깝게 지내던 대릴의 여동생인 로빈을 알아보지 못하는 상태가 되었다. 그해

4월 샌드라는 대릴과 함께 식탁에 앉아 논의한 끝에 5월 20일 화요일을 '그날'로 정한다.

이틀 전인 5월 18일 일요일, 샌드라의 삶을 돌아보고 축하하기 위해 가족과 친구 몇 사람이 모였다. 당시 제러미는 무슨 이유였는지 모르지만 서부로 떠나 가족들과도 연락이 되지 않았다고 한다. 아마도 현실을 받아들이기 힘들었으리라 추측해본다. 이날 대릴은 이 책에도 나오는 AT&T를 상대로 성차별에 대항해 함께 애썼던 추억을 이야기했다. 하지만 샌드라는 자신이 회고록에 생생하게 썼던 그 경험을 기억하지 못했다. 에밀리는 샌드라가 항상 두려움이 없었으며 자신과 제러미가 스스로 생각하고 행동할 수 있도록 키웠다고 회고했다.

그다음 날인 5월 19일 가족들은 '마지막' 산책을 나선다. 샌드라는 놀이터에서 손자 펠릭스가 노는 모습을 지켜보았고, 딸과 마지막 대화도 나눈다. 5월 20일이 되자 샌드라는 대릴과 단둘이서만 있고 싶어 했다. 자신의 죽음이 누구의 조언이나 도움 없이 완벽하게 스스로 결정한 것임을 분명히 하는 증거를 서면으로 남기고 대릴과 공원 산책 후 영화 〈메리 포핀스〉를 함께 시청했다(샌드라는 영화 〈메리 포핀스〉와 〈퍼니 걸〉 두 편만 좋아했다고 한다). 오후 5시 30분경, 침실에 돌아온 샌드라는 대릴이 보는 앞에서 미리 준비해둔 약과 포도주 한잔을 마셨다. 대릴의 도움으로 화장실에 다녀온 뒤 샌드라는 곧 의식을 잃었고 세상을 떠났다.

샌드라의 70번째 생일을 한 달 정도 앞둔 날이었다.

1965년, 그러니까 20세기 중반에 결혼한 이들이 부부로 어떻게 살았고, 아이들을 어떤 방식으로 키웠는지 21세기에 접어든지 20년 이상 지난 이 시점에 읽을 이유가 있을까? 우리가 이 책의 번역을 검토하며 던진 질문이다.

분량이나 전문성(이 책은 심리학이나 페미니즘 전문서적이 아니다), 주어진 시간 등을 고려할 때 두 사람이 같이 번역할 이유는 없었다. 하지만 부부인 우리 두 사람은 이 책을 함께 번역하는 것이 우리는 물론 독자에게도 의미가 있겠다고 생각했다. 이 책이 21세기에 부부로 살아가고 있는 우리 두 사람에게 의미가 있을 뿐 아니라 이 시대에 여성과 남성, 그리고 또 다른 성으로 함께 살아가는, 그 형태가 부부든 동거인이든, 함께 놀건, 일하건, 샌드라의 삶이 우리에게 주는 분명한 메시지가 있다고 판단했기 때문이다.

그 메시지는 무엇일까? 독자들이 묻지도 않았고 궁금해하지 않을 수도 있겠지만 우리에게 벌어지는 장면을 잠깐 소개해보고자 한다. 한국이나 유럽에서 주요 축구 경기가 열리면 새벽 3시건 4시건 일어나 (심지어 잠이 많기까지 한데) 게임을 내내 시청하며 소리 지르고 탄식하다가 새벽에 잠이 든다. 그는 어려서부터 스포츠 전문기자가 되기를 꿈꾸었으며 로큰롤 음악 팬이다.

또 한 사람은 축구는 물론 경기의 승패에 별 관심이 없다. 이 사람이 난생처음 축구장에 간 것은 파트너의 손에 이끌려서다. 축구 경기를 보며 특정 선수나 규칙이 궁금할 때는 파트너에게 물어본다. 축구장 직관은 생각보다 괜찮은 경험이었지만 딱히 또 가고 싶은 생각은 없다. 최근 빵 굽기에 관심이 생겨 다양한 밀가루 배합의 반죽을 놓고 실험 중이며, 다음 주에는 바느질 수업을 예약했다.

전자는 아내인 김은령이고 후자는 남편인 김호다. 이런 이야기를 끄집어낸 이유는 샌드라 립시츠 벰이 평생에 걸쳐 학교(공적인 공간)와 가정(사적인 공간), 증언(말)과 논문이나 책(글)을 통해 싸워온 대상이 젠더에 대한 고정관념이기 때문이다. 집단주의 문화의 '전통'을 가진 한국 사회에서는 관습을 따라 사는 것에 대해 오랫동안 큰 가치를 두어왔다. '남자는' '여자는' 이래야 하며, 부모, 선생, 선배 등 '어른의 말'을 들어서 손해 보지 않으며, 여기에서는 이래야 하며, 저기에서는 저래야 한다는 고정관념이 큰 영향력을 발휘해왔다.

이러한 환경 속에서 살아온 우리는 타인은 물론 스스로를 고정관념으로 바라보게 된다. 결국 우리는 이미 만들어져 있었지만 자신이 더 강화시킨 틀에 갇혀 남과 나를 이 세상에 하나뿐인 고유한 존재로서 바라보지 못한다. 우리 사회에는 '공식'이 많다. 고등학교를 졸업하면 바로 대학을 가야 하고, 대학은 어디를 가야 하고, 전공은 무엇을 해야 하고, 졸업 후에는 번듯한 기업에 취직해야 하고, 결혼은(…) 자녀는(…). 남이 규정한 틀을 기준으로 자신을 바라보다가 자기만의 고유한 욕망과 능력과 관심을 찾아내지 못한 채 건조하게 살아가고 의미 없이 늙어간다.

우리가 이 책을 읽어야 하는 이유는 샌드라가 책을 낸 20세기 말에도 '비관습적으로' 느껴졌던 그 독특한 삶의 방식이 21세기에도 여전히 도전적이며, 우리가 가야 할 방향을 고민하는 데 충분한 자극이 되기 때문이다. 그 방향이란 젠더에 대한 고정관념으로부터 자유로워지고, 신체와 섹스에 보다 더 긍정적인 태도를 가지며, 더 나아가 나와 남을 고유한 각각의 개인으로 바라보는 것이다.

공식과 틀, 고정관념에서 벗어나 자신과 주변을 돌아보면 많은 기회가 열리게 된다. 이전에 보지 못했던 것들을 보게 되고, 보게 되면 행동할 가능성이 열린다. 샌드라 립시츠 뱀이라는 한 사람이 결혼과 육아, 커리어와 삶이라는 현실에 마주하면서도 평등주의와 페미니즘이라는 이상을 잃지 않고 현실에 적용하는 분투기로부터 우리는 '깨어 있다'는 말이 무엇인지 생생한 사례를 보게 된다. 독자들도 샌드라가 어떻게 깨어 살았는지, 그리고 사회의 고정관념을 어떻게 깨부수었는지 느끼길 바라며 우리가 꼽은 몇 가지 장면을 다시 되돌아본다.

1. 우리 사회에는 아직도 결혼을 두 사람(이성이든 동성이든)의 결합이 아닌 '집안과 집안의 결합'으로 보면서 결혼에 대해 이것저것 간섭하는 사람이 많다. 샌드라 역시 1965년 결혼하겠다고 결심했을 때 그런 부모와 친척들의 간섭을 겪어야 했다. 결혼에 대해 감 놔라 배 놔라 하는 부모와 친척들에게 샌드라가 쓴 장문의 편지가 실려 있고, 번역하는 과정에서 우리 둘 다 감탄했다. 20대 초반의 젊은이가 자신의 의견과 주장을 얼마나 명확하고 명쾌하게 펼칠 수 있는지 확인할 수 있었기 때문이다.

2. 샌드라와 대릴이 평등한 부부에 대해 강연하러 다닐 때 강연이 끝나고 한 여성이 샌드라에게 다가와 지난번 강연을 듣고 나서, 운전도 못 하게 하고 학교에도 나가지 못하게 하며 이런 강연에도 참석 못 하게 하는 남편을 어떻게 '처리'했는지 말하는 장면이 나온다. 가장 통쾌한 장면이기도 했다.

3. 맞벌이 부부가 있다. 아내 혹은 남편이 멀리 타지에 좋은 기회를 얻었다. 이런 상황에서 우리는 어떻게 해야 할까? 이 책에는 그들의 업계(사회심리학계)에서 남편이 더 좋은 대학에 자리 잡았을 때, 그리고 아내는 그 대학에서 같이 근무하다가 '잘렸을 때' 이들이 어떻게 상황을 헤쳐나가는지가 나온다. 이 책에 나오는 '룸메이트 테스트'를 독자의

상황에 맞추어 꼭 한 번 해보시길.

4. 21세기에도 아직 남편이 집안일이나 아이를 키우면서 "(남편이 할 일은 아니지만) 도와준다"고 생각하고 말하는 사람들이 많이 있다. 샌드라는 남편과 아이 둘을 양육하면서 청소에서부터 설거지까지 어떻게 해왔을까. 상대방이 하는 집안일이 마음에 들지 않을 때에는 어떻게 했을까? 그리고 그 실험의 성공과 실패로부터 우리가 배울 점은 무엇일까?

이 책에는 21세기를 살아가는 여성과 남성, 그리고 또 다른 성을 가진 사람들에게 많은 통찰을 준다. 지적인 통찰도 있지만, 그보다는 현실 속의 삶을 어떻게 살아가야 할지에 대해서 많은 생각거리를 던져준다.

우리가 샌드라를 처음 접하게 된 것은 앞서 인용한, 과학 저술가인 로빈 마란츠 헤니그가 쓴 장문의 글 〈그의 인생 마지막 날〉을 통해서였다. 그 글을 처음 읽었을 때의 충격을 지금도 잊을 수가 없다. 어떻게 자신의 죽음을 이런 방식으로 결정할 수 있을까? 그런 의문을 갖고 《나를 지키는 결혼생활》을 찾아 읽었고, 비로소 샌드라를 이해할 수 있었다.

그는 죽는 순간까지 어떤 틀이 아닌 고유한 자기 자신으로 살고 싶었던 것이다. 자살을 미화하고 싶은 생각은 물론 없다. 다만 우리가 경이롭게 바라보는 지점은 샌드라가 여성이기 전에

한 인간으로서 끝까지, 남들이, 사회가, 전통이 말하는 메시지가 아닌 자신의 고유한 생각에 집중하며 살았으며, 그것이 가능한 선까지만 살다가 갔다는 사실이다.

의식을 잃을 때까지, 그는 온전히 깨어 있었다.

2020년 11월

김은령, 김호

An
Unconventional
Family